政治系统视角下的村寨治理研究：

基于云南德宏景颇族木爱寨的形态调查

龚丽兰／著

西南财经大学出版社

中国·成都

图书在版编目（CIP）数据

政治系统视角下的村寨治理研究:基于云南德宏景颇族木爱寨的形态
调查/龚丽兰著.--成都:西南财经大学出版社,2024.10
ISBN 978-7-5504-5295-4

Ⅰ.①政… Ⅱ.①龚… Ⅲ.①景颇族—村落—社会管理—研究—德宏
傣族景颇族自治州 Ⅳ.①C912.82

中国版本图书馆 CIP 数据核字（2022）第 044565 号

政治系统视角下的村寨治理研究:基于云南德宏景颇族木爱寨的形态调查

ZHENGZHI XITONG SHIJIAO XIA DE CUNZHAI ZHILI YANJIU:JIYU YUNNAN DEHONG JINGPOZU MUAI ZHAI DE XINGTAI DIAOCHA

龚丽兰 著

策划编辑:李玉斗
责任编辑:李 琼
责任校对:李思嘉
封面设计:墨创文化
责任印制:朱曼丽

出版发行	西南财经大学出版社(四川省成都市光华村街55号)
网　　址	http://cbs.swufe.edu.cn
电子邮件	bookcj@swufe.edu.cn
邮政编码	610074
电　　话	028-87353785
照　　排	四川胜翔数码印务设计有限公司
印　　刷	四川煤田地质制图印务有限责任公司
成品尺寸	170 mm×240 mm
印　　张	12.5
字　　数	215 千字
版　　次	2024 年 10 月第 1 版
印　　次	2024 年 10 月第 1 次印刷
书　　号	ISBN 978-7-5504-5295-4
定　　价	72.00 元

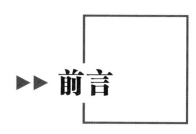

▶▶ 前言

　　中国幅员辽阔、人口众多，各个区域都有其特性，在长期的历史积淀中逐步形成具有区域特色的农村治理模式。传统时期（本书界定的传统时期从清代开始至 1954 年），村寨是边疆地区实现基层治理的场域，孕育出边疆地区实现有效治理的特殊制度。村寨制既不同于原始公社，也有别于封建时期的村社，是一种处于过渡时期的社会形态。特殊社会形态的边疆村寨通过较为封闭的政治过程，实现村寨的有效治理。当前，虽然传统村寨社会形态已经不复存在，但作为一种文化现象，村寨制在一定程度上影响着国家建构和乡村治理。基于此，本书以西南边疆地区景颇族村寨为研究对象，以政治系统论为分析工具，探讨传统时期边疆地区的村寨制。本书主要考察传统时期在国家能力不及的边疆地区，特殊社会形态的边疆村寨是如何实现有效治理的。但本书不仅仅止步于研究边疆村寨治理本身，最终目的是想透过村寨治理活动，从人类历史演变过程中考察村寨制这一特殊制度形态，试图探寻隐藏在这一政治事实背后的普遍规律。

　　本书借助政治系统论这一分析工具，从以下三个方面开展研究：一是村寨政治的体系，即村寨制运行的基础。本书从人与自然的关系，人口、家庭与村寨的关系，村寨的政治关系出发，探讨村寨政治的体系。村寨政治的体系包括环境与生计系统、人口与社会体系、组织与权威体系，三者相互作用形成有机整体，也是村寨制的运行基础。二是村寨政治系统的运行过程。在村寨政治系统的运行过程中，村寨的组织与权威体系对寨民意见进行整合、对村寨资源进行统筹，形成以村寨权威为主的决策模式。在寨民与村寨权威之间的直接有效互动中，获得较好的村寨治理效果。三是村寨制输出的结果。在国家能力不及的边疆地区，村寨的政治过程较为封闭。本书通过村寨制运行过程形成和输出的共同规则、村寨意识及集体行动来考察村寨治理效果。

根据以上研究思路，本书得出了如下结论：其一，村寨制不是村社制也不是氏族制度，是传统时期的一种特殊的社会制度。其二，村寨是具有封闭性、自足性和自治性的社会单元。其三，地处王化之外的边疆地区是村寨制形成的前提条件。边疆村寨长期处于国家治理鞭长莫及的地带，这是村寨制产生的前提。只有处于王化之外的边疆村寨才可能实现较为独立的自治。其四，村寨制是从内向外的整体治理机制。村寨内部的环境与生计系统、人口与社会体系、组织与权威体系层层递进形成有机整体，通过多元权威在村寨政治系统运行过程中尊重寨民主体性，统筹协调村寨资源；再通过村寨政治系统的运行过程产出共同规则、村寨意识和集体行动等政治产品，进而形成村寨的内聚力，达到较好的治理效果。本书通过对中国农村社会形态多样性的探讨，了解边疆农村社会的持续机制，进而深化了对边疆地区传统社会治理模式的认识，在助力边疆村寨乡村振兴、推动边疆社会有效治理方面具有重要的实践意义。

龚丽兰

2022 年 1 月

▶▶ 目录

政治系统视角下的村寨治理研究：基于云南德宏景颇族木爱寨的形态调查

第一章 导 论

一、问题缘起与理论意识

村寨制是人类历史演变中的一种特殊的社会制度形态。它既不同于原始社会的氏族制度，也不同于封建社会的村社制。它是边疆地区的村寨社会在传统时期[①]的国家治理背景下的一种制度形态。对这种制度形态的研究，有助于我们认识传统时期边疆村寨的运行机制，怎么治理，治理效果如何。虽然传统村寨社会形态已经不复存在，但它仍然对乡村发展道路有深刻影响。对其进行研究有助于梳理和发现乡村治理的传统基因。

在人类历史演变进程中，国家不是从来就有的[②]，在国家产生之前，人类经历了原始社会，在国家产生之后，人类也经历了传统国家到现代国家的转变历程。传统时期，中国幅员辽阔并且区域之间特性明显，尤其是边疆地区，受地形限制和国家治理成本的影响，国家治理薄弱，边疆地区村寨在文明进程中呈现出不同于内地的社会形态。"历史延续性的角度看，人类社会有不同的起

---

① 借鉴以往研究，本书用宽泛的研究时段来界定传统时期。村寨建寨时间在清代，本书的传统时期从清代开始，以 1954 年为界，因为 1954 年中央批准云南景颇族地区实行"直接过渡"政策，即在云南边疆地区的特殊民族地区实行特殊的政策，本着"团结、生产、进步"的方针，逐步完成某些环节的民主革命任务，直接过渡到社会主义。该政策的实施改变了土地所有制、废除了山官制度、提高了群众觉悟。

② 马克思，恩格斯. 马克思恩格斯选集：第 4 卷［M］. 中共中央马克思恩格斯列宁斯大林著作编译局，译. 北京：人民出版社，2012：190.

点，也会有不同的行进路径。"① 正如徐勇所言，起点决定路径，原型规制转型②。我们将研究视野置于历史长河中来看，发现村寨底色不同，其发展的路径也不同；村寨底色不同，其在现代化转型中遇到的困境也不同。对村寨制的研究有助于探索当代中国农村发展道路问题。

（一）现实研究中的问题

已有研究成果是研究的起点，也是进行创新的基础。关于村寨的研究，学界已有丰硕的研究成果，主要集中在村寨空间研究、村寨文化研究、村寨治理研究及村寨调查资料类研究等方面。

1. 村寨空间研究

少数民族村寨是诸多传统农业文化遗产的空间载体，体现了不同历史时期特定的人地互动关系。有学者对村寨文化空间进行研究。苏静对少数民族传统村寨如何产生，以及村寨作为整体如何进行自我生产的路径进行了研究，对岜沙苗族村寨历史空间概况进行了梳理，对村寨选址方式及考虑因素进行了分析，发现苗族村寨都在山区选址，岜沙苗族村寨传统空间生产主体主要通过"拜兄弟""共生"等方式融入岜沙共同体之中，揭示了村寨空间的选址、生产主体以及主体的信仰空间之间有着隐性的内在逻辑关系③。张振江等以三洞乡水族人民的诸多村落为主要对象，研究民族传统空间结构及其特征，认为水族村落空间主要包括村落选址、民居、公共空间、寨门与寨墙、水塘、墓地等事项，这些事项完好地体现出了水族传统的空间民族文化特征④。也有学者将村寨空间研究拓展到公共文化空间，认为西南少数民族传统村寨中的"文化空

① 徐勇. 历史延续性视角下中国农村调查回眸与走向：再论站在新的历史高点上的中国农村研究 [J]. 吉林大学社会科学学报，2018，58（3）：108-116，206.
② 徐勇. 东方自由主义传统的发掘：兼评西方话语体系中的"东方专制主义" [J]. 学术月刊，2012，44（4）：5-18.
③ 苏静. 黔东南苗族传统村寨选址、主体及历史空间生产：以从江县岜沙苗寨为例 [J]. 中国农史，2018，37（5）：132-139.
④ 张振江，杨槐，代世萤. 水族村落的民族传统空间结构：以贵州三洞乡为主要对象的调查与研究 [J]. 文化遗产，2012（1）：126-133.

间"兼具空间属性和时间属性，就时间属性上看，文化空间涉及活动规律的变化①。

2. 村寨文化研究

在村寨文化的研究中，多数为民族学学者的研究，主要为村寨文化制度、村寨文化建构逻辑、村寨文化中的宗教信仰研究。

一是村寨文化制度研究。马翀炜从社会文化制度角度提出村寨主义，其具体内涵是指以村寨利益为最高原则来组成和维系村寨社会文化关系并运行村寨日常生活的社会文化制度②。20世纪90年代王筑生选取我国的景颇族村寨作为田野点，对景颇族村寨"大寨"的政治、历史、社会、生活进行了全面解读，以民族志方式记录了景颇族村寨"大寨"的社会文化变迁和现代化的曲折过程，并指出克钦社会并不像利奇所说的那样，在两种完全不同的两极制度类型"贡萨"和"贡老"制度之间来回摇摆③。吴晓琳通过翁丁佤族村寨的民族志叙述方式，以村寨的交换体系为研究对象，从民族学出发，以系统视角对村寨交换体系进行了一定探讨；通过在特定的地域网络和历史脉络中，把翁丁佤族交换体系看作一种总体性社会制度进行考察，研究其运行逻辑，解释了翁丁佤族的交换体系是如何持续、动态地建构其精神世界的符号秩序和现实世界的社会秩序的④。

二是村寨文化建构逻辑研究。有学者以民族村寨为研究单位，对村寨文化进行理论探讨与阐释。有研究者从为现代化服务的目的出发，对传统时期村寨的文化进行研究，从村寨的社会结构、历史变迁与现状、村寨经济变迁与现状、村寨文化习俗、村寨妇女地位、教育变迁等方面记载和分析了大理白族周城村寨的文化现状及变迁⑤。肖青以一个彝族村寨为个案，探究村寨文化的现代建构。她为了阐释民族村寨文化的形成和传统沿袭，对村寨的历史、村寨传

---

① 余压芳，刘建浩. 论西南少数民族村寨中的"文化空间" [J]. 贵州民族研究，2011，32 (2)：32-35.

② 马翀炜. 村寨主义的实证及意义：哈尼族的个案研究 [J]. 开放时代，2016 (1)：206-221.

③ WANG Z S. Road of change：a Jingpo village on China's border [D]. New York：State University of New York at Stony Brook，1991.

④ 吴晓琳. 翁丁佤族交换体系研究 [M]. 昆明：云南大学出版社，2014.

⑤ 郝翔，等. 周城文化：中国白族名村的田野调查 [M]. 北京：中央民族大学出版社，2001.

统信仰及村寨传统社会结构进行梳理，发现传统时期国家力量未能渗入民族村寨社会内部，民族村寨文化处于一种疏离甚至无涉状态，传统时期的民族村寨文化的建构方式主要是内源式建构①。

三是村寨宗教信仰研究。田汝康分析了在芒市那目寨实地观察到的宗教活动②。褚建芳对田汝康《芒市边民的摆》的调研地点那目寨进行再研究，描述了佛教仪式及其历史性变化，对傣族村寨的仪式生活以及其他仪式活动进行了考察，认为在一个存在分化与分层的社会中存在道义互惠③。从研究村寨信仰与政治关系的角度来看，张振伟认为西双版纳傣族在相对丰裕富饶的地区形成的传统村社勐政权、在边缘位置形成的相对弱势的勐泐政权有助于傣族村寨二元宗教系统的形成与发展④。

3. 村寨治理研究

除了村寨空间研究、村寨文化研究外，关于村寨治理的研究也比较多。以传统村寨治理为对象的研究主要集中在村社政治体系、传统组织、传统权威、传统治理方式及传统治理规则方面。

一是村社政治体系研究。作为社区概念，村寨和村社具有一致性。新中国成立前，各个地方的少数民族村寨的村社政治是各具特色的。即使同一民族内部也有不同的政治体系。已有对少数民族村寨政治体系的研究主要集中于村社政治体系理论阐释以及村社政治体系变迁等方面。民族政治学创建者周平通过对大量历史文献的考证和对少数民族地区的深入调查研究，从宏观的角度对少数民族村社政治体系变迁与发展的历程、规律特点进行了描述、分析和概括⑤。高发元认为在新中国成立以前，云南少数民族的村社政治可以粗略地分为保甲政治，土司、头人政治以及部落政治等几种类型⑥。民族村社政治体系具有民

· 4 ·

① 肖青. 民族村寨文化的现代建构：一个彝族村寨的个案研究 [M]. 昆明：云南大学出版社，2009：147-153.

② 田汝康. 芒市边民的摆 [M]. 昆明：云南人民出版社，2008.

③ 褚建芳. 人神之间：云南芒市一个傣族村寨的仪式生活、经济伦理与等级秩序 [M]. 北京：社会科学文献出版社，2005.

④ 张振伟. 信仰与政治：西双版纳傣族二元宗教系统的形成与发展 [J]. 思想战线，2014，40（1）：23-27.

⑤ 周平. 中国少数民族政治分析 [M]. 昆明：云南大学出版社，2000.

⑥ 高发元. 云南民族村寨调查 [M]. 昆明：云南大学出版社，2001：21.

族性、传统性、封闭性、长老统治、礼俗性、血缘性、宗族性等特征①。从民族村社政治体系的类型来看，根据民族构成情况，可以将民族村社政治体系类型分为单一民族村社政治体系和复合民族村社政治体系②。有学者根据新中国成立初期我国多种多样的少数民族社会政治制度、社会组织，将少数民族村寨政治体系大体上划分为原始民主型、血缘纽带型和中央政府委任型三种类型③。王丽华的博士论文将民族政治学的民族国家建构与建设理论和民族政治体系概念相融合，研究佤族乡村政治体系变迁。文中的部分篇幅对佤族三种传统乡村政治体系，即班洪部落王制、勐角董傣族土司制下的佤族头人制和岩帅头人制的社会基础和多样性形态进行了研究④。吴承富以西南少数民族村社为研究对象，分析了当代少数民族村社政治体系的变迁，文中对新中国成立前我国少数民族村社政治体系的特点与成因、功能与影响进行了介绍⑤。由于该研究的重点是村社政治体系的变迁，他的研究对于传统时期的村社政治体系的运行逻辑没有给予过多的关注。

二是村寨传统组织研究。卢晓通过分析都柳江流域大苗山传统社会的"耶脊"组织制度的多层级组织体系、多样的组织方式及权威给予的组织效力保障等方面的内容，展示其促成多民族区域共同体的制度设计，以揭示共同体构建的条件机制以及在制度上如何实现共同体⑥。伍琼华和闫永军通过研究傣族村寨中的传统权威组织"细梢老曼"对乡村秩序的影响，进而分析了"细梢老曼"组织的权威来源与存在基础，并指出该传统组织在传统时期的村社纠纷调解中扮演重要角色，同时该传统组织通过成文法获得惩戒权，加上南传佛教的教义对傣族社会的规范作用及傣族敬老习惯，该传统组织中的传统权威得到寨民信服⑦。陈敬胜等对瑶族传统组织瑶老组织的权威合法性及其治理机制进行

① 龙立. 民族村社政治体系与国家政治体系之间的互动：以云南边疆为例 [J]. 中央民族大学学报（哲学社会科学版），2012，39（3）：8-11.

② 周平. 民族政治学导论 [M]. 北京：中国社会科学出版社，2001：89-90.

③ 宋蜀华，陈克进. 中国民族概论 [M]. 北京：中央民族大学出版社，2001：18.

④ 王丽华. 沧源佤族乡村政治体系的变迁与发展 [D]. 昆明：云南大学，2011：33.

⑤ 吴承富. 当代中国少数民族村社政治体系变迁 [D]. 长春：吉林大学，2008.

⑥ 卢晓. 大苗山"耶脊"组织与多民族区域共同体生成的制度机制 [J]. 广西民族研究，2019（3）：80-87.

⑦ 伍琼华，闫永军. 傣族村落中的传统权威组织：曼安村的"细梢老曼"与乡村秩序 [J]. 云南民族大学学报（哲学社会科学版），2012，29（3）：34-39.

了分析，认为作为内生治理组织，瑶老组织以日常生产生活为中心，借助血缘地缘形成的网络实施治理，维系共同体完整，追求在动态中实现平衡①。

三是村寨传统权威研究。朱映占探讨了村寨氏族长老制及其变迁，分别分析了在氏族制度、村社制、保甲制等不同制度体系下，基诺族传统权威村寨长老的资格、产生方式、职能范围等②。胡起望和范宏贵以瑶族村寨盘村为个案，分析了盘村的传统政治权威在民国时期和新中国成立后的变迁③。有学者通过"权力文化网络"视角，对云南一个山区村寨传统时期主族控制和毕摩操控的政治格局进行分析，认为村寨的主族及其首领毕摩依靠乡村文化网络获得权威，借助村寨的"权力文化网络"，利用族群内部的宗族关系、宗教信仰以及族群关系等实现了对村寨的控制④。

四是村寨传统治理方式研究。陈军亚从赋税角度对西南村寨的传统治理形态进行了研究，认为从国家治理来看，西南村寨属于国家浅度介入治理，国家对西南村寨实行"悬浮式"治理⑤。罗承松以澜沧县竹塘乡老缅大寨为个案，研究拉祜族直过区村寨内生秩序的变迁，内生秩序是目前直过区中最具整合力的因素⑥。陈于研究了在传统时期我国西南边陲的一个彝族村寨如何通过产权安排形成集体生存性策略，村寨又是如何在借助产权社会属性的基础上保障寨民的集体生存⑦。董帅兵以传统时期基诺族村寨为个案研究发现，在传统国家建构过程中，国家行政权和司法权不同步嵌入村寨社会，导致村寨形成多样的治理方式⑧。

五是村寨治理规则研究。对于村寨治理规则的研究，学者们多从民族视角

---

① 陈敬胜，彭新竹，陈欢欢. 瑶老组织社会治理智慧对乡村治理的启示 [J]. 湖南科技大学学报（社会科学版），2020，23（1）：179-184.

② 朱映占. 村社组织变迁中的基诺族长老 [J]. 思想战线，2012，38（1）：133-134.

③ 胡起望，范宏贵. 盘村瑶族：从游耕到定居的研究 [M]. 北京：民族出版社，1983.

④ 张和清. 主族控制下的族群杂居村落权力的文化网络视角 [J]. 社会，2010，30（2）：20-44.

⑤ 陈军亚. 因税而治：区域性国家治理的机理：以区域村庄形态调查为依据 [J]. 云南社会科学，2019（4）：51-59，186.

⑥ 罗承松. 拉祜族直过区村寨内生秩序的变迁：以澜沧县竹塘乡老缅大寨为研究个案 [J]. 中央民族大学学报（哲学社会科学版），2012，39（1）：90-94.

⑦ 陈于. 基于产权治理的集体生存性策略研究：以云南彝族依村为对象 [D]. 武汉：华中师范大学，2016.

⑧ 董帅兵. 嵌入性视角下传统村寨社会公共权力形态及其运作：以云南省景洪市基诺族乡巴亚寨为例 [J]. 中国农村研究，2018（1）：37-48.

出发，研究不同民族的习惯法。村寨治理规则的名称也是种类繁多，有的称寨规，有的称"乡规"，有的叫"榔规"，有的叫"款约"，有的称"通德拉"。已有研究主要从民族角度探讨传统治理规则。宋恩常探讨了景颇族的原始习惯规范逐渐变为习惯法的具体过程，认为适应私有制度和等级关系的需要是原始习惯规范蜕变的前提①；张福研究了从原始道德观到习惯法的演变过程②；赵天宝从景颇族实体习惯法、程序习惯法以及习惯法功能等方面进行了较为全面的研究③。极少数学者明确以村寨治理规则为研究对象进行考察。刘华以勐海县一个傣族村寨为例，研究少数民族地区乡村治理法则，由于缺乏傣寨历史资料，他只有根据其他傣族历史资料对历史上傣寨治理进行粗略回顾④。

4. 村寨调查资料类研究

20世纪40年代，费孝通和张之毅在《云南三村》⑤中分析了云南少数民族村寨的农业、手工业和商业发展状况。1950—1952年，若干中央民族访问团分别到当时的各大行政区遍访各地少数民族，除宣传民族平等等基本政策外，主要任务是摸清楚这些少数民族的"民族名称（包括自称和他称）、人数、语言和简单的历史，以及他们在文化上的特点（包括风俗习惯）"⑥。其中，西南民族访问团在云南做了20个村寨和10余个专题的典型调查，在贵州做了9处典型调查⑦。这一时期的村寨研究只是作为典型例证材料，没有对村寨进行系统研究。1953—1964年我国集中进行了大规模民族识别调查，其间历时8年的全国少数民族社会历史调查，主要关注各少数民族的社会形态、历史发展、婚姻家庭、宗教信仰和特殊的风俗习惯，整理调查资料300余种，在调查基础上形成了少数民族简史、简志和自治地方概况三套丛书的书稿。20世纪80年代，

① 宋恩常. 景颇族原始习惯规范的蜕变 [J]. 思想战线，1983（6）：82-87，93.
② 张福. 云南少数民族的原始道德观及习惯法 [J]. 云南师范大学学报（哲学社会科学版），1996（1）：44-51.
③ 赵天宝. 景颇族习惯规范研究 [M]. 北京：民族出版社，2014.
④ 刘华. 少数民族地区乡村治理法则研究：以勐海县一个傣族村寨为例 [M]. 北京：民族出版社，2012.
⑤ 费孝通，张之毅. 云南三村 [M]. 天津：天津人民出版社，1990.
⑥ 费孝通. 简述我的民族研究经历和思考 [J]. 北京大学学报（哲学社会科学版），1997（2）：5-13，159.
⑦ 刘格平. 中央民族访问团访问西南各民族的总结报告 [M] //王建民，等. 中国民族学史（下）. 昆明：云南教育出版社，1998：54.

国家汇集整理新中国成立以来的历次民族调查资料，重新编写出版了民族问题五种丛书，为了解边疆村寨社会提供了丰富的资料，但是除了少数民族社会形态、婚姻家庭、原始宗教等研究专著和论文外，对村寨研究的理论性成果比较缺乏。进入 21 世纪，云南大学在 2000 年完成对云南省 25 个少数民族村寨调查的基础上，对 14 个省（自治区）32 个少数民族村寨进行了调查。调查内容主要包括每个村寨的人口、经济、政治、社会、文化、风俗习惯、法律、婚姻家庭、宗教、科教、卫生、教育、生态等方面[1]。调查组对此进行专题研究，前后共出版了 60 多部民族村寨调查资料及专题研究报告。其中政治专题聚焦于来自国家的权力和民族村寨中地方性的非正式权力之间的融合与冲突关系，通过对不同民族村寨的政治变迁过程的认识来理解少数民族在历史发展过程中，尤其是在最近半个世纪中的社会文化变迁情况。进入 21 世纪，对传统时期村寨的专门性理论研究比较缺乏，学者主要是从村寨历史变迁角度进行研究。总体而言，民族调查资料虽然对不同区域的村寨有所介绍，涵盖村寨各个方面，内容全面，但是关于村寨制度体系的研究比较零散。

上述研究成果具有重要的启发意义，为本书的研究奠定了坚实基础。但是，这些研究也存在明显的不足。

其一，当前关于村寨的研究多集中于人类学、民俗学等学科，从政治学学科角度进行关注的较少。人类学侧重对村寨田野调查资料的搜集和整理，内容丰富全面，但从政治学角度对村寨进行的系统而有针对性的研究比较少。虽然民族政治学对村社政治有论述，但主要是从宏观层面进行阐释，较少从微观村寨视角进行探讨。已有研究将研究焦点局限在传统村寨民俗文化、村寨仪式等方面，因此，政治学在这方面还有很大的研究空间。

其二，从研究对象来看，已有研究对村寨进行了大量探讨，形成了丰富的研究成果，但是对村寨制的研究还不够充分。已有研究搜集整理了成套的田野调查资料，有学者也直接以村寨为对象进行研究，但是主要集中在村寨空间、村寨治理及村寨文化等方面，虽然对传统村寨治理有所研究，但是没有专门研究村寨制度体系。虽然已有研究从社会文化制度视角对村寨进行了阐释，但还几乎没有对村寨制度体系进行研究的成果。对于什么是村寨制尚未有学者进行

---

[1] 张跃. 中国民族村寨研究 [M]. 昆明：云南大学出版社，2004：3.

系统回答。笔者发现调研村寨在传统时期处于相对独立的系统状态,而这种相对独立的系统状态的制度体系既不同于氏族制度也不同于村社制,需要进一步研究。

其三,从研究方法来看,虽然有研究从"权力的关系网络"视角对传统村寨的政治权力格局进行剖析,也有研究从系统角度对村寨交换体系进行探讨,但是对村寨制缺乏成型的研究方法。

综上可知,当前学界对村寨的研究成果颇丰,但对村寨制的研究不够充分,对如何进行村寨制研究还没形成专门的研究方法。

笔者发现调研村寨因地处边疆,传统时期国家对其治理较弱,属于国家能力不及之地。傣族土司虽为一方势力,但对村寨内部事务并不干涉。调研村寨所在的西南边疆地区自然环境独特,地形较为封闭,山高坡陡,交通不便。传统时期的村寨在治理上处于较为独立的自治状态。村寨政治过程呈现对外封闭运行的特点,村寨通过村寨制度体系运行实现了有效治理。这不禁让人产生疑问,村寨制是什么?

(二) 研究中的理论意识

通过梳理村寨制的相关研究发现,已有研究对如何研究村寨制没有相对成熟的研究方法。而要从政治学的角度研究村寨制度体系及运行结构则需要运用政治学研究方法。政治系统理论开辟了从系统角度去把握政治现象的新途径①。同时,政治系统论具有广泛性和灵活性。伊斯顿开创政治系统论时,摒弃使用国家概念,而用政治系统概念,其背后有深刻的考量。首先是因为国家概念含义众多且含混不清。泰特斯在 1930 年统计发现国家定义有 145 种。代表性的国家定义有共同体论、契约论、权力论。从共同体视角定义国家的代表人物有亚里士多德、西塞罗、康德等,他们认为国家是一种共同体,或者是需求共同体,或者是利益共同体,或者是有机共同体,或者是道德共同体。从契约视角定义国家的代表人物有格劳秀斯、斯宾若莎、霍布斯、洛克、卢梭等。他们用虚构自然状态、自然权利和自然法来定义国家。从权力视角定义国家的代表人物有马克思、恩格斯、列宁、韦伯、吉登斯等。马克思主义政治观认为国家是

---

① 陈振明. 政治学概念、理论和方法 [M]. 北京:中国社会科学出版社,2004:75.

阶级统治的工具。吉登斯认为，"国家可以界定为这样的一种政治组织：它的统治在地域上有章可循，而且还能动员暴力工具来维护这种统治"①。那么国家概念为何含混不清呢？从国家起源来看，学者们也有不同看法，马克思主义的国家观认为国家起源于冲突，契约论国家观认为国家起源于自然状态下的契约转让形成的公共权力组织等。伊斯顿认为国家本身定义不明确，在不同时代根据不同的需要，国家又产生不同的定义。他指出："它（国家）那很不明确的含糊性质容许它很好地适应自身的目的。每一个人、每一集团和每一个时代都能用自己的内容充实这个神话。"② 其次，摒弃使用国家概念是因为国家概念把国家之前的社会排除在研究之外。伊斯顿认为国家概念描述的不是一切政治现象的特征，而只是某几种政治现象的特征，因为它把国家以前的社会排除在外③。与国家相比，政治系统一词涵盖的范围更广，其使用也更灵活，原始社会也可适用，因为在原始社会没有专门的政府机构组织政治活动，主要依靠家庭、部落等团体来活动④。从这里可以看出，政治系统论作为一般理论，并不局限用于分析现代政治体系。最后，摒弃使用国家概念是因为国家概念无法作为分析工具。伊斯顿认为他的《政治生活的系统分析》首次出版时，整个社会科学包括政治科学都致力于基础性研究。以往的研究忽略了"理论作为彻悟之主要工具的意义"⑤，但是国家这个概念"由于它只产生神话的社会效用，它作为分析工具就相形见绌了，并且它充其量只是一个形式上的拙劣的定义"⑥。一切社会生活归根到底是相互依存的，可是局部理论把理论的兴趣局限在各种特定现象和系统上，而当时又缺乏系统阐述理论问题的一种明确方法，所以伊斯顿认为在政治学中也应该有一个论述政治生活中心过程的一般理论，但是国家概念不能够帮助人们认清一种现象具有的某项政治性质的那些特征。伊斯顿把一个系统定义为某种系列的变量，而不管它们之间的联系程度如何。他说："之所以要作这样的定义，其原因就在于，它使我们无须争论政治系统究竟是

---

① 吉登斯. 民族-国家与暴力 [M]. 胡宗泽，赵力涛，译. 北京：生活·读书·新知三联书店，1998：21.

② 伊斯顿. 政治体系：政治学状况研究 [M]. 马清槐，译. 北京：商务印书馆，1993：107.

③ 伊斯顿. 政治体系：政治学状况研究 [M]. 马清槐，译. 北京：商务印书馆，1993：103.

④ 普拉诺. 政治学分析辞典 [M]. 胡杰，译. 北京：中国社会科学出版社，1986：120.

⑤ 伊斯顿. 政治生活的系统分析 [M]. 王浦劬，等译. 北京：华夏出版社，1989.

⑥ 伊斯顿. 政治体系：政治学状况研究 [M]. 马清槐，译. 北京：商务印书馆，1993：103.

不是一个系统。关于被作为系统而选择出来加以分析的一系列变量，其唯一重要的问题只在于，它是否组成了一个令人感兴趣的系统。它是否有助于我们理解和解释我们所关心的人类行为的某些方面。"①伊斯顿使用政治系统，特别突出它的分析工具的意义。

阿尔蒙德在伊斯顿的基础上进一步丰富和完善政治系统理论，形成结构功能主义理论流派。阿尔蒙德也摒弃用国家、政府、民族等术语，而用政治系统。其主要原因如下：首先，政治系统体现了一种考察政治的新方法，包括了原先未纳入政治范畴的活动和过程。其次，对各类社会中的政治现象进行有效的解释需要更加综合的分析框架。他认为旧的术语"国家""政府""民族"局限于法律和机构的意义，从而不能有效地解释各类社会中的政治现象。最后，政治体系这一概念可使人们注意到社会内部政治活动的整个范围，因而现在已使用得非常广泛②。

可见，政治系统论作为分析工具，是我们认识事物的一种角度，能够更好地帮助我们理解和解释系统性的社会政治生活。作为分析工具的政治系统论，不仅可以用于研究和分析现代国家社会的政治现象，也可以用于研究国家之前的各种社会的政治现象。

政治人类学家普里查德在《努尔人：对一个尼罗特人群生活方式和政治制度的描述》中分析非洲努尔人的生活方式和政治制度时，使用了政治系统。《努尔人：对一个尼罗特人群生活方式和政治制度的描述》被认为是政治人类学和政治体系比较研究的奠基作之一。从历史时期来看，努尔人社会处于部落状态。20 世纪 30 年代东非尼罗河上游的努尔人最大的政治群体是部落，部落根据裂变规则又分为一级、二级、三级裂变支以及村落四个等级。他们没有政府、没有法律，甚至也不存在有威望的酋长。从空间特征来看，努尔人社会是一个较为封闭的系统。与现代政治系统不同，努尔人社会的政治系统较为封闭，没有自上而下进行统治的政府，处于"自给自足的独立体"社会状态。从研究对象特点来看，努尔人的政治系统存在特殊的社会结构。对努尔人的研究是普里查德在人类学的结构—功能理论基础上做的社会结构研究。他认为努尔

---

① 伊斯顿. 政治生活的系统分析 [M]. 王浦劬，等译. 北京：华夏出版社，1989：24.

② 阿尔蒙德，鲍威尔. 比较政治学：体系、过程和政策 [M]. 曹沛林，译. 北京：东方出版社，2007：4.

部落存在政治系统、世系系统、年龄组系统。之所以用政治系统一词，是因为他发现了一个结构原则，即部落裂变支之间存在朝向分裂和融合的互补趋势。政治系统内部通过对立裂变的机制等维持系统自身的平衡和秩序。"努尔人的政治结构只能从其余邻近人群的关系上来理解，他们与这些人群一起构成了一个统一的政治系统。"① 努尔人社会是简单社会，不存在专门的决策机构，但依靠政治系统内部机制实现了"有序的无政府状态"。

与努尔调研所在的西南村寨与努尔部落的相似点在于村寨在传统时期的治理中处于相对独立的地位。笔者调研的西南村寨在传统时期处于一种特殊的社会形态之中。村寨社会内部没有明显的阶级分化，没有成文的法律。从空间特征来看，笔者调研的西南村寨地处群山绵延的景颇山区，地形较为封闭。在治理上，村寨社会的治理主体对土司政权实行"服管不服调"。村寨社会也是一个较为封闭的状态。从研究对象特点来看，调研的西南村寨也不存在专门的决策机构，但是其村寨政治系统内部也有维持村寨秩序的结构和机制。村寨权威构成的治理体系贯穿寨民生产生活。

可以看出，从普里查德对非洲努尔部落的政治系统分析到伊斯顿、阿尔蒙德的现代国家的政治系统分析，再到中国西南村寨的村寨政治系统分析，这是一个政治系统理论不断调整适用范围和内容的过程。

学者们根据不同的研究需要，也形成了不同内容的政治系统。从现代政治学研究来看，学者们对政治系统有不同的定义。伊斯顿认为政治系统就是社会系统中与社会性价值的权威性分配有关的一系列互动行为②。比尔和乌拉姆把政治系统当作"对社会履行某种功能的一种结构，它包括一种决策的组列"③。韦伯认为合法的强制力量是贯穿政治体系活动的主线④。艾森斯塔得分析了政治体系的基本特征，认为政治体系是一种合法垄断地域社会中的强制力量的权

---

① 普里查德. 努尔人：对一个尼罗特人群生活方式和政治制度的描述 [M]. 褚建芳，译. 北京：商务印书馆，2017：185.

② 伊斯顿. 政治生活的系统分析 [M]. 王浦劬，等译. 北京：华夏出版社，1989.

③ 俞可平. 权利政治与公益政治：当代西方政治哲学评析 [M]. 北京：社会科学文献出版社，2000：7-8.

④ 韦伯. 作为职业的政治 [M] //格斯，米尔斯. 马克斯·韦伯社会学文选. 纽约：牛津大学出版社，1946：77-78. 转引自阿尔蒙德，鲍威尔. 比较政治学：体系、过程和政策 [M]. 曹沛林，译. 北京：东方出版社，2007：4.

威性运用和调解组织，有责任维持体系运转①。按照达尔的理解，可以把政治体系看作"政治关系的模式"，由此他把政治体系界定为"任何重大程度上涉及控制、影响力、权力或权威的人类关系的持续模式"②。阿尔蒙德在讨论政治系统中的政治时，同意韦伯的观点。阿尔蒙德认为关于政治系统的"大多数定义中都有一个共同点，这就是把政治体系同合法的人身强制联系在一起"③，"政治系统依靠合法的强制力连续作出决策和实施决策过程"④。

从历史序列来看，不同历史发展阶段，其政治系统的内涵也有所不同。王希恩在《民族过程与国家》中指出队群是人类历史上的第一种政治系统，它的源出母体是原始群，队群和氏族是前后相继的关系，在氏族政治系统的基础上又形成了部落政治系统⑤。普里查德在研究非洲无政府统治的努尔部落的生活方式和政治制度时使用了政治系统。他在书中指出："政治系统是一系列扩展型的对立裂变分支，从最小部落分支内部的关系到部落之间以及与外族其他人群的关系，因为对我们来说，最小部落支内各个裂变支之间的对立关系，尽管在形式上一个努尔部落与邻近的丁卡部落之间的对立关系有所不同，但它们的结构特征却是相同的。"⑥ 他在研究努尔部落时，没有将村落看成一个政治系统，"由于经济和军事上的原因，村落并不能很容易地维持一个自给自足的独立体的地位，这样一来，我们就可以把政治系统主要作为比村落社区更大的地域性裂变支之间的一组结构关系来加以讨论"⑦。可以看出，自给自足的独立单位是普里查德使用政治系统一词的主要依据。国内也有学者认为政治系统是"一定的政治角色围绕一定的政治权力在实际的政治生活中所形成的政治关系

① 艾森斯塔得. 帝国的政治体系 [M]. 阎步克，译. 贵阳：贵州人民出版社，1992：5-6.
② 达尔. 现代政治分析 [M]. 王沪宁，陈峰，译. 上海：上海译文出版社，1987：15，17-18.
③ 阿尔蒙德，鲍威尔. 比较政治学：体系、过程和政策 [M]. 曹沛霖，译. 北京：东方出版社，2007：4.
④ 阿尔蒙德，鲍威尔. 比较政治学：体系、过程和政策 [M]. 曹沛霖，译. 北京：东方出版社，2007：67-68.
⑤ 王希恩. 民族过程与国家 [M]. 兰州：甘肃人民出版社，1998：44-45.
⑥ 普里查德. 努尔人：对一个尼罗特人群生活方式和政治制度的描述 [M]. 褚建芳，译. 北京：商务印书馆，2017：219.
⑦ 普里查德. 努尔人：对一个尼罗特人群生活方式和政治制度的描述 [M]. 褚建芳，译. 北京：商务印书馆，2017：143.

结构，是某种与环境相互作用的政治单元"①。

可以看出，政治系统是一种较为独立的政治单元。由此可见，我们可以把具有"自给自足的独立体的地位"的共同体或政治单元看成政治系统。也就是说政治系统论可以用于相对独立的社会的研究。西南边疆村寨以村寨为政治单元，是由一定的政治权力、政治角色和政治关系构成的稳定结构，而且其自身具有一定的独立性，是由具有特定功能的完整结构构成的体系②。因此，政治系统论可以用于对西南村寨具有相对独立性的政治现象的系统分析。

在政治思想史上很早就有用朴素的系统思想从国家层面研究政治的做法。在古代中国，墨家"尚同一义"的国家制度是一个严格的等级系统。就西方政治思想史而言，柏拉图的"理想国"则是一个以"正义"为核心的等级系统③。亚里士多德把政治活动看作一种由相关要素组成的系统。一般系统理论的提出者贝塔朗菲曾说："亚里士多德的论点'整体大于部分之和'是基本的系统问题的一种表达，至今仍然正确。"④ 霍布斯在他的研究中把国家看作"利维坦"，把国家视为一个有机系统。后来马克思、韦伯等许多学者也对政治系统有所论证。但与当代政治学中的政治系统概念相比，他们所提政治系统概念包含的内容要简单许多。伊斯顿的一般政治系统论实际上是国家理论，是用现代系统论研究国家问题⑤。阿尔蒙德的政治系统论把政治国家作为政治体系，对处于不同经济发展水平，具有不同文化、政治结构和意识形态的国家进行比较研究，分析其实际运作过程及发挥的作用。也有学者从其他单元层面进行研究。摩尔根在其《古代社会》中认为氏族是社会政治体系的基本单元。"因为印第安人组织其社会时所依据的社会政治体系即以氏族为其基本单元。这种单元组成的社会结构必然也带有这种单元的特色，因为单元如此，其组合物也会

① 周平. 民族政治学导论 [M]. 北京：中国社会科学出版社，2001．

② 周平. 民族政治学导论 [M]. 北京：中国社会科学出版社，2001：89-90.

③ 俞可平. 权利政治与公益政治：当代西方政治哲学评析 [M]. 北京：社会科学文献出版社，2000：3.

④ 贝塔朗菲. 普通系统论的历史和现状 [M] //中国社会科学院情报研究所. 科学学译文集. 北京：科学出版社，1980：305-306.

⑤ 邹永贤，等. 现代西方国家学说 [M]. 福州：福建人民出版社，1993：480.

如此"①，"氏族则是社会制度的基本单元，是长期存在的"②。

瓦格纳在研究肯尼亚最西部的部落卡维龙多班图人的政治组织时，提出具有政治系统思想的概念"政治单位"。他认为政治单位必须用团结意识和相互依赖进行定义，而不是以是否服从中央权威为标准。政治单位的政治结构由政治制度组成。这些制度保持该单位作为一个实体，保护它不从内部瓦解，并对付外部的威胁。影响政治单位的外部压力或其他刺激物，形成了内部团结的最有力的刺激，反之亦然，群体的外部行动主要取决于内部凝聚力的性质和程度③。

1954年利奇研究缅甸克钦山区的政治体系时，认为完全独立的政治单元就是政治系统，属于单元社会，并指出在克钦山区，政治单元在规模上差异巨大，且不稳定。他认为当地各种不同的政治体系应被当作更大范围内的一个不断变化的整体系统中的部分。在这个更大的体系中，贡劳制可以通过村寨联合成为贡萨制，贡萨制可通过村寨分裂成贡劳制，"自治的小政治单元经常倾向于集合成更大的体系；而大规模的封建等级制则分裂为小单元"④。

综合所述，我们发现已有研究中，有从国家层面进行政治系统分析的，有从政治单元进行研究的，但是没有从政治系统角度研究村寨的。基于对政治系统的不同理解，以往学者从国家层面对政治系统进行了广泛研究，部分学者从部落层面对政治系统进行了研究，但还没有学者从村寨层面进行政治系统分析。笔者通过田野调查发现村寨制下的传统村寨虽然不是国家，却是一个在村寨内部能够独立治理的社会。处于特殊社会形态之下的村寨，它的整个政治过程也像政治系统一样运行。村寨政治系统是比较原始和封闭的村寨的政治过程。因此，我们以马克思主义为指导，借用政治系统论这一分析工具，从村寨层面对村寨政治过程进行分析。

政治系统论类别不止一种，政治系统论从广义上可分为一般政治系统理论

① 摩尔根. 古代社会 [M]. 杨东莼，马雍，马巨，译. 南京：江苏教育出版社，2005：68.
② 摩尔根. 古代社会 [M]. 杨东莼，马雍，马巨，译. 南京：江苏教育出版社，2005：186.
③ 福蒂斯，普里查德. 非洲的政治制度 [M]. 刘真，译. 北京：商务印书馆，2018：228-268.
④ 利奇. 缅甸高地诸政治体系 [M]. 杨春宇，周歆红，译. 北京：商务印书馆，2012：25.

和结构功能政治系统理论①。伊斯顿的一般政治系统论强调互动，突出"输入—输出"模型。把环境的支持、要求输入政治系统，通过政治系统的转换进行输出，输出的是政策、命令等，而反馈沟通了系统的输出与输入。外部环境对政治系统的支持或者要求的输入，通过政治系统内部转换，形成输出并反作用于外部环境。但是伊斯顿的分析框架并不具体研究政治系统如何转换，而是将转换过程看作一个不透明的黑箱。阿尔蒙德在伊斯顿的基础上进一步将转换功能具体化。阿尔蒙德的政治系统论最开始用于比较政治研究。1960 年，阿尔蒙德在《发展中地区的政治》一书中提出了适用于所有政治系统的七大基本功能。1966 年他与鲍威尔合作出版了《比较政治学：发展研究途径》，通过对功能进行分类以及对政治结构的重视，构建了新的理论体系。1978 年，他又对前一理论体系做了重大修改，将结构分为体系、过程和政策三个阶段，由此出版了《比较政治学：体系、过程和政策》。

阿尔蒙德的结构功能政治系统论与伊斯顿一般政治系统论有以下区别：阿尔蒙德的结构功能政治系统论认为角色互动形成结构，结构互动形成体系，体系运转形成政治过程，他通过政治过程使得整个系统产生功能，理清楚了角色、结构、体系和功能的关系，也理清楚了体系是怎样塑造的；伊斯顿一般政治系统论更加侧重政治系统运作的动态过程。阿尔蒙德的结构功能政治系统论侧重于系统分析政治系统是什么；伊斯顿一般政治系统论侧重于分析政治系统是怎么运转的。本书的研究对象是村寨制，村寨制是一个相对独立的社会系统，并且作为社会系统的村寨制具有政治属性。想要揭示村寨制度体系是什么、如何形成，需要借助政治系统论进行分析。

村寨制作为相对独立的社会系统与伊斯顿、阿尔蒙德的政治系统既有联系，也存在一定区别，它有自己的特点。在民主改革以前②，笔者调研的西南边疆村寨处于一种特殊的社会形态之中。有学者研究认为："直过民族与人类社会历史形态中相应档次上的早期人类共同体是不完全等同的。或者说它是一种不完整的、变异的社会形态，或称之为原生态中派生出的次生态社会形

· 16 ·

---

① 俞可平. 权利政治与公益政治：当代西方政治哲学评析 [M]. 北京：社会科学文献出版社，2000：3.

② 主要指 1954 年前。

态。"① 首先，西南边疆村寨的制度社会形态不同于氏族制度。氏族制度以"氏族"为基本单位，处于这一特殊社会形态的西南村寨以"寨"为基本单位。从产生基础来看，摩尔根发现，氏族制度是基于血缘产生的，笔者调研发现西南边疆村寨是在血缘和地缘叠加之上产生的。从产权基础来看，氏族制度下土地共有，有一处公共墓地；西南村寨土地公有私占、不定期重分，先占先得，无固定公共墓地，以"滚鸡蛋"方式选择安葬地点。其次，西南边疆村寨的制度社会形态不同于村社制。与村社多在低地不同，处于特殊社会形态的西南疆村寨多位于山区高地，调研的景颇村寨平均海拔 1 300 多米，为丘陵地形，平地少、坡地多。气候、土壤等自然条件决定了寨民耕种方式，旱地只能刀耕火种、轮作开荒，而耕种方式影响了村寨土地占有形式。马克思认为公私二重性是村社制的典型特征，并且有共耕地；而传统时期的西南边疆村寨土地公有私占，先占先得，不定期重分，无共耕地。可以看出，与村社相比，传统时期的西南边疆村寨的私有性质更加突出。由于产权基础不同，村寨的劳动组合方式也不同，村寨主要采用自愿联合的劳动组合方式，在生产过程中保持一定的村寨整体性。村社鼓励共同耕作甚至强制共同耕作。从生产力水平来看，处于特殊社会形态的西南边疆村寨，其生产力水平低下，迫使寨民聚寨而居；村社制产生的制度基础是封建关系，主要是便于以村社为单位进行纳税，管理村社比管理单个的人更加便利。两者的外部威胁不同，保护类型不同。面对与其他村寨之间的冲突、野兽威胁，村寨的自我防卫性更强。而村社之间几乎是隔绝的状态。村社对社员提供的保护主要体现在赋税方面，并以连环保方式实现。从村寨内部管理来看，传统时期村寨依靠权威治理，由山官、寨头、波勐等多元治理主体管理；村社则采用社员会议方式治理。最后，传统时期的西南边疆村寨处于特殊社会形态中，其"寨"的特点突出。自然环境决定寨民耕种方式，旱地只能刀耕火种、轮作开荒，而耕种方式影响村寨土地占有形式。同时生产力水平低下也迫使寨民聚寨而居。在社会形态方面，共同面对威胁，抵御侵犯，生活上互相帮助，更加突出了村寨整体性的意义。村寨权威构成的治理体系贯穿寨民生产生活。寨民的原始信仰体系涉及寨民生老病死、婚丧嫁娶、生产祈福、出行等方方面面。村寨集体活动比较多，并有序举办。这些使得村寨

---

① 李根. "直过民族"社会历史演变的变异性特点探析 [J]. 贵州民族研究, 2000 (1): 48-52.

成为整体，并有效运行。因此，村寨制既不是氏族制度，也不是村社制，它是氏族制度往后到现代社会的中间状态，处于传统时期。

村寨制的形成与传统国家治理有关。传统时期，村寨地处王化之外①的边疆地区，国家统治薄弱。吉登斯认为传统国家的"政治中心的行政控制能力如此有限，以至于政治机构中的成员并不进行现代意义的'统治'。传统国家有边陲而无国界"②。叶本乾对传统国家形态治理特点进行了讨论，认为内部异质性、国家政权控制有限是传统国家的一个重要特点③。木爱寨地处西南边陲中缅边境地带，属于丘陵地形。特殊而复杂的地形地貌形成天然屏障阻碍中央权力控制。"云南古蛮瘴之乡，去中原最远。有事天下者，势不能先及于此。"④统治者视边陲为蛮荒之地，恪守"守中治边""守在四夷"的治边原则。再加上云南的少数民族首领对夺取中央政权没有野心，因此，在元朝以前，国家对云南的统治比较松弛，"附则受而不逆，叛则弃而不追"⑤。在元朝以前，中央政权对云南的统治实行羁縻政策。该政策要求云南的少数民族首领臣服即可，中央政权并不对其内部管理进行过多的干预。松本善海认为国家权力"对于传统或组织，只要它不给国家的生存带来什么危险的话，就可以对其不加干涉而放任自流，有时，还把它作为对不完备的行政机构的一种补充而保障它的持续存在"⑥。

国家从元朝开始加强对西南边疆治理的制度建设。云南诸夷杂处，威则以

---

① 王化之外。王化，汉语词典解释为天子的教化。王化之外，即化外之地，意思就是王法管辖不到的原始落后的地方。比如，"生苗"就是尚未被征服（故册封时又有"降苗"之说）、政治上尚在"王化"之外、心理上拒绝和反对汉族同化的苗族或其支系。清水江流域在明清以前，作为一个封闭的社会系统，一直处于"王化"之外。（李斌. 碎片化的历史：清水江流域碑刻研究［M］. 北京：民族出版社，2018：7.）

西南边陲地区民族过往被称为"直过民族"，这些地区的经济社会发展形态与内地有较大差距，由于经济文化落后并地处边陲，核心的国家权力在这里十分稀薄，呈现若有若无的状态。因此，本书中王化之外指处于较为封闭的化外之地，国家权力管辖不到的地方。

② 吉登斯. 民族-国家与暴力［M］. 胡宗泽，赵力涛，译. 北京：生活·读书·新知三联书店，1998：4.

③ 叶本乾. 现代国家构建中的均衡性分析：三维视角［J］. 东南学术，2006（4）：28-34.

④ 辛钟灵. 方舆纪要辑要［M］. 南京：正中书局，1937：183.

⑤ 《后汉书》卷86《南蛮西南夷列传》，尚书令虞诩语，转引自孙能传. 益智编（下）［M］. 北京：中国戏剧出版社，2000：930.

⑥ 转引自内山雅生. 二十世纪华北农村社会经济研究［M］. 李恩民，邢丽荃，译. 北京：中国社会科学出版社，2001：197.

怨，宽则易以纵。"云南士卒艰食，措置军事，贵乎得宜，不（否）则，大军一回，诸夷复叛，力莫能制。其士卒逋逃者，既入蛮地，不复能出，盖非蛮人杀之，则必为禁锢深山，使之耕作。凡守御之处，当以此晓之。"[1] 元朝创立土司制度，该制度在明朝得以完善，在清朝逐渐衰弱。土官土司制度的主要内容是：在以滇黔桂等西南部为主的边疆地区，封建王朝任命当地蛮夷首领为各级土官或土司，土官土司职位的大小通常视其所辖蛮夷的范围而定，基本原则是以土官治土民[2]。一方面，中央王朝对边疆土司采取承袭、朝贡、征调等举措，使边疆土司为其"谨守疆土，修职贡，供征调"，将边疆地区纳入中央王朝统辖范围；另一方面，边疆各土司通过中央王朝的诰命、封赐等，获得对所辖民族地区统治的合法地位，维护了家族的既得利益[3]。清朝对明朝设置的土司制度实行逐步"改土归流"的政策，但对边区许多强大的土司控制的地区，因其力量不及，加上清政府的昏庸无能，而干脆放弃不管，使得边区的管辖范围比明朝大大缩小了[4]。"改土归流"即是把土著民驱逐或强迫同化，但藏匿到边境去的夷族仍受世袭土司或土司指挥的管辖[5]。民国初年，国民党在德宏边区各县设置弹压委员，至民国五年（1916 年）改为行政委员会，民国二十一年（1932 年）又改为设治局，由国民党派遣局长，"改土归流"政策在民国时期进一步实施。尽管国民党不承认土司的统治，然而土司统治却并未动摇，在当地，土司仍是事实上的统治者[6]。从国家治理成本来看，云南自古是历代中央王朝统治的末梢，因此，中央直接治理边疆的成本高。"拥有权力资源的人要实现权力意志必须借助一定条件，需要相应手段才能获得相应的能力。而运用权力需要支付相应的成本。成本愈大，权力所产生的能力就愈小。这是因为统

① 《明太祖洪武实录》第 147 卷，转引自国家民委《民族问题五种丛书》编辑委员会，《中国民族问题资料·档案集成》编辑委员会. 中国民族问题资料·档案集成第 2 辑中国少数民族第 12 卷《民族问题五种丛书》及其档案汇编 [M]. 北京：中央民族大学出版社，2005：556.

② 方铁. 论羁縻治策向土官土司制度的演变 [J]. 中国边疆史地研究，2011，21（2）：68-80，149.

③ 段红云. 明清时期云南边疆土司的区域政治与国家认同 [J]. 广西民族大学学报（哲学社会科学版），2015，37（5）：25-30.

④ 《景颇族简史》编写组. 景颇族简史 [M]. 北京：民族出版社，2008：30.

⑤ 思慕. 中国边疆问题讲话 [M]. 上海：生活书店，1937：158-159.

⑥ 陆云. 论近代景颇族政治制度文化的三元性质 [J]. 思想战线，2004（6）：62-65.

治成本将由统治对象所承担，将影响对象的认同。"① 从治理效果来看，云南在政治、经济、文化等方面与中原存在较大的差异，且这些地区少数民族聚居，用强制的方式统治则容易引起他们的抱怨，用宽松的治理方式则容易放纵他们。传统时期中央王朝直接治理效果不佳，土司制度应运而生。在土司制度下，中央王朝通过让渡一部分权力和利益给边疆民族的上层势力，从而在互利共赢的基础上结成了政治同盟。艾森斯塔得认为："古代中国一方面有一个独立的'帝国中心'，它常常是政治文化的焦点，另一方面则是许多落在'边陲'的社会单元。"②

传统时期，傣族土司利用山官之间的纠纷挑拨离间，削弱其力量，便于自己的控制。1886—1899 年，西山各寨和遮放土司之间发生大规模的战争③。土司始终未能彻底征服景颇族，使之成为其统治内部的一个组成部分。土司对景颇族山官统辖区实行"统而不治"，山官对土司"服管不服调"。在木爱寨景颇族所在山区，土司不能直接管理民政，由山官管辖，隶属土司。位于坝区的傣族土司对景颇山区村寨基本上是统而不治，除了向寨民收取公麻烟以外，基本不干涉村寨事务。每个山官的服管程度不一。遮放土司基本不干涉木爱寨的村寨事务，全权由山官统领。

通过以上分析可知，村寨制是传统时期一个相对独立的社会系统。从传统时期国家治理角度来看，村寨的治理处于比较独立的地位。村寨地处边疆，属于王化之外，国家对其控制薄弱。虽然傣族土司政权势力雄厚，但村寨的治理主体代表山官仍然对傣族土司"服管不服调"，承认傣族土司的领导，但对于村寨内部事务，主要由山官等村寨治理主体负责。从地形上看，村寨周围群山环绕，处于比较封闭的自然环境中。王海明认为国家是拥有主权或独立自主的社会，其构成要素是土地、人口和权力。处于狩猎采集阶段的原始社会的"队群"或"游团"虽然极为简单，不包括任何其他社会，通常却是一种独立自主

---

① 徐勇. 内核-边层：可控的放权式改革：对中国改革的政治学解读 [J]. 开放时代，2003（1）：98-112.

② EISENSTANT S N. The political systems of empires [M]. New York：Free Press，1969. 转引自金耀基. 金耀基自选集 [M]. 上海：上海教育出版社，2002：42.

③《中国少数民族社会历史调查资料丛刊》修订编辑委员会. 景颇族社会历史调查（2）[M]. 北京：民族出版社，2009：11.

的社会①。案例村寨与周围其他景颇村寨也不存在隶属关系。村寨社会拥有土地、人口和村寨公共权力，是较为独立的自治社会。村寨制是传统时期王化之外的边疆地区的一个相对独立的社会单元。如前所述，政治系统论可用于相对独立社会的研究。因此，可以将村寨社会看作村寨政治系统，用政治系统的分析方法进行分析。

虽然没有现代政治生活所要求的基本要素，但是村寨社会并不缺乏政治。其一，人无论处于什么社会形态中都需要政治，村寨社会也不例外。广义政治论认为，政治的本质是对人类劳动生存全局性利益关系的调控。"人需要政治，绝不是由天生的自然本性决定的，而只能是由人在社会的劳动生存活动中所必然发生的、人与人之间的利益关系的组合形态及其调控方式所决定的。人的社会性活动，是政治发生的前提。"② 传统村寨的寨民为了生存，需要进行劳动，在整个村寨社会劳动中必然发生人与人之间的利益关系，从而需要政治进行调节。基于直接进行的劳动生存活动的利益需求，人需要过上政治生活。在原始社会中政治关系基于人的劳动生存利益而产生。法国学者迪韦尔热也认为：建立在血缘关系基础上的"散落社会"也存在着政治，"对抗与冲突、联盟体系、调解方式——这些基本上都属于政治关系"③。其二，村寨社会的政治不是现代政治而是社会政治。摩尔根、马克思、恩格斯最早将社会政治和政治社会进行区分。摩尔根在研究人类社会的起源和发展时，提出了人类社会存在的两种政治方式，阶级前社会的"氏族性和社会性"的政治方式和国家产生后的"政治社会"方式④。恩格斯在摩尔根的基础上进一步研究发现，氏族制度是"自然形成的共同体权力"。人类社会的政治生活可分为三类：阶级性政治、非阶级性（社会性）政治、两者交叉并存的过渡性政治。广义政治论认为阶级和国家存在的政治为"政治社会"，无阶级、无国家存在的政治为"社会政治"⑤。社会政治在阶级前社会和未来共产主义社会中存在⑥。传统时期的村寨社会阶级

① 王海明. 国家是什么："国家即阶级压迫工具"探本 [J]. 晋阳学刊, 2010 (3)：40-48.
② 刘德厚. 广义政治论：政治关系社会化分析原理 [M]. 武汉：武汉大学出版社, 2004：253.
③ 迪韦尔热. 政治社会学：政治学要素 [M]. 杨祖功, 王大东, 译. 北京：华夏出版社, 1987：265.
④ 摩尔根. 古代社会 [M]. 杨东莼, 张栗原, 冯汉骥, 译. 北京：商务印书馆, 1971：7-8.
⑤ 刘德厚. 广义政治论：政治关系社会化分析原理 [M]. 武汉：武汉大学出版社, 2004：254.
⑥ 刘德厚. 广义政治论：政治关系社会化分析原理 [M]. 武汉：武汉大学出版社, 2004：221.

还未形成，不是阶级社会，所以村寨社会的政治属于社会政治的范畴。村寨政治是社会化的政治，村寨的政治通过社会关系直接表现出来。

村寨政治系统的政治也有其自身特点。在传统村寨社会中，政治主要体现为村寨公共事务的管理活动。政治是一种复杂现象，关于政治的内涵学界众说纷纭，从政治是主要干什么的来界定政治，主要有以下几种代表性观点：一是价值道德论，认为政治是最高的善、规范性道德，代表人物有孔子、柏拉图和亚里士多德等。二是运用权力论，即认为政治就是对权力的运用，代表人物有马基雅维利、拉斯韦尔等。三是公共事务管理论。比如，孙中山认为"政就是众人之事，治就是管理，管理众人之事便是政治"①。四是权威性分配论。伊斯顿认为政治是对社会价值物进行权威性分配的决策活动。五是马克思主义政治观，"政治是经济的集中表现"②。在村寨社会中，政治主要体现为公共事务的管理活动。

作为社会系统的村寨制具有政治属性。属性是事物的性质和事物间的关系的统称。政治属性则是事物在特定的政治现象、政治过程、政治关系和政治实践中所体现和反映的政治本质、政治特点以及政治规律。有学者认为，"无论这政治体系是国家性质的、还是非国家性质的，都具有政治属性的特征"③。民族的政治属性是指"民族共同体由于不可避免地与一定的政治权力和政治生活有机地联系在一起而获得的特定属性"④。村寨的政治属性是村寨共同体为维系村寨社会的生存与发展，运用村寨公共权力开展的治理活动中所获得的特定属性。因此，在村寨社会中，作为社会系统的村寨制具有政治属性，村寨制可以运用政治系统论进行分析。

已有的村寨研究中，有关于村寨空间的研究，有关于村寨文化的研究，也有关于村寨治理的研究，但是还没有学者从制度社会形态方面研究村寨。并且，已有的政治系统理论主要用于宏观的国家层面政治生活分析，几乎没有学者用政治系统理论研究微观村寨的政治现象。本书的问题是：从政治系统视角

---

① 孙中山. 孙中山选集：下卷 [M]. 北京：人民出版社，1966：661-662.

② 列宁. 列宁选集：第4卷 [M]. 中共中央马克思恩格斯列宁斯大林著作编译局，译. 北京：人民出版社，1995：407.

③ 彭时代. 宗教信仰与民族信仰的政治价值研究 [M]. 北京：民族出版社，2007：62.

④ 周平. 民族政治学 [M]. 昆明：云南人民出版社，2011：37.

来分析，传统边疆村寨的村寨制是什么？如何实现有效治理？

二、核心概念界定

1. 村寨

村寨、村落、村庄、村社都含有"村"字。"村"即乡村，既是一个经济概念，也是一个社区概念。作为社区概念，"村"强调的是一定社区的社会关系和社会秩序。就这个角度而言，村落、村庄、村寨和村社都是一致的。它们具有以下特点：自然环境对村的直接支配性较强；人口密度小、流动性不高造就了封闭性；家庭是村落社区的中心；村落社区的成员在心理上比较保守[①]。因此，有学者指出村落、村庄、村寨、自然村的含义基本相同，均指农村的自然聚居群落[②]。村落更多的是地理学、人类学和社会学等学科使用的词汇，更加强调人口集中分布的区域。村庄和村寨主要是政治和文化的概念。村庄和村寨的不同点不在于"庄"。我国北方平原地区习惯称呼村落为村庄，即××村、××庄等；而包括汉族在内的整个中国南方农耕民族都是"以寨为聚"。"寨"的叫法各地不同，或称村寨，或称山寨，但性质都相差不多，是农耕民族结群定居的一种方式（不过北方的汉族地区，"寨"多叫作"村"或"庄"）。村庄和村寨的不同点主要在于"寨"。"寨"的本义指羊圈、羊栏，引申为防守用的栅栏。根据《现代汉语大词典》，村寨指四周有栅栏或围墙的村庄[③]。而村庄则是自然形成的，四周没有墙或栅栏之类的阻隔[④]。也有学者将少数民族的村寨称为民族村社。周平认为民族村社是由一定民族的成员组成的、富有民族特色的村落社会，是由一定民族的成员聚族而居形成的、传统的和保留浓郁民族特色的村落社会，属于农村社区的一种类型，具有民族性、传统性、封闭性及农业性等特点[⑤]。傣族认为村寨即村社，它既是傣族社会的一种基层政权组

① 于建嵘. 岳村政治：转型期中国乡村政治结构的变迁 [M]. 北京：商务印书馆，2001：45.
② 贺雪峰. 乡村治理的社会基础：转型期乡村社会性质研究 [M]. 北京：中国社会科学出版社，2003：43.
③ 阮智富，郭忠新. 现代汉语大词典：下册 [M]. 上海：上海辞书出版社，2009：2032.
④ 吴承富. 当代中国少数民族村社政治体系变迁 [D]. 长春：吉林大学，2008：21.
⑤ 周平. 民族政治学导论 [M]. 北京：中国社会科学出版社，2001：84-87.

织，又是傣族的一种群众组织，是以地域为基础、由若干个家族或个体家庭组成的，是家族在经济生产发展后形成的①。村社强调的是从社会关系和社会秩序的角度对农村社会组织结构进行研究。村寨是"一定的人群按照一定的经济关系、社会关系和文化关系组成的一种生产生活空间"②。传统村寨是各少数民族为了生存和繁衍生息，在漫长的迁徙过程中，顺应特定的自然环境，为满足生产、生活以及生存的基本需求，建造的相对独立和功能完备的群居性的村寨建筑，具有典型的民族特征和形态文化③。

从村寨的起源来看，村寨从血缘关系共同体发展为地缘关系共同体。"从佤族村寨的起源和发展过程推论，最初多是一族为一寨。为便于通婚，在同一地区，几个不同姓氏的家族住在一起，后来就成为一个寨子了。但寨中各家族还是分位居住。这时的村寨已不是因血缘关系而建立的共同体，而是建立在地缘基础上。"④ 从边疆村寨建寨的目的来看，其主要目的是防卫。古代汉语中的"寨"多与防卫、军事有关，比如"安营扎寨"。为了有效防止外敌入侵，对抗自然灾害，增强内部合作效能，侗族人往往需要联合几个甚至十几个姓氏聚集成一个具有自足功能的村寨；他们在建寨选址的时候首先考虑的是村寨的防卫特性，所以大多数侗族村寨都以山为屏障⑤。村寨选址本身就注重生产性与军事防卫性的结合，村寨入口处比较曲折，地理位置相对险要。在入口处设寨门及部分寨墙，足可作为门户起防御作用，同时也作为寨子入口的形象⑥。就村寨内部空间结构而言，传统村寨主要由生产生活及功能、民族文化和生态环境三大部分构成。西南地区的寨子通常都有寨门、寨头、寨尾，有的傣族寨子有四个寨门。举行仪式时，在寨门上挂上标志，警醒外人不得贸然闯入⑦。苗族村寨一般由龙潭、社庙、芦笙坪、拉鼓坡、寨道、寨亭、水井、木楼、禾

· 24 ·

① 胡绍华. 傣族风俗志 [M]. 北京：中央民族大学出版社，1995：85.

② 马翀炜. 村寨主义的实证及意义：哈尼族的个案研究 [J]. 开放时代，2016（1）：206-221，8.

③ 龙佑铭，吴建伟. 贵州传统村落与文化遗产保护文论集 [M]. 重庆：重庆出版社，2016：17.

④ 李劼. 崎岖的高原：两性的自然属性与社会延伸 [M]. 北京：中央民族大学出版社，2012：22.

⑤ 姜又春. 侗族村寨聚居模式的空间结构和文化表征 [C] //原生态民族文化高峰论坛论文集：文化生态视野下的非物质文化遗产传承与保护，2015：83.

⑥ 国家民委经济发展司. 中国少数民族特色村寨建筑特色研究（二）：村寨与自然生态和谐研究卷 [M]. 北京：民族出版社，2014：51.

⑦ 李劼. 崎岖的高原：两性的自然属性与社会延伸 [M]. 北京：中央民族大学出版社，2012：22.

仓、风景树、阴地等部分组成①。从村寨内部构成来看，相对于基于血缘关系的家庭和家族来说，村寨是一种地缘关系上的社会组织单位。它可以由同一个姓氏、同一个家族的多个家庭组成，也可以由不同姓氏、不同家族的多个家庭组成。村寨还可以突破民族界限，由两个及以上的民族组成。与村落、村庄、村社相比，村寨更能体现边疆村落的社会形态。本书认为村寨是传统时期边疆地区人们基于生产生活需要而建立的聚落。

2. 村寨社会

关于村寨社会概念界定，笔者查阅已有文献发现没有研究者给村寨社会下定义。前面我们已经界定了"村寨"，现在需要对"社会"一词进行界定。对于什么是"社会"，学术界有很多观点，尚未形成统一认识。有学者认为目前学术界对"社会"的用法主要分为以下三类：一是作为一个与"国家"相对应的概念；二是作为一个与"共同体"相对应的概念；三是作为一个与"个人"相对应的概念，泛指人类个体以特定形式形成的各种群体或结合体，如氏族、部落、家庭、家族、村落、社区、关系网、企业、军队、社团、学校、政府、国家、跨国组织、国家联盟等②。从空间维度看，社会作为人们交往的空间领域，可以指"国家"和"家庭"之外的人们交往领域，也可以指一个相对独立于"政治""经济""文化"领域的人类活动领域。从时间维度看，即从时间变迁中先后形成的人际结合类型来界定"社会"，滕尼斯认为共同体的类型出现在社会的类型之前，因此，"共同体是古老的，社会是新的"③。从人们的结合形式本身来界定"社会"，这里社会是作为一个与"个人"相对应的概念。"社会"在《现代汉语词典（第7版）》中的解释为："泛指由于共同物质条件而互相联系起来的人群。"④ 马克思认为社会是由单个人联合起来的，这种联合不是单个人的机械相加，"而是表示这些个人彼此发生的那些联系和

---

① 吴承德，贾晔. 南方山居少数民族现代化探索：融水苗族发展研究 [M]. 南宁：广西民族出版社，1993：21.

② 谢立中. "社会建设"的含义与内容辨析 [J]. 北京大学学报（哲学社会科学版），2015，52（2）：98-105.

③ 滕尼斯. 共同体与社会 [M]. 林荣远，译. 北京：商务印书馆，1999：53.

④ 中国社会科学院语言研究所词典编辑室. 现代汉语词典 [M]. 7版. 北京：商务印书馆，2016：1154.

关系的总和"①，即社会是以共同的物质生产活动为基础而相互联系的人类生活共同体。从这个意义上说，社会的构成因素包括自然环境、人口因素、物质资料的生产方式、建立在一定经济基础之上的政治法律制度和社会意识形态等。村寨社会是一个与寨民个体相对的概念，是指寨民在自然环境下基于生产生活需要而彼此发生的联系和关系。

3. 村寨治理

"治理"（governance）一词有着悠久的语源学渊源，如拉丁文中的"gubernare"、希腊文中的"kubernetes"，大意是"古代的船长或舵手"。"治理"最初用作操纵或控制的意思，与"政府"（government）的内涵相同。1995 年全球治理委员会对治理进行了如下较为权威的定义："治理是各种公共的或私人的个人和机构管理其共同事务的诸多方式的总和，是使相互冲突的或不同的利益得以调和并且采取联合行动的持续的过程。"② 从治理的构成要素来看，治理包括权力、治理主体、治理客体、治理内容、治理方式等要素。在治理的逻辑结构中，公共权力是最为核心的概念③。"治理"本身蕴含着多元化的价值，即治理主体的多元④。

关于村寨治理的内涵，张瑾认为汉族村寨和少数民族村寨的治理在本质上是一致的，即都是村寨的多元公共权威对村寨公共事务进行组织、管理与调控的过程，其目的是实现社会公共利益的增长，但少数民族村寨的治理有其固有的特征⑤。传统时期，内地汉族乡村治理处于"国权不下县，县下唯宗族，宗族皆自治，自治靠伦理，伦理造乡绅"状态，国家政权对乡村治理管控较为薄弱，"双轨政治"是费孝通对传统中国政治基本特征的概括。费孝通认为，在传统社会里，政府有一套控制体系，乡村也有一套控制体系，两套体系同时运作，相互配合，维持了中国社会的运行，并指出"一个健全的、能持久的政治

---

① 马克斯，恩格斯. 马克思恩格斯全集：第 46 卷上［M］. 中共中央马克思恩格斯列宁斯大林著作编译局，译. 北京：人民出版社，1979：220.

② The Commission On Global Governance. Our global neighborhood：the report of the commission on global governance［M］. Oxford：University Press，1995：2-3.

③ 徐勇. Governance：治理的阐释［J］. 政治学研究，1997（1）：63-67.

④ 俞可平. 走向善治：国家治理现代化的中国方案［M］. 北京：中国文史出版社，2016：207.

⑤ 张瑾. 侗族旅游村寨协同治理研究［M］. 上海：复旦大学出版社，2017：29.

必须是上通下达、来还自如的双轨形式"①。而对于传统边疆民族村寨而言，村寨治理更是处于中央政权鞭长莫及的状态。

云南民族村寨地处我国西南边陲，受自然条件的限制和复杂的历史因素的影响，在长期的社会历史发展过程中，形成了自己的民族政治体系。自汉晋以来历代封建王朝在西南少数民族地区施行羁縻统治。封建王朝借重边疆民族首领的势力进行统治，即根据其势力的强弱，分别赐予王、侯、邑君和邑长等封号，实行土长与郡县参差而治的双轨制。羁縻政策进一步发展形成土司制度。土司制度是由少数民族首领充任并世袭官职的一种重"因俗而治"的制度，云南"改土归流"的政策并不彻底，这一制度一直延续至民国②。明清时期，中央政府自上而下对土司进行管理，朝廷对土司主要是征调，土司对朝廷主要是朝贡，同时在土司辖区内，由土司进行统治。"双轨政治"的存在使得古代国家政权与基层乡村的关系始终表现出一种政治中心与政治边陲的特征。在内地乡村社会联系中心与边陲的纽带是乡绅阶层③，而在边疆地区则是土官阶层。在被纳入统一的国家政治体系之后的一定时期内，边疆地区仍然保持着相对独立的民族政治体系④。褚建芳发现芒市傣族的佛教、传统政治力量、亲属关系制度、年龄群体制度以及其他社会力量之间存在很强的内在一致性和同构性，形成了一套非常精致的制度体系，对芒市傣族村寨的社会生活起到了形塑、控制和维持的作用⑤。

本书主要对民主改革前西南区域边疆村寨的治理形态进行深度分析。这一时期的村寨治理处于特殊的社会形态之中，村寨的偏远封闭性、内聚性、无阶级性等特质，使其有别于传统内地村庄。本书的村寨治理主要是指为维护村寨整体性或者解决寨民生产生活方面的问题，而对村寨公共活动展开的治理活动和治理行为。

① 费孝通. 乡土中国·生育制度·乡土重建 [M]. 北京：商务印书馆，2015：392.

② 李鸣. 中国近代民族自治法制研究 [M]. 北京：中央民族大学出版社，2008：429.

③ 程同顺，赵银红. 乡村管理模式的回顾与前瞻 [J]. 上海社会科学院学术季刊，2000（1）：128-135.

④ 周平. 政治文化与政治发展 [M]. 北京：中央民族大学出版社，1999：9.

⑤ 褚建芳. "懂人话"：芒市傣族村寨的生活伦理、传统教化与社会控制 [J]. 开放时代，2014（6）：192-202，9-10.

三、研究思路与主要内容

本书主要考察了民主改革前云南省德宏傣族景颇族自治州（以下简称"德宏州"）芒市西山乡的木爱寨的治理情况，从社会制度、治理方面重点研究处于特殊的社会形态之中的村寨政治系统如何实现有效运行。

本书从政治系统视角进行分析，始终围绕村寨制下的传统边疆村寨如何实现有效治理这一问题开展研究。分问题包括：村寨制社会系统是什么？即对村寨制社会系统运行的基础进行系统分析。村寨政治系统如何运行？村寨政治的过程输出了什么？即村寨政治系统的运行结果是什么？本书试图在田野调查的基础上，从政治系统的角度通过理论提升探寻村寨政治的内在逻辑。

本书借助政治系统分析视角，建立分析框架，考察传统时期边疆村寨治理形态。本书的主要内容如下：

第一章为导论。本章在梳理研究缘起的基础上提出了本书的问题，从木爱寨入手进行深度调查，借助政治系统分析视角，提出处于特殊形态下的边疆村寨如何实现有效治理这一核心问题，并围绕该问题对村寨相关研究、社会形态相关研究、村寨治理相关研究进行文献梳理和总结。本章分析了政治系统视角对本研究的适用性，对研究的核心概念、研究方法与创新等进行了解释。

第二章分析村寨政治的体系。根据阿尔蒙德的"体系—过程—政策"分析框架，本章要回答的问题是村寨政治的体系是什么？村寨制的有效运行不是凭空而来的，而是建立在一定基础之上的。从系统分析的角度来看，村寨制可分为环境与生计系统、人口与社会体系、组织与权威体系。本章重点分析系统运行的基础是什么。

第三章分析村寨政治的过程。本章重点介绍村寨政治系统的过程，主要回答系统是如何运行的。本章要回答的问题是在系统运行过程中，村寨制的环境与生计系统、人口与社会体系、组织与权威体系是如何发挥作用的，环境与生计系统、人口与社会体系、组织与权威体系在系统运行过程中如何相互影响使村寨系统有效运行。通过以上梳理，本章以期从政治系统视角对村寨政治的运行过程有所阐释。

第四章分析村寨政治的输出。村寨制的运行产生了一定的结果，本章重点从共同规则、村寨意识及集体行动三方面来考察村寨制运行过程输出的结果。

第五章为结论与讨论。在前文梳理和分析的基础上，从理论上进行思考提炼，重点分析村寨制是什么，村寨制形成的条件是什么，村寨制运行的机制是什么，并剖析了村寨制的理论贡献和现实意义。

四、研究方法与创新

（一）研究方法

1. 个案研究

个案研究是进行实证研究的重要方法之一。对社会属性的一般性概括，对全新概念的发现，对既有理论的改进及构建情境性理论都可以用个案研究①。笔者基于调研素材提炼出"村寨制"这一个概念，可借助个案研究方法进行探讨。同时个案研究本身又有自己研究方法上的优势。一是个案研究具有深入性。个案研究通过细致深入的分析，可聚焦展现某一社会现象。二是个案研究不仅关注个案本身，更重要的是关注和挖掘特定研究对象的复杂社会结构及其内在机理。个案研究不只是对研究事实的客观描述，更注重"走出个案"进行理论提升，使研究更具有解释力。

2. 田野调查

本书以"寨"为研究单位。为了获取第一手的研究资料，恰逢笔者所在学院启动西南区域的深度调查项目，笔者于 2017 年 7 月至 2017 年 11 月前往边疆村寨开展深度调查。笔者一个人深入西南边陲景颇村寨进行驻村观察，参加寨民的生产、生活以及交往活动，进行田野调查，与寨民交谈，并搜集相关的文本资料，作为本书的材料支撑。在调查过程中，笔者主要关注民主改革前的村寨治理。作为内地农村成长起来的人，笔者对边疆村寨的社会事实充满了好

---

① 王富伟. 个案研究的意义和限度：基于知识的增长 [J]. 社会学研究，2012，27（5）：161-183，244-245.

奇。这种"异文化"的优势激发了笔者的调查热情，使笔者更加全面、细致、深入地了解调查对象。在调查中，笔者除了注重对调查事实本身的资料搜集，以事实描述弄清楚是什么，更重要的是明白"为什么"。

3. 口述史调查法

研究选题来源于个案村寨，本书的客观性很强。本书属于历史政治学研究，主要研究民主改革前的村寨。笔者通过实地调查，对当地老人进行深度访谈，以尽可能详细地了解个案村寨，为本书提供丰富的客观支撑材料。在田野调查中，笔者也注重搜集族谱、文书、档案等相关的文本资料，作为本书的材料支撑。

（二）研究创新

1. 理论创新

在已有的村寨理论研究中，关于传统村寨的研究主要集中在村寨空间、村寨文化、村寨治理等方面，鲜有文献从村寨制度体系方面对村寨进行深入研究。从总体目标来看，本书尝试对传统边疆村寨社会的制度形态、治理形态进行研究，探索相对独立的传统边疆村寨是如何实现自我治理和运转的。并进一步探讨，在传统时期国家权力鞭长莫及的情况下，地处边疆的村寨如何通过自我治理实现有效运转。从理论提炼来看，已有研究较为宏观，没有深入某一村寨进行深描并对其制度体系进行提炼。本书通过对传统边疆村寨社会制度形态的分析，尝试提出"村寨制"这一个概念，从政治系统视角出发，研究处于特殊形态下的边疆村寨，剖析传统时期边疆村寨的治理形态，进而推动乡村治理的相关研究。本书尝试从村寨内生整体性秩序的形成逻辑中考察基层治理等一般性命题。

2. 视角创新

首先，当前学界对村寨的研究成果颇丰，但对村寨制的研究不够充分，对如何进行村寨制研究还没有形成专门的研究方法。其次，已有的政治系统理论研究多是用政治系统理论进行宏观层面的研究，或运用政治系统理论研究国家层面的政治现象，很少有研究对政治系统理论进行微观系统研究，也很少有研究用政治系统理论研究微观村寨，而作为分析工具的政治系统理论是可以运用到微观系统研究中的。最后，村寨制的特点与政治系统理论比较契合，运用政治系统理论分析村寨治理形态具有创新之处。在西南边疆地区形成的村寨制是相对独立的社会系统，同时作为社会系统的村寨制具有政治属性，因此可以用政治系统论进行分析。村寨是在较为封闭的环境下运行的，要了解村寨制是什么，用政治系统论进行分析更能体现村寨制运行的动态过程。在运用政治系统论分析村寨制时，不能全盘照搬政治系统论，需要在田野调研材料的基础上对政治系统论分析方法进行改良。本书借用政治系统论的分析框架，同时结合处于王化之外的村寨制的特点对其进行改造，也就是说在政治系统论的基础上往前推进一步，这成为本书的一个创新点。改造后的政治系统论适用于相对独立的社会单元的系统分析，不仅可以用于西南边疆的村寨制研究，也可以用于海南黎族的合亩制研究。

五、个案村寨介绍

个案村寨景颇族村寨木爱寨位于云南省德宏州西山乡，地处中缅边境地带。木爱寨所在的西山乡在 1938 年才开始设置为乡，当时隶属龙川乡靖缅乡。1940 年至 1944 年为康平乡，1945 年正式更名为西山乡。西山乡距离芒市 64 千米，地处东经 98°01′20″~98°18′15″，北纬 24°18′15″~24°23′20″。西山乡的景颇族人口占总人口的 92.8%。西山乡是我国景颇族人口数量最多的乡镇，也是我国景颇族民间传统文化保存最为完整的地区之一，素有"中国景颇第一乡"之称。

传统时期，木爱寨与周围八个寨子相邻，寨与寨之间有清晰的边界。传统时期的木爱寨社会形态被定性为处于原始社会末期向封建社会初期的过渡时期，表现为土地占有不集中，阶级分化不明显，刀耕火种，生产力水平极为低下和停滞[1]。民主改革以前，木爱寨主要有三大氏族，排家、来马家、何家。木爱寨最初由来马家和何家先祖建立。民主改革前夕，木爱寨有 82 户，400 多

---

① 《景颇族简史》编写组. 景颇族简史 ［M］. 北京：民族出版社，2008：104.

人，开垦水田旱地共约 780 亩①，整个村落面积为 10 000 多亩，其中林地面积 8 000 多亩。在经济上，土地公有私耕，互助伙干，具体表现为山林、荒地、旱地属于村社所有，农户享有水田、园地的占有权和使用权。园地即房屋附近的一小块地，用于种植蔬菜、大烟等。因地广人稀，寨民在寨内开垦旱地水田，不须经山官同意。土地已无定期分配，也无土地买卖。在生产上，寨民集体建山官窝棚，举办开耕仪式，集体撵山，伙干等。在宗教信仰上，寨民信奉"万物有灵"的原始宗教，原始宗教信仰贯穿寨民的生产生活。寨民从事生产、生老病死、婚丧嫁娶都离不开董萨（巫师），所谓"离开董萨都不会过日子"。祭祀活动中的禁忌也发展成为"通德拉"（习惯法）的一部分，然后内化于寨民日常生产生活之中，成为村寨秩序。在政治上，土司对村寨实行"统而不治"，村寨对外代表山官对土司"服管不服调"，土司很少干预村寨内部事务。传统时期，木爱寨的最高领袖为木爱山官，木爱山官之下有四个寨头②。村寨内部事务由山官统筹，寨头负责执行。波勐相当于土司在村中的助手，主要负责收取公麻烟③交给土司。董萨主要负责打卦献鬼和集体祭祀。此外，还有非正式的治理主体"立博"。

（一）村寨历史由来

每一个政治体系都在某些方面有着独特的过去，这不是个抽象的论点，因为过去的遗产对现在有很大的影响，又影响着将来④。就时间维度来看，村寨及其制度形态是一定历史时期的产物。村寨的历史对村寨政治系统的形成和发展产生了深远影响，是村寨制度形态不同于其他制度形态的重要影响因素之一。因此，需要对村寨的历史进行深入了解和分析。

1. 景颇德昂之战，留出荒山

在元朝，德宏地区的傣族已经成为一股相当大的力量，和中原统治者接触后，傣族统治者受封为土司。在明朝，中原统治势力深入德宏地区，与傣族统

---

① 1 亩 ≈ 667 平方米，下同。
② 寨头，景颇族载瓦语称为"苏温"。
③ 公麻烟指寨民上交给土司的大烟。
④ 达尔. 现代政治分析 [M]. 王沪宁，陈峰，译. 上海：上海译文出版社，1987：92-93.

治者发生了几次大战争，其中著名的战争是明正统年间（1436—1449 年）的麓川之役。这几次战役后，汉族开始进入德宏地区。元明之际，傣族已进入封建领主制社会。其实德宏一带最古老的民族是德昂族。当傣族力量逐渐强大后，德昂族开始受到排挤，逐渐退居山区，但仍保留了一些山区和坝区过渡地带的水田。后来由于景颇族的迁入，德昂族又被排挤到别的地方①。景颇族进入德宏有 300 年左右的历史，据遮放土司多英培说，在遮放第十代土司多士禄时，景颇族开始迁来遮放地区②。景颇族迁来德宏时，坝区住着傣族，山区住着德昂族 汉族杂居其间，景颇族无法与人多势众的傣族相抗衡，只能向山区发展。当时山区除了德昂族居住的地方外，还有许多可以居住的地方。居住在山上的景颇族和德昂族曾在相当长的时期内和平相处③。景颇族在迁来德宏后的最初百余年时间内，一直以种旱稻为生。但是随着人口逐渐增多、生荒日益减少，轮歇年限亦逐渐缩短，地力不能充分恢复。过去一块地放荒 10~20 年才开垦，后来放荒 7~8 年甚至更短时间就得开垦了。而且森林破坏过多，表层沃土容易流失，杂草多且往往比庄稼长得快，薅草要费很多工夫，产量也逐年下降。为争夺土地，景颇族与德昂族发生武装冲突，景颇族接管了德昂族的水田。各地景颇族对水田耕作技术的掌握大概经过了 50 年④。

西山一带的原住民也是德昂族。据寨中老人讲述，在木爱寨寨民祖先搬迁至德宏的西山一带以前，德昂族便已经在此地居住，如与木爱寨相邻的板栽、广林等寨子都分布有德昂族。而此时木爱寨所在地区属于德昂族的管辖范围。当时德昂族居住在邻近的板栽寨子，并没有在木爱寨定居，即此时的木爱寨所在地为荒山未开发。在乾隆后期，景颇族逐步向遮放山区迁移。

后来居住在此地的景颇族与德昂族发生战争。德昂族战败，有的去了缅甸，有的留在境内。现在德昂族主要分布在德宏州芒市三台山乡。德昂族离开

---

① 《中国少数民族社会历史调查资料丛刊》修订编辑委员会. 景颇族社会历史调查（2）[M]. 北京：民族出版社，2009：87.

② 《中国少数民族社会历史调查资料丛刊》修订编辑委员会. 景颇族社会历史调查（2）[M]. 北京：民族出版社，2009：89.

③ 《中国少数民族社会历史调查资料丛刊》修订编辑委员会. 景颇族社会历史调查（2）[M]. 北京：民族出版社，2009：143.

④ 《中国少数民族社会历史调查资料丛刊》修订编辑委员会. 景颇族社会历史调查（2）[M]. 北京：民族出版社，2009：145.

·33·

后，木爱寨所在的区域没有人居住变成了荒山，后来成为景颇族谷东山官的管辖范围。

2. 寨民祖先迁徙

景颇族是一个跨境而居的民族，在我国境内称为景颇族，在缅甸称为克钦族，在印度的阿萨姆称为新福。景颇族是一个历史悠久的民族，在唐朝开始有文献记载，被称为"寻传"，元朝将其称为"峨昌"。清末及民国时期其被称为"野人"，因居深山，又被称为"山头"人。我国景颇族主要包括景颇、载瓦、浪峨、勒期以及人数较少的波拉支系，汉族将各支系分别称为大山、小山、浪速、茶山、波罗，而居住在木爱寨的景颇族属于载瓦（小山）支系。

木爱寨景颇寨民并非西山原住民。民主改革前，木爱寨景颇族有三大氏族，分别是排家、来马家、何家。其中何家又分为袍丁何家和袍成何家。在木爱寨居住的排家、来马家、何家并不是一开始就一起来到木爱寨的。各个氏族有自己的迁移路线。与长江流域、黄河流域不同的是，木爱寨景颇族的先祖大多是整体迁移。关于景颇族族源，有学者认为"宁龙会中毛"是景颇族最初的栖息地，景颇族的第二个迁徙地是"户栋央旦冒"①。大多数景颇族认为自己的祖先来自"木乔省腊崩"（mojoi shingra bum）②。来马腊便老人回忆，木爱寨景颇族来马家先祖从外蒙古（今天的蒙古国）迁出，几经迁移到喜马拉雅，最后从喜马拉雅迁移到高黎贡山。《梅何袍丁氏族家谱》记载，梅何袍丁家族从喜马拉雅地带迁移下来，据说喜马拉雅地带有梅何袍丁氏族和几个其他氏族共同居住在一个叫"木爱"的村子。他们在那里居住时听到人们相传，德宏地带有一片肥沃的土地，只要播下种子，便能获取丰收，只要一把刀就可以生存，成群结队的野生动物唾手可得，此后他们就决定寻找这片肥沃的土地。梅何干么领着家人和共同居住在一个村庄的其他氏族迁移下来。他们经过了瓦龙崩起、增呢领证、真通样、瓦欠样，然后到盈江木爱、陇川握邛。他们在迁徙途中遭遇峨琼山官扣押。

《来马氏家谱——蚌常一脉分谱》记载：来马勒党由于战争及气候等地理因素的变化在原来的居所居住不安宁。因此，来马勒党跟梅何干作、梅何干么

---

① 赵天宝. 探寻景颇族的源与流 [J]. 学术探索，2011（3）：95-100.

② 龚佩华. 景颇族山官制社会研究 [M]. 广州：中山大学出版社，1988：5.

商量以后下定决心迁徙，去寻找一个新地方。他们越过几座山来到峨琼（woqqung），被当时的峨琼山官扣留。后来，在有心人曾饶度阿腊（zinrauudengalaq）的说情下，被释放。

《梅何袍丁氏族家谱》记载：梅何干么等来到握邛村的山官握邛洼①家，握邛洼看到这些人身体强壮，就想强行留住他们，于是就对他们说："你们就做我的百姓吧！"但梅何干么不愿意留在此地，于是回答道："还是再找找算了。"握邛洼山官为了能留住梅何干么他们这些人，就用了刑夹，强行把他们关起来，就像关押犯人一样。此时，该村有位名叫增扰等我腊的村民，看见他们被山官握邛洼用刑夹强行留住，想让他们做他的百姓，就跟握邛洼讲："握邛洼啊，要留住百姓不应该这样的。"一边说一边帮梅何干么他们打开刑夹，把他们几个放了出来。被放出来后，梅何干么他们继续寻找满意的安居落户的地方。

3. 开山"踩寨子"②

木爱寨寨民的祖先们被释放出来后，便翻过陇川珠耀崩来到瓦么寨子，找瓦么山官借宿。第三天，在陇川瓦么村勒排山官家，梅何干么、来马勒党跟瓦么山官讲了他们的来意，找山官要一块开山立寨的地方。山官说："这里没有立寨之地了。"因陇川县瓦么山官与西山乡谷东山官是亲兄弟，瓦么山官建议寨民先祖们前往谷东瓦兰山官辖区居住，于是他们决定来谷东找瓦兰山官。当他们从瓦么出来时瓦么山官再三叮嘱："你们一定要去找到谷东官家。"寨民先祖接受了瓦么山官的建议，继续前行，来到了龙江。寨民先祖在西山建寨经历了两个阶段。

第一个阶段为百姓立寨。在瓦么山官的建议下，寨民先祖决定前往芒市西山乡砍山踩寨子。寨民先祖在龙珠谷砍渡过龙江，来到了西山乡谷东山官——瓦兰山官家。《梅何袍丁氏族家谱》记载，寨民何氏祖先梅何干么于1780年投靠谷东山官。木爱寨来马家的来马来定、袍丁何家的梅何干左、梅何干么三人先来到谷东山官辖区。他们对瓦兰山官讲："我们想投靠您，做您的百姓，给

---

① 两份家谱编撰者不同，采用不同的音译，峨琼即握邛，峨琼山官即握邛洼，曾饶度阿腊即增扰等我腊。

② 踩寨子，当地方言，意思是建立村寨。

我们一个安居落户的地方。"瓦兰山官应允了他们的要求，给他们安排做寨子的地方，对他们说："你们到帮本权去居住吧。"梅何干么、梅何干左和来马来定想了想，不想在帮本权安居，就跟瓦兰山官说："那个地方是您放牧的地方，怕是不合适吧?"瓦兰山官又给他们另一个地方，名叫"吃雀油翁"的地方居住。但他们还是不想在那里居住，于是对瓦兰山官讲："那是您的猎场呀，更不适合了。"之后，瓦兰山官再安排他们到念盆光、三确杠居住。最后，梅何干么和梅何干左他们同意了瓦兰山官的安排，就到此地安家落户。踩到寨子后，他们三人再回去通知村寨的人。寨民先祖踩寨子时，当时的木爱寨所在地没有房屋，没有住民居住，属于未开发状态。木爱寨寨民几个氏族的祖先来到念盆光、三确杠时，先在如今的木爱寨早东一片居住。

寨民居住在念盆光、三确杠以后，排家山官还没有来到木爱寨。在投靠瓦兰山官后，即在念盆光、三确杠居住五代后，来马家、何家仍然将寨名取名为念盆光、三确杠。据来马腊便老人讲述，当时的念盆光、三确杠风景林以外均没有高大的树木，但蕨类植物随处可见，因此寨民也将居住的地方用景颇族载瓦语称为"德朗瓦"，当地方言称为"结叶巴"。图1-1为景颇语中的"德朗瓦"蕨类植物。

图1-1　景颇语中的"德朗瓦"蕨类植物①

① 图片来源于笔者调研期间拍摄。

第二阶段为山官取名。木爱寨的山官是排家。木爱寨的排家祖先在历史上有自己的迁徙路线。木爱寨排家后人排早弄讲述，木爱寨的排家先祖是从印度迁徙而来的，当时由于战争迁徙到喜马拉雅山。排家与来马家、何家虽同在喜马拉雅山上居住，但当时并没有一同居住在一个寨子。又因为民族之间的战争，排家从喜马拉雅山迁徙到腾冲谷用，又从腾冲谷用迁徙到盈江卡场。当时盈江卡场的木爱寨是排家山官所在的寨子。后来随着社会的发展，加上景颇族习惯"南瓜不能当肉，百姓不能当官"，"一个寨子要有一个山官，没有山官什么也搞不成"，于是寨子的祖先就去请了排家山官。当时是木爱寨的何家去盈江卡场请的排家。

排家因民族战争、气候等从喜马拉雅山迁徙下来，几次搬迁后，居住在盈江卡场。排家老五死后，排家祖先带着其妻子和儿子从盈江卡场迁出，儿子当时还只有3岁，名叫排早先，又称排早先作。排早先跟着母亲先在湾丹山官辖区居住了3年。排早先在湾丹娶了一个媳妇。据说山官三岁就可以娶媳妇。因为其母亲与湾丹山官的妻子争湾丹山官，两人发生争吵，于是排早先的母亲就带着排早先及儿媳来到了木爱寨。《梅何袍丁氏族家谱》记载：勒排山官先作来此居住已有200多年历史。

梅何袍丁氏族请来一位名叫"先作"的山官入寨后，先作山官将念盆光、三确杠改名为今天的木爱。先作山官祖籍在喜马拉雅山一带的木爱村，并且喜马拉雅山的木爱村是山官家族。梅何袍丁氏族请先作到念盆光、三确杠当山官，山官就把念盆光、三确杠改名为木爱。梅何干么请来先作山官后，梅何袍丁氏族的九格房子中，分给了排家山官先作一格，就这样住着几代人。立寨之初，寨子中有两个姓氏，分别是何姓、来姓。请来排家山官后，就有了排姓。到民主改革前，村寨有80多户人家。

4. 村寨自然聚落的形成和发展

如前所述，木爱寨来马家、何家两大氏族先祖来此踩寨子时，最先在早东一带定居。当时何家还修建了九格的房屋。请来山官后，为表示对山官的尊敬，何家将自己居住的九格房屋中的一格让给山官居住。随着社会的发展，寨中氏族人丁兴旺，居住范围逐渐扩展。民主改革前夕，寨民居住在4个自然聚落，分别是早东、梅东、卜同孔、来马洞。4个自然聚落之间没有明确的边界，只因居住相对集中而起名。早东自然聚落是木爱寨寨民最早开发和居住的自然聚落，因为是官家居住的地方而得此名。据老人们口述，民主改革以前，木爱寨的早东自然聚落总共有19户寨民曾在此居住。从姓氏来看，三大姓氏都有寨民在此居住，排家有3户，来马家有9户，何家有7户。从等级上来看，早东自然聚落居住着木爱寨官家3户、百姓16户。每户农户都占有一定的土地，其中官姓排家占有的土地相对较多。梅东自然聚落因为梅何姓氏的寨民较多居住在此而得名。据老人们口述，民主改革以前，木爱寨的梅东自然聚落总共有9户寨民居住。从姓氏来看，主要是何家寨民在此居住，共有8户，排家没有在此居住的，来马家有1户居住在此。卜同孔自然聚落因为青蛙比较多而得名。据老人们口述，在民主改革以前，木爱寨共有20户寨民分散居住在卜同孔。从姓氏来看，主要是何家寨民在此居住。来马洞自然聚落因为来马姓氏的寨民在此居住较多而得名。据老人们口述，在民主改革以前，木爱寨的来马洞自然聚落总共有35户寨民分散居住在这一片山上。从姓氏来看，主要是来马姓氏寨民在此居住，共有17户。图1-2为各自然聚落分布方位。

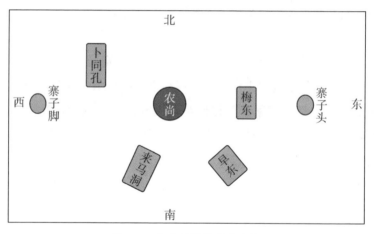

图1-2　各自然聚落分布方位

（二）村寨建制沿革

木爱寨所在的芒市古为"乘象国滇越"地，清初属于永昌府，乾隆三十五年（1770年）改属龙陵厅，隶属云南布政司。民国时期先后隶属于滇西道、腾越道、第一殖边督办公署、第六区行政督察专员公署、第十二区行政督察专员公署。在传统时期，木爱寨所在的景颇山区属于遮放土司的管辖范围，但就木爱寨本身而言，则属于景颇族山官的管辖范围。山官对土司"服管不服调"，土司不能随意直接干预村寨内部事务。在民主改革以后，受国家政策的影响，木爱寨的建制也多次发生变化。

木爱寨在清朝及以前的历史时期属遮放土司管辖范围。《潞西县志》记载：本县在民国二十五年（1936年）以前，未曾编组乡镇，虽设流官，徒有其名，推行政令，全由司署实施①。土司管理下实行的行政体制是畹练制。司署之下的傣族地区设"畹"，山区汉族、傈僳族、德昂族、阿昌族等地域设置"练"，畹（练）下设村行政权，一般以一个村寨为单位，有的附属一个或者数个较小的自然村。设"布幸""布借"，约相当于保甲长。民国二十五年（1936年）开始设置区乡镇，与畹练设置合一。芒市、遮放、勐板三土司地按顺序划为第一区、第二区、第三区。而景颇族所在山区，土司不能直接管理民政，由山官管辖，隶属土司。每个山官的服管程度不一。

辛亥革命后，政府推进"改土归流"，准备废除土司制度，于1913年设遮卯弹压委员，管辖遮放副宣抚司、勐卯安抚司两领地，公署设在县内大新寨，隶属滇西道观察使。

1915年，云南各道观察使改为道尹，以驻地命名，弹压委员改为行政委员，芒板、遮卯合并为芒遮板行政区。1929年，推行省县两级区划，凡是有筹设必要的行政区改为设治局。芒市在1932年才改芒遮板行政区为设治局（准县级），局署在勐夏，属于第一殖边督办公署。1934年，因位于潞（怒）江之西而得名潞西设治局。1949年改为潞西县，属第十二行政督察专员公署。当时各土司的司署仍与县政府并存。木爱寨所在的西山乡在1938年才被设置为乡，其所在区域当时隶属龙川靖缅乡，1940年至1944年为康平乡，1945年正式更名为西山乡。

1950年，潞西县县城驻芒市，属于保山专区。1953年7月划入德宏傣族景颇族自治区，1956年改自治区为自治州，隶属德宏州。1969年德宏州并入

---

① 云南省潞西县志编纂委员会. 潞西县志 [M]. 昆明：云南教育出版社，1993：23.

保山专区，改为由保山专区革命委员会管辖。1971 年 11 月恢复德宏州建制，潞西县归属德宏州。

(三) 传统村寨社会形态的性质

由于自然条件和历史条件上的差别，马克思认为："一旦人类终于定居下来，这种原始共同体就将依种种外界的（气候的、地理的、物理的等等）条件，以及他们的特殊的自然习性（他们的部落性质）等等，而或多或少地发生变化。"[①]《梅何袍丁氏族家谱》记载，木爱寨寨民祖先大概在乾隆四十五年（1780 年）投靠谷东瓦兰山官，并砍山立寨。虽然人们习惯上将直过民族归于处于原始公社末期的民族族体，然而特定的历史环境和大杂居、小聚居的民族分布格局，使直过民族在与之共处的其他民族的奴隶制、农奴制、封建制诸形态合力的影响下，其政治、经济、文化等各方面发生变异，不同程度融入了其他社会要素[②]。

1. 传统村寨社会形态的制度体系与氏族制度比较

传统村寨社会形态的制度体系完全不同于氏族制度，氏族制度以"氏族"为基本单位，处于传统村寨社会形态下的村寨以"寨"为基本单位。从产生基础来看，氏族制度基于血缘而产生，处于传统村寨社会形态下的村寨在血缘和地缘叠加之上产生。产权基础不同，氏族制度土地共有，有一处公共墓地。在传统村寨社会形态的制度体系中，土地是公有私占、不定期重分、先占先得；无固定公共墓地，用"滚鸡蛋"的方式选择安葬地点。

两者的相同之处是，在其内部有公共权力但都不存在强制性公共权力，都依靠习俗治理，对外部成员保持开放接纳态度。氏族制度与传统村寨社会形态的制度体系比较见表 1-1。

① 马克思，恩格斯. 马克思恩格斯全集：第 46 卷（上册）[M]. 中共中央马克思恩格斯列宁斯大林著作编译局，译. 北京：人民出版社，1979：472.

② 李根. "直过民族"社会历史演变的变异性特点探析 [J]. 贵州民族研究，2000（1）：48-52.

表 1-1　氏族制度与传统村寨社会形态的制度体系比较

比较内容	氏族制度	传统村寨社会形态的制度体系
基本单位	氏族	村寨
产生基础	血缘	血缘+地缘
产权基础	土地共有，有一处公共墓地	公有私占、不定期重分，先占先得；无固定公共墓地，用"滚鸡蛋"的方式选择安葬地点
治理体系	氏族制度的组织机构——议事会	村寨权威构成治理体系
维系的基本准则	氏族内部禁止通婚	维护村寨整体性
治理机制	原始民主制，不存在具有强制性的公共权力	山官统领下的协商治理，不存在具有强制性的公共权力
治理规则	习惯"在大多数情况下，历来的习俗就把一切调整好了"	老祖先传下来的道理，习惯法治理
财产继承	相互继承已故成员的遗产	家户内部继承，亲属优先，无亲属归村寨
内部关系	无等级无分化，互相平等	有血统等级，阶级分化不明显
外部关系	外人可以入族，氏族成员受到侵害时互相保护	可接纳外寨寨民迁入，给寨民提供保护

2. 传统村寨社会形态的制度体系与村社制比较

与村社相比，处于传统村寨社会形态下的村寨其"寨"的特点突出。其主要不同点在于：

第一，自然环境不同。整个村寨平均海拔为 1 300 多米，属丘陵地形，平地少、坡地多。受山区地形限制，寨民依山建屋、聚寨而居，呈现"大杂居、小聚居"特点。与村社多在低地不同，村寨多位于山区高地。气候、土壤等自然条件决定了寨民的耕种方式。旱地只能刀耕火种、轮作开荒，而耕种方式影响村寨土地占有形式。

第二，产权基础不同。传统村寨社会形态下的村寨土地公有私占，先占先得，不定期重分，无共耕地；而村社土地公有，定期重分，有共耕地。可以看出，与村社相比，村寨的私有性质更加突出。产权基础不同，村寨的劳动组合方式也不同，村寨主要采用自愿联合的劳动组合方式，在生产过程中保持一定的村寨整体性。村社鼓励共同耕作甚至强制共同耕作。

第三，生产力水平不同。生产力水平低下也迫使寨民聚寨而居。村社制产生的制度基础是封建关系，主要是便于以村社为单位进行纳税，管理村社比管理单个的人更加便利。

第四，外部威胁不同，保护类型不同。由于与其他村寨之间的冲突、野兽威胁，村寨的自我防卫性更强；而村社之间几乎是隔绝的状态。村社对社员提供的保护主要体现在赋税方面，并以连环保方式实现。

第五，内部管理方式不同。在传统村寨社会形态的制度体系下，村寨依靠权威治理，主要由山官、寨头、波勐等多元治理主体管理；村社则是社员会议行使管理职责。

两者相同之处在于，土地产权都存在公有属性，都强调整体性，都强调集体利益高于个人利益。

传统村寨社会形态的制度体系与村社制和氏族制度的比较见表1-2和表1-3。

表1-2　传统村寨社会形态的制度体系与村社制的特征比较

比较内容	传统村寨社会形态的制度体系	村社制
制度产生基础	血缘+地缘	地缘
基本单位	村寨	村社
土地所有制	土地公有私占，先占先得，不定期重分，无共耕地	土地公有，定期重分，有共耕地
税赋关系	以家户为单位缴纳公麻烟，寨民没则自己想办法借来交	以村社为单位承担税赋，贫欠富补平摊负担
劳动组合	自愿联合的劳动组合，开耕讲究整体性	村社鼓励共同耕作
治理机制	山官、寨头、波勐等多元治理主体管理	社员会议行使管理职责

表1-3　传统村寨社会形态的制度体系与氏族制度、村社制的比较

比较内容	氏族制度	传统村寨社会形态的制度体系	村社制
制度起源的历史时期	产生于原始社会野蛮阶段的中级阶段	原生形态向次生形态过渡时期	阶级社会
制度产生基础	血缘	地缘+血缘	地缘
所有制	氏族共有，有公共墓地	村寨公有私占、不定期重分，无共耕地，无公共墓地	土地村社公有、定期重分（农民份地制），无公共墓地

比较内容	氏族制度	传统村寨社会形态的制度体系	村社制
劳动组合	自然条件下必然联合	基于个体的自愿合作	强制耕作，村社鼓励共同耕作
产品的生产	共耕	家户经营	家户经营
产品的消费	共享、平均分配	家户消费，兼有以寨为单位的集体消费	家户消费
成员相互关系	相互平等，无阶级之分	有等级，无阶级，且分化不明显	无阶级，村社成员之间承担连带责任
政治	成年男女平等表决，习俗调解	山官（村寨领袖）领导下的协商治理、习俗调解	"村社民主"、集体审判
文化	氏族内部禁止通婚，公共宗教仪式	村寨内部允许通婚，原始宗教信仰、自然崇拜	系统的宗教信仰，村社崇拜
社会	氏族内部成员互相支援、保护，履行代偿的义务	村寨保护，村寨之间以寨为单位交往，村寨之间冲突	村寨内部连环保、村寨之间孤立

第二章

体系：环境、社会与权威

阿尔蒙德和鲍威尔认为："体系是指各部分之间的某种相互依存以及体系同环境之间的某种界限。所谓相互依存，就是指在一个体系中当某个组成部分的性质发生变化时，其他所有的组成部分以及整个体系都会受到影响。"[①] 村寨政治的体系主要指在村寨制度体系内部相互依存的各要素及其相互影响。研究村寨政治的体系的构成是本章的重点。

一、环境与生计系统：村寨制运行的物质基础

村寨的地理位置、地形地貌、气候、土壤等构成了村寨的自然环境空间。"凡是人类生活的地方，不论何处，他们的生活方式中，总是包含着他们和地域基础之间一种必然的关系。"[②] 受地形地貌、气候、土壤等自然条件的影响，村寨的"寨"的特点突出。村寨的自然环境影响着寨民的居住方式。受地形条件影响，寨民呈现聚寨而居的居住状态。自然环境也影响着寨民的出行方式，塑造了村寨对外的封闭性。村寨所处的自然环境影响寨民的生产耕作方式，耕作方式影响村寨生产力水平，生产力水平影响寨民获取的物质资料，同时生产

---

① 阿尔蒙德，鲍威尔. 比较政治学：体系、过程和政策 [M]. 曹沛霖，译. 北京：东方出版社，2007：5.

② 德芒戎. 人文地理学问题 [M]. 葛以德，译. 北京：商务印书馆，1993：10.

力水平又影响寨民的居住方式。村寨制的环境与生计系统成为村寨制运行的基础。

（一）相对独立的自然空间环境

"自然村落的生存方式、内部的制度与组织及其观念习俗，更多地受制于它们各自所处的自然生态环境。"[①] 人类活动总是受自身所处自然环境的支配或影响，考察人们的行为需要综合考察地理环境。"任何政治现象都是在一定自然、社会、历史条件的地域空间里生成的。"[②] 自然环境是村寨社会形成和发展的基础。受地理位置、地形地貌，以及山地气候、土壤条件等因素影响，村寨形成了较为独立的实体空间。

1. 地处边陲山区，较为封闭

德宏州东部靠近云南中部高原，南、西南和西北与缅甸接壤，北靠横断山脉，处于横断山南延地段，高耸入云的高黎贡山和怒山山脉纵贯州境内南北[③]。高黎贡山以西，其支脉均由东北向西南。芒市位于滇西东部、横断山脉两侧的斜坡地带，属于横断山系南段中切割中山盆地类型，呈现"八分山，二分坝""两山、两坝、两河"的地貌特征。"西山乡地处中切割中山区，最高海拔1 741米，最低海拔820米，平均海拔1 120~1 200米，贯穿中部的红丘河山谷切割密度大，山地大多向阳坡；年平均降雨量1 400~1 653毫米，年平均气温19℃，系低热暖坡山地。"[④] 西山乡全境属于山区。高黎贡山的支脉江东梁子南延到西山乡崩强村一带折头北行，成为西山的弄丙梁子，在遮放坝区与红丘坝之间，平均海拔1 200米，大部分属于潞西坝缘丘陵。地处西山乡的木爱寨海拔最高的地方在木达崩，海拔高度为1 770米，整个村寨的平均海拔超过1 300米。

村寨有清晰的外部边界。张佩国认为："村界意识首先表现的是人对物的

① 曹锦清，张乐天，陈中亚. 当代浙北乡村的社会文化变迁 [M]. 上海：上海人民出版社，2014：1.

② 徐勇. 城市与乡村二元政治结构分析 [J]. 华中师范大学学报（哲学社会科学版），1990（1）：13-20.

③ 李根蟠，卢勋. 从景颇族看原始农业的起源与发展 [J]. 农业考古，1982（1）：106-113，13.

④ 由德宏州史志编纂委员会办公室工作人员提供资料。

占有，村庄的地理边界和产权边界统一在村庄居民的村界意识中，鲜明地体现了特定生态条件下人与自然的密切的互动关系。"① 木爱寨寨民的居住空间四周被群山环绕（见图2-1）。村寨之间有天然的自然边界阻隔。民主改革以前，木爱寨东部与芒东、很滚两个寨子相邻，西面与拱林、谷东两寨相邻，南边与板栽寨相邻，北部与湾丹、帕河、巴尤等寨相连。寨子之间有明显的界线，以道路、石头、山头、洼子、大树、大河等为界。木爱寨与湾丹寨之间主要以小路、土堆、山官坟墓为界。木爱寨与很滚寨之间主要以路和一棵椎梨大树为界。木爱寨与芒东寨以路为界。木爱寨与板栽寨以洼子、人工挖的水沟为界。木爱寨与陇川县箩箩寨、曼丁寨隔龙江相望。村寨边界对村寨形成相对独立的自然环境空间有一定的影响。村寨边界可以界定村寨的辖区范围，限制资源的获取和利用。寨民日常生产活动，比如烧山开荒，一般情况下不能跨越村寨边界。若是跨越了村寨边界，就会产生纠纷。因此，村寨边界可以规范寨民的生产活动，保护自然资源。村寨边界也影响村寨内部的互动和团结。村寨边界的存在有助于塑造村寨内部共同体意识——"我们寨子"，进而促进寨民之间的互动和合作。

图2-1　村寨周围群山绵延②

海拔高度对农作物的成熟期也会产生影响。以水稻种植为例，寨民家边的田块海拔相对较高，四月下旬播种；而江边的水田因处于木爱寨海拔较低的地区，比家边的田块推迟近一个月播种，即五月中旬开始播种。受地形地势影响，在景颇山区，水稻的收割时间比坝区晚一个月。水田分为三类，分别是饱水田、缺水田、雷响田。饱水田指全年都有充足水源的水田；缺水田指水源不多但勉强够用的水田，可在无降雨情况下耕种部分区域，而有降雨时则可以全部耕种；雷响田则是最差的田地，是指那些总是缺水，在没有降雨时无法耕种的水田。从田块分布情况来看，饱水田多分布在海拔较低的地方，例如，龙江江边的田块多为饱水田；而雷响田多分布在海拔较高的地方。根据老人们的估算，江边约80%的田块是饱水田，约10%的田块是缺水田，另外约10%的田块是雷响田。家边的田块相对于江边的田块而言，海拔更高，饱水田更少。在家边的田块中，饱水田只占一半左右，其余则主要是缺水田和雷响田。海拔高度影响作物生长周期和田块类型的分布。村寨内不同海拔高度地区作物的种植和成熟周期会有所不同。这种差异可以在一定程度上实现农产品分散供应，减少了寨民对外部市场的依赖，增加了村寨的自给能力。综上，海拔高度对村寨相对独立的自然空间形成产生了影响。

2. 山地气候

气候条件在很大程度上影响着民族的生活规律和社会组织的结构及运作[1]，进而使他们形成独特的生计方式。木爱寨所在地区属于南亚季风气候，具有夏长冬短、热量丰富、日照长、年温差小、日温差大、干湿分明、雨水充沛等特点。木爱寨所在山区年平均气温约为19℃。潞西山坝海拔差达2 361米，可分为南亚热带低热盆地气候，主要分布在海拔1 000米以下地区；南亚热带低热丘陵气候，主要分布在海拔1 000~1 500米地区；亚热带山地气候，主要分布在海拔1 500~2 000米地区。与平地坝区相比，位于高地山区的木爱寨夏天不湿热更凉快，冬天更暖和。从日照来看，木爱寨地处低纬高原区，空气稀薄，阳光透射强，光谱中的短波成分多，太阳辐射较大，在云南省内仅次于丽江。总体而言，木爱寨日照时间长，12月为一年中日照时间最短的月份，日照时间为10小时40分钟。

木爱寨的气候适宜多种动植物生存。村寨的森林资源丰富，动物种类繁多。只要播下种子，便能获取丰收。村寨适宜旱稻、玉米、花生、马铃薯、棉花、水稻等多种农作物生长。其中，花生、马铃薯可一年四季栽种。受山

---

① 罗康隆. 论民族生计方式与生存环境的关系 [J]. 中央民族大学学报, 2004 (5): 44-51.

区热量条件的限制，其他农作物，比如旱稻、水稻、玉米、棉花等，一年只能种植一季。在景颇山区，旱稻的播种时间为4、5月，旱稻的收割时间分为两个阶段，一是与水田的水稻一起收；二是在10月份收割。玉米播种时间为4月，收获时间为10月。水稻的播种时间为4、5月，收割时间为11月。棉花的播种时间为4月下旬，收获时间为7、8月。这样的气候条件对寨民的农忙农闲时间也产生了影响。寨民的农忙时间从4月开始到11月，此时的气候条件适宜庄稼生长。寨民的农闲时间为当年的12月至次年的3月。这一阶段，气温相对较低，不适宜水稻等作物生长，适宜为来年生产做准备。寨民一般在农闲时间狩猎、砍柴、砍山（砍伐开荒"当年砍当年种"这类荒地）、编织等。

3. 土壤条件

"地质特征是一个民族的生计方式特化的基础。"[①] 气候、生物、地质、地形等的相互作用造成芒市境内土壤类型多样。除了有地带性的砖红壤性红壤、红壤、黄壤、棕壤外，也存在非地带性的土壤，主要包括水稻土、冲积土等。据《潞西县志》记载，砖红壤性红壤主要分布在海拔1 500米以下的山地、低丘；红壤主要分布在海拔1 500~2 000米的山地，自然肥力比砖红壤性红壤高[②]。

从土地适宜种植的作物来看，园子地适宜种植豌豆、蚕豆等豆类，青菜、辣椒、茄子等蔬菜以及大烟。旱地适宜种植的农作物主要为旱稻、玉米、花生、马铃薯、棉花。其中棉花一般在土地开垦后的第一年种植，当地寨民将第一年开垦出来的旱地称为"新地"。水田主要种植水稻。

（二）相对独立的生产空间：公有私占与刀耕火种

较为封闭的自然空间环境影响村寨社会的独立生产空间的形成。在封闭的自然环境下，村寨形成了公有私占的土地产权制度，同时"自然生态环境的稳

---

① 罗康隆. 论民族生计方式与生存环境的关系 [J]. 中央民族大学学报，2004 (5)：44-51.
② 云南省潞西县志编纂委员会. 潞西县志 [M]. 昆明：云南教育出版社，1993：54.

定性制约并决定着村落内部的生存方式的持存性"①，寨民在生产中形成了与环境相适应的生产方式。

1. 土地公有私占，不允许买卖

土地是寨民最重要的生产资料之一，也是寨民物质资料的重要来源。因此，要研究村寨相对独立的生产空间，需要对传统时期村寨的土地制度有一定了解。受地形、气候等自然条件的影响，木爱寨形成了三种土地利用类型：一是寨民家周围的园子地，二是旱地，三是水田。村寨所处的山体有的地方陡峭，有的地方较为平缓，整体而言，坡度较为平缓。寨民居住地所在山体的坡度有利于开垦旱地，但不利于开垦水田。木爱寨水田大多位于山腰或者山脚。从居住地与田块的距离来看，每户寨民家周围都有一小块园子地。接着距离住房较近的是旱地，旱地多分布在坡地，其坡度一般大于 15 度，多为 20~35 度。水田多分布在离住房比较远的山下缓坡地带。寨民至少要步行半个小时才能走到离家最近的水田边。从耕作土地的来源看，村寨先有旱地，再有水田。寨民先祖最初来此居住时，以种植旱地为主。据山官后人讲述，相传在排家山官第四代排早李山官时代，寨民才开始耕种水田。在木爱寨，旱地多呈片状分布，水田形状多为条状，顺着地形地势分布。

总体而言，村寨内的山林、荒地、旱地、园子地等所有土地的产权归村寨，寨民只有占有权和使用权。在木爱寨，只要属于木爱山官管辖范围内的土地，寨民均可占有。具体的占有方式为"号田""号地"。寨民开垦的旱地抛荒后，其他寨民可以耕种。寨民可以继承使用水田、园子地、竹林。寨民一旦迁出村寨，则丧失土地的使用权和占有权。

旱地的来源及占有方式。在民主改革以前，旱地是以家户为单位占有的，并通过"号地"的方式来确定土地的占有权。寨民可以自由选择合适的土地开荒种植，而且在开垦旱地后，如果没有发生纠纷，山官也不会干涉。这种号地规则保障了寨民对土地的占有和耕种权利，并促进了寨民的互动和合作。例如，在开荒时，按照自愿原则，寨民可以几户联合一起开荒，也可以单独开

---

① 曹锦清，张乐天，陈中亚. 当代浙北乡村的社会文化变迁 [M]. 上海：上海人民出版社，2014：1.

荒，这样就形成了合作关系。以何勒都老人家为例，何勒都家在嘎堵路孔开垦了5亩旱地，当时是寨子的7户人家合伙开垦的，7户人家都是自愿参与的。开垦旱地时，每家派一个人去。这种自主决策权使他们能够在相对独立的环境下进行生产。开垦旱地时虽然不需要向山官报告，但要告知其他寨民，借助邻居的见证减少发生争议和纠纷的可能性。此外，旱地的占有和使用也受到一定的限制。旱地不能固定占有，也不能继承或买卖。如果原主不种植，其他人可以开垦，但如果是因为劳动力死亡或遇到灾难等没有耕种，则在5到6年内不允许其他人开垦。这种限制保护了寨民的劳动成果和权益。可见，寨民可以自主选择开垦方式，并且可以自愿合伙开荒。这为村寨相对独立的生产空间的形成提供了一定的条件。

水田的来源及占有方式。寨民在山官辖区内可以自由选择开荒的地方，通过"号田"的方式占有水田。开垦水田主要依靠自家劳动力，山官不会干涉，也无须向山官报告或送酒等礼物。开垦水田通常以家庭为单位，以男性成员为主力。开垦后的水田可长期占有，并可继承、出租和抵押，但不允许买卖。当新户迁入寨子时，如果有之前的寨民迁出后留下的水田，山官会将一部分水田分配给新户。如果之前迁出的寨民有亲戚留在本寨，他们的水田会由其亲戚管理，山官会从中取出一半分给新户。如果迁出寨民的水田较少，山官会要求迁出寨民的亲戚从自己的水田中拨出一部分给新户。山官会对迁出寨民的亲戚说："本寨子人，不能亏待。"可见，水田主要通过自己开垦得来，水田的分配有一定的规则。通过这样的土地分配方式，村寨形成了相对独立的自然空间，每个家庭都可以占有和使用一部分水田。

园子地的来源及占有方式。园子地是指房屋周围的小块耕地。寨民在修建房屋后，会在家附近开垦一小片土地用于种植蔬菜、大烟等。这种自给自足的农业模式减少了对外界的依赖，有助于形成相对独立的经济空间。开垦园子地无须向山官或寨头报告，也无须经过同意。园子地的开垦面积若过大，山官也不会干涉，寨民可以凭借自己的劳动能力来决定开垦多少园子地。寨民若迁居外寨，留下的园子地主要依据血缘关系来分配。当寨民搬迁至其他寨子时，他们的园子地优先留给自家兄弟耕种。如果没有兄弟，园子地可以交给亲姑爷、亲丈人等亲戚耕种。若没有亲戚，园子地则由附近的寨民耕种，任何人都可以去耕种。园子地可以长期占有，并可以继承。分家时，儿子也有权力获得一部分园子地。园子地为寨民提供了自给自足的农业生产基础，并通过土地的继承和占有，促进了村寨相对独立的自然空间的形成。

从村寨公有私占的土地制度中，我们可以从以下几方面分析其对村寨形成相对独立生产空间的影响：

第一，自愿开垦和私人占有是村寨形成相对独立生产空间的重要因素。在村寨中，寨民自愿选择水田或旱地进行开垦，并且个人可以长期占有。一方面，这种自愿开垦和私人占有原则，使得寨民能够根据自身需要和劳动力资源情况使用土地，促进了寨民对土地占有的主动性。与此同时，寨民可以长期占有这些旱地，使得寨民在土地使用上更加自主和灵活，减少了外界对他们使用土地的干涉和控制。另一方面，相对自主的旱地占有方式也促进了村寨内部的合作和互助。寨民可以相互帮助，共同开垦和耕种旱地。这种合作和互助关系的建立，增强了村寨的凝聚力和寨民的协作能力，为村寨形成独立的生产空间提供了保障。相对自主的土地占有方式不仅增强了寨民占有土地的主动性，也促进了村寨内部的合作和互助，进而为村寨形成相对独立的生产空间创造了条件。

第二，山官不干涉原则也为村寨形成相对自治的土地使用规则提供了基础。除非发生纠纷，山官不会干涉寨民的土地使用权。这意味着在没有发生纠纷的情况下，寨民可以自行管理和使用土地，而山官不会进行过多的干预。这种相对自治的土地使用规则进一步保护了寨民的土地使用权。

第三，旱地的可耕性和开荒规则也是村寨形成相对独立生产空间的重要因素之一。旱地的肥力有限，需要定期更换作物种植或者抛荒来恢复肥力。在村寨中，如果一个寨民开垦了旱地但由于各种原因无法耕种，其他寨民在一定时间内不能开垦该旱地，以保证原主有机会重新耕种。这种规则保障了旱地的公平使用，同时也鼓励其他寨民积极利用可用的耕地。

第四，旱地不可买卖也是村寨形成相对独立的生产空间的重要因素。村寨中的旱地、水田、园子地不能进行买卖。这个原则保证了土地在一定程度上的公有性，避免了土地集中和贫富差距扩大。每个寨民可以根据自身劳动力和资源状况选择合适的土地进行开垦和使用，从而有助于形成相对独立的生产空间。同时，村寨公有私占的土地制度使得寨民无法进行土地买卖，世世代代依附于村寨实体空间。这使得村寨不同于内地村庄，尤其是不同于长江流域的租佃型村庄。寨民不用像内地村庄的佃户那样因租佃而频繁搬家。村寨实行公有私占的土地制度，在一定程度上减少了寨民的流动性。

综上所述，自愿开垦和占有、山官不干涉、可耕性和开荒规则以及土地不可买卖等使得寨民能够在一定范围内自主管理和使用土地，从而使村寨形成相对独立的生产空间。

2. 寨民的生存选择

对于寨民而言，自然环境既是他们进行生产的基础，也是制约他们选择生计方式的因素。相对独立的自然空间带给寨民相对独立的生产空间。从文化适应论的角度看，寨民选择的生计方式是适应村寨自然环境的结果。寨民通过选择特定的生计方式来应对自然环境，在与自然界进行物质交换的过程中，获得生存所需的资料。

（1）较为原始的刀耕火种。

在特定环境下，可供选择的生计方式可能不止一种。但对于地处山区的寨民而言，刀耕火种是寨民首选的耕种方式之一。"其人多山居，迁徙无常……种植多杂粮、旱谷、稗子、小米、芝麻、芋薯、苞谷、荞豆之属。无犁锄，唯以刀砍伐树，晒干，纵火焚之，播种于地，听其自生自实，名曰刀耕火种。其法，今年种此，明年种彼，依次轮植，否则地力尽而不丰收矣。"[1]民主改革以前，木爱寨寨民耕种旱地采取刀耕火种的农业生产方式。即使在20世纪80年代，在德宏州境内也有约15万人（占全州人口的19%）还在从事刀耕火种[2]。尹绍亭认为气候条件是刀耕火种生计方式形成的原因之一。热带和亚热带山地气候雨量充足能满足作物生长需要，适宜刀耕火种，"在热带和亚热带山地，一般而言，土壤比较贫瘠，山坳和盆地中的泉水、河流很难利用于山地灌溉，加之高地天冷水寒风大，不利于水稻生长，因而很多地方不宜发展水田"，并且山地森林资源丰富，采用刀耕火种的生计方式可以直接将林木砍倒烧毁变为土地投入[3]。此外，云南的地质条件也适宜刀耕

---

① 尹明德. 滇缅北段界务调查报告[M]. [出版地不详]：[出版者不详]，1931：7.
② 蔡家麒. 当代"刀耕火种"试析[J]. 民族研究，1986（5）：39-43.
③ 尹绍亭. 一个充满争议的文化生态体系：云南刀耕火种研究[M]. 昆明：云南人民出版社，1991：20.

火种。云南的红土多为酸性，草木灰为碱性，大火把草籽和虫卵烧熟，可以改良土壤，几乎不需要除草治虫①。木爱寨地处丘陵地区，海拔较高，地形封闭，山高林密，加上适宜的土壤、气候等自然条件，使得该地区适宜刀耕火种。村寨面积广，整个村落面积为一万多亩，其中林地面积8 000多亩，较为富足的土地资源为寨民选择刀耕火种的生计方式提供了有力支撑。从寨民的角度来看，刀耕火种的生计方式对耕种者的回报更高。与精耕细作相比，在山地环境下，粗放的刀耕火种更省力且产量更高。刀耕火种农业是以可再生资源树木作为投入的农业，投入越多，即树木越多，焚烧的火灰越多，土地越肥沃，产出也就越丰富②。在山地实行集约耕作方式，虽然第一年的产出与刀耕火种相差不多，但是随着时间的推移，土壤肥力逐年下降，产量也会随之下降，最后即使投入更多的劳动力也无法提升产量。因此，刀耕火种耕作方式对寨民而言是比较明智的选择。刀耕火种构成的相对独立的生产空间"具有比较突出的自给自足的功能，所以特别适宜交通不便、商品经济不发达而且又具有较多森林土地资源的山区"③。

传统时期，木爱寨旱地采取烧荒开地的开垦方式，即砍山烧地。砍山烧地需要讲究时节，砍山烧地时间过晚则会耽误农时；砍山烧地时间过早则容易杂草丛生，不利于作物生长。木爱寨旱地开垦根据砍山烧地的时间，可以分为"当年砍，当年种"以及"当年砍，第二年种"两类。"当年砍，当年种"的旱地，其砍山时间一般是农历一月或者二月，此时属于农闲时节。"当年砍，第二年种"的旱地，其砍山时间一般是农历的八月或者九月。砍山烧地时，男女均可参加。寨民选择植被茂密的林地砍山。有寨内几户合伙一起砍山的，也有单家独户去砍山的。寨民选择几户合伙一起砍山还是单家独户去砍山取决于家庭劳动力的多少以及砍山面积的大小。砍山时，将林中的杂草、藤蔓、大树砍倒。"当年砍，当年种"类型的砍山，在砍山后十多天，等砍的树枝干枯后，便开始烧山。若开垦的旱地属于"当年砍，第二年种"，则等到第二年再烧山。

---

① 何星亮. 中华文明中国少数民族文明（上）[M]. 福州：福建教育出版社，2010：221.

② 尹绍亭. 一个充满争议的文化生态体系：云南刀耕火种研究 [M]. 昆明：云南人民出版社，1991：80.

③ 尹绍亭. 一个充满争议的文化生态体系：云南刀耕火种研究 [M]. 昆明：云南人民出版社，1991：196.

烧山时，把前一年砍下来的树枝分成小堆，尽量不放在地的边界上，留出防火通道。烧山时，看好风向，然后将一堆堆树枝烧掉。烧尽的杂草枯枝可作为天然的肥料滋养庄稼。把砍倒未烧尽的木头搬到地周搭起栅栏，可以防止牲畜野兽危害，再把零散的烧剩的树枝等集中成堆，以便腾出空地来进行点种①。耕种时翻土即可播种。寨民挖土不敲土、松土浅。种旱稻时，不选种，不剔苗，不施肥，人工挖一遍就把谷种撒下，再用牛犁一遍将种子覆盖。牛犁得很浅，因为山地太坚硬且树根很多犁不下去。此后便不再进行管理。新开荒的旱地可耕种两三年，此后由于地力下降，不得不抛荒。寨民需另寻他处开垦新地。原主如果想种，也可以继续耕种。

寨民通过刀耕火种的生计方式生产出种类丰富的产品。园子地可以种植豌豆、蚕豆、四季豆、茶豆等豆类，也可以种植青菜、辣椒、茄子、苦瓜、南瓜、洋丝瓜、丝瓜、冬瓜等蔬菜，还可以种植葱、蒜、花椒等佐料。传统时期，寨民还在园子地种植大烟。旱地产出的农作物主要为旱稻、黄豆、玉米、花生、马铃薯、棉花等。寨民刀耕火种后抛荒的土地会长出茅草，茅草是寨民用于建新房的重要原材料之一。在木爱寨，家家户户周围都有竹林，方便建房时就地取材。可见，寨民基本的饮食和居住需求可以就近得到满足，从而减少了寨民与外界交换的机会。

斯科特认为刀耕火种生计方式相比于精细化的农耕更"有机会保持独立"②，具有"相对自主、自由，使用自己的劳动力和享用劳动成果"③的政治优势。种植多样化的作物，可以满足寨民的生活需要，实现低水平的自给自足。可见，通过刀耕火种耕作方式实现自给自足，村寨形成了一部分独立空间。

（2）粗放的水田耕作。

景颇族称刀耕火种地为"命根子"，水田则被称为"万年桩"④。景颇族的

---

① 李凌. 草坝寨刀耕火种型经济剖析：云南省景颇族一个村寨的经济情况调查 [J]. 民族研究，1985（1）：64-69.

② 斯科特. 逃避统治的艺术 [M]. 王晓毅，译. 北京：生活·读书·新知三联书店，2016：167.

③ 斯科特. 逃避统治的艺术 [M]. 王晓毅，译. 北京：生活·读书·新知三联书店，2016：236.

④ 尹绍亭. 一个充满争议的文化生态体系：云南刀耕火种研究 [M]. 昆明：云南人民出版社，1991：200.

历史表明，这个民族一贯住在山区，早先以种植旱地作物苦荞、旱稻、玉米为主，盛行刀耕火种的耕种方法，迁徙无常。在铁质农具不足、主要以竹木工具进行耕种的时期，要砍伐森林进行刀耕火种，需要大量的劳动力，因此形成全寨男女老少共同耕地的劳动协作方式。寨民养成了集体耕种的习惯。铁质农具的大量推广使得以个体家庭为生产单位成为可能。虽然开荒仍需要集体行动，但锄地、播种、除草等可以单家独户进行。公有私占使耕地必须固定，转化沿着两个方面进行：一方面是延长旱地使用期限，另一方面是向水田进军①。木爱寨寨民先祖最初来此居住时，以耕种旱地为主。当时木爱寨景颇族人完全处于刀耕火种的生存状态。据山官后人讲述，在排家山官第四代排早孪山官时代，寨民才开始耕种水田。

传统时期，寨民水田耕种方式比较粗放，播种之前也不选种，也不对水田施肥。播种之后，只薅一遍草，便不再管理。水田耕种还存在水源问题，木爱寨水田水源少、水位低。村寨的雷响田完全靠天吃饭。受丘陵地形影响，木爱寨田块大多距离寨民家比较远，因此，建窝棚是村寨生产活动中的一个特有现象。例如，来马腊便家的水田有三处，江边有两处，家边有一处。江边的水田至少需要走一个小时才能到，而且去的道路也不好走，都是依山自然形成的小路。因此，寨民在田边建窝棚，以方便耕种休息。窝棚主要用于种田种地的人睡觉休息。因为一般是男劳动力去种田，所以一般是家里的男劳动力去窝棚睡觉，女的不会去窝棚休息。寨民有几处田就会盖几个窝棚。修建窝棚一是因为田离自己家比较远，雨天可以避雨，晴天可以遮阴；二是庄稼容易遭到野兽破坏、鸟雀啄食，方便看护庄稼。窝棚有两种类型：一是水田边的窝棚。这类窝棚面积为20平方米到30平方米不等，分为2层。上一层住人，下一层养牛。二是旱地窝棚。旱地窝棚比较简单，用6根竹子就可以搭建。图2-2为水田边的窝棚。

---

① 史继中. 西南民族社会形态与经济文化类型 ［M］. 昆明：云南教育出版社，1997：115-117.

图2-2 水田边的窝棚①

（3）作为补充的采集狩猎。

适宜的气温、日照为动植物生长提供了舒适的环境。与传统时期的内地村庄相比，采集狩猎成为边疆村寨较为独特的生计方式。传统时期，木爱寨寨民经常上山采集野菜、野生菌。与平坝地区的傣族相比，山地寨民对采集的依赖程度更高。之所以出现这种现象，主要有以下几方面的原因：

一是木爱寨寨民居住在巍峨峻峭的景颇山上，森林资源极为丰富。木爱寨的林地面积超过 8 000 亩。寨民将山林分为风景林和非风景林两类。风景林分布在寨民居住空间周围，在寨子东部分布的风景林，即木爱寨寨头以外分布的风景林，是米孔崩，面积大约为 350 亩。位于木爱寨东南方向的风景林是早崩，面积大约为 350 亩。位于木寨寨西南的风景林是早乱弄崩，面积约为 100 亩。位于木爱寨西北方向的风景林主要是瓦光孔、了么增前，面积分别大约是 150 亩、250 亩。位于木爱寨东北方向的风景林是米昂灵增拱。风景林以外为非风景林，这些广袤的山林为寨民提供了种类繁多的林业产品，寨民可自由采集。

二是野生可食用植物种类丰富。在景颇山区野菜野果各地名称有差异，但大体相同，据调查可供食用的有 94 种②。食用菌种类繁多，其中以野生鸡枞菌和黑木耳产量最多。鸡枞分为青鸡枞、白鸡枞、黑鸡枞、土堆鸡枞和草鸡枞，煎炸蒸煮，味道鲜嫩，口感极佳。此外还有香菇、奶浆菌、刷把菌、大黄菌、牛肝菌、旱谷菌、鸡油菌等。食用菌大多生长在每年5—9月，尤以7、8月最多。丰富的野生食材成为木爱寨妇女采集的主要对象。景颇山上的香料植物品种比较丰富。寨民食用的野生调味料主要有香柳（景颇语"败焕"）、缅芫荽（景颇语"单昌"）、香椿、野八角、山茴香、山胡椒、山草果、山辣椒、野花椒等20多种。其中有的又是常用药物，有的可制作饮料。野香菜、野芹菜、鱼腥草等是日常蔬菜。

三是采集可以节省劳动力。采集不需要强劳动力的参与。在木爱寨，采集主要由家中女性负责，并且女性从小就开始学习采集。寨中女性老人排木努说："我五六岁时，就开始学做饭、找柴、找野菜。找野菜就看父母以前找的什么野菜，我也去找。"山林中的野菜、野生菌寨民都能叫出名字，并且十分清楚哪些能吃哪些不能吃。寨民平时上山采摘时都是几个姑娘相约，一同前往，没有单独上山采摘的情况，因为担心遇到野兽。几人相约上山采摘时，采摘的野菜、野果以及野生菌属于各自所有，不会共同分配。共同行动的采摘发生在村寨内部有寨民进新房或结婚的时候。全寨姑娘和妇女分3~4组上山找野菜、找叶子，这时采集的成果村寨成员可共同享用。

四是采集可帮寨民度过"青黄不接"时期。村寨的森林中可充饥的植物种类比较多。当粮食不够吃时，寨民便上山采集，度过饥荒。采集的可食用的植物主要有以下几类：第一类是酸杷。寨民在酸杷较小时，将酸杷煮熟砍细，掺在饭里吃。第二类是橄榄树，寨民粮食不够吃时，会砍橄榄树，刮皮后用水泡一晚，取出拧干水后食用。第三类是山药。山药比较好找，煮熟即可食用。第四类景颇语叫作"木扎食"，是一种果子，拳头大小。寨民取里面的籽，泡水2晚，舂细后，掺在饭里吃。第五类景颇语叫作"老熟可洛"。食用时，用火烧，烧后去皮，将其籽泡水切碎掺在饭里吃。第六类景颇语称之为"芒记"，是一种根茎植物，用刀切时会流出汁液，切后晒干，用舂筒舂细掺在饭里吃。此外，还有吃植物叶子的情况，寨民煮稀饭时，将一种叫作"梅措巴"的叶子煮在稀饭里，作为充饥的食物。

除了采集外，寨民还通过狩猎维持生计。狩猎成为寨民的生计方式之一，主要有以下几个原因：

一是动物资源丰富。这是寨民采取狩猎生计方式的前提。特殊的地理环境造成景颇山区的动物资源丰富，有老虎、金钱豹、草豹（皮毛呈铜钱花）、红春豹、芝麻豹、蜂猴、雪猪、苏门羚（山驴）、河麂、灰叶猴、白眉长臂猿、熊猴、猕猴、穿山甲、小熊猫、水鹿、黑熊、狐狸、水獭、岩羊、花面狐、冠斑犀鸟、双角犀鸟、红腹锦鸡、白腹锦鸡、绿孔雀、原鸡、大蟒等，其多数生息在中山乡、东山乡、西山乡的山林中①。

二是补充肉类。传统时期，木爱寨寨民狩猎有两种方式：第一种方式是"说温"，意思是悄悄找野味。一个人也可以去打猎，一般是几个人，不超过十个人约好去狩猎。第二种方式是撵山。全寨愿意参加狩猎的全部去。撵山一般有二三十名寨中男子参加。老人小孩都可以参加，但是女性不参加。每年7—9月是雨季，降雨集中，降雨量大，木爱寨寨民便不去撵山打猎。

三是出于保护寨民、保护庄稼的考虑。大型动物威胁着寨民的人身财产安全，民主改革前，木爱寨就曾经发生老虎袭击寨民住处，咬伤寨民的牛、猪等牲畜的事件。动物还会破坏庄稼。每年8、9月，猴子、野猪、豪猪等动物会偷吃寨民的庄稼。狩猎既能补充肉类，也能在一定程度上保护村寨。

3. 生产力水平低

第一，土地开发能力弱。边疆因政治强权间的资源竞争与分界而成为边疆，更常因资源匮乏而成为边疆②。云南虽有丰富的资源，但因人口稀少，技术水平低，开发的程度很低，所以云南仍"地瘠民贫"③。民主改革前，木爱寨山高林密，土地资源丰富，但由于开发程度低，寨民开垦的可耕地少，人均开垦耕地1.75亩，远低于云南省平均水平④。1946年云南省人均耕地面积为3.66亩⑤。传统时期，寨民生产方式主要是刀耕火种，而刀耕火种的主要特点是靠天吃饭，广种薄收。如果烧地时节遇到春雨连绵，树木杂草烧不干净，所烧的山地就会形成豹子皮一样的花斑，播种质量就很难保证。虽然围上栅栏，

---

①　云南省潞西县志编纂委员会. 潞西县志 [M]. 昆明：云南教育出版社，1993：64-65.

②　王明珂. 建"民族"易，造"国民"难：如何观看与了解边疆 [J]. 文化纵横，2014（3）：20-30.

③　思慕. 中国边疆问题讲话 [M]. 上海：生活书店，1937：158-159.

④　笔者调研所得数据。

⑤　许道夫. 中国近代农业生产及贸易统计资料 [M]. 上海：上海人民出版社，1983：10.

搭起窝棚守卫，但也很难完全避免鸟兽的危害，导致产量低而没有保障①。"种得一偏坡，收得几箩箩"是对当地传统时期刀耕火种耕作方式收获情况的生动描述。寨民先祖最初来此居住时，以种旱地为主。寨民最初并不知道如何耕种水田。据山官后人讲述，相传在排家山官第四代排早孪山官时代，寨民才开始耕种水田。各地景颇族对水田耕作技术的掌握大体经过了50年的过渡时期②。寨民掌握的水田耕作技术不够精细，同时受自然环境影响主要是靠天吃饭。村寨耕作制度中水稻为一年一熟。种植水稻时，谷种泡3~4天，将秧田铺平，然后撒牛粪面，晒干，2~3天后放水，水满后，撒种。割谷子后，在田块里将谷子铺着晒，3~4天后开始堆谷。5~6天后，开始打谷。从依赖传统种植方法、依赖大量人力投入以及使用简单的工具等方面来看，木爱寨水稻和旱谷的种植、收获是在生产力水平较低的情况下进行的。

第二，生产工具落后。除了耕作方式影响村寨生产力水平外，生产工具也对村寨生产力水平产生重要影响。传统时期，木爱寨寨民在砍山开地的时候要用到砍刀、斧头等工具，寨民耕种的工具主要有犁头、耙、锄头、箩箩、筒帕以及花篮。寨民割谷用的工具主要有镰刀、皮套、木板、连盖、扬扇。生产工具简单。犁头短而窄，重七八斤③，犁地不深，由一头牛带动犁头耕种。耙为木耙，耙齿不是铁质而是木质。耙的耙齿长6寸④，宽约2寸，整个耙长1米，宽2尺⑤。使用木耙耕地时，不能把草耙掉，并且耙不平，效率比较低。寨民使用的锄头重约3斤，与内地使用的锄头相比，传统时期寨民使用的锄头不适合挖土，还容易被损坏。寨民收获庄稼时，用牛踩落谷粒，再借风力扬去沙土，耗损很大。此外，寨民还有镰刀、砍刀、斧头等工具。由于工具简单，寨民需要投入大量劳动力进行生产。

犁头、耙不是每家每户都有的劳动工具。据老人回忆，传统时期木爱寨大概有15户没有犁头、耙等生产工具。狩猎工具铜炮枪也不是每家每户都有的，

---

① 李凌. 草坝寨刀耕火种型经济剖析：云南省景颇族一个村寨的经济情况调查 [J]. 民族研究，1985（1）：64-69.

② 《中国少数民族社会历史调查资料丛刊》修订编辑委员会. 景颇族社会历史调查（2）[M]. 北京：民族出版社，2009：145.

③ 1斤=500克，下同。

④ 1寸≈3.33厘米，下同。

⑤ 1尺≈33.33厘米，下同。

有大约 23 户寨民家中没有铜炮枪。砍刀、斧头、锄头、箩箩、筒帕、花篮、镰刀、皮套、木板、连盖、扬扇等其他小型生产工具，寨民家家户户都有。寨民的生产工具归寨民所有，寨民离开村寨迁往别寨时，可以将生产工具带走。

由此可见，木爱寨的寨民生产工具落后，农耕技术水平较低，生产能力弱，造成村寨生产力水平低下。传统时期村寨主要是生存经济。一般情况下，粮食只够吃五六个月或者七八个月。不够的情况下，有的寨民靠野果等充饥，也有的向别人借粮食。寨民生存受到威胁，只能靠采集狩猎度过艰难时期。当粮食不够吃时，寨民便上山采集，度过饥荒。虽然寨民可以通过粗放农业、采集狩猎等途径获取食物，但食物来源并不稳定，寨民始终处于求生存状态。

通过上述梳理，我们发现村寨较为封闭的自然环境影响着寨民的生产生活。马克思认为："人类第一个历史活动就是生产满足这些需要的资料，即生产物质生活本身。"[①] 传统时期，寨民生产的首要任务是解决生存问题。物质资料的生产是开展其他活动的前提。因此，物质资料也是村寨制运行的重要基础。在生产中如何适应较为封闭的自然环境、如何用简单的技术手段来最大限度地利用自然资源显得尤为重要。传统时期的村寨产权制度特点是公有私占。受自然环境和产权制度的影响，寨民仍然延续着较为原始的刀耕火种的耕种方式，发展粗放农业而不是精耕细作的农业。在生产过程中，村寨很少受市场因素影响，没有对外雇工，主要依靠村寨内部劳动力进行生产。采集狩猎等生存方式也促使寨民更加依赖村寨环境。

（三）相对独立的生活空间：聚寨而居与对外封闭

村寨自然环境除了影响寨民生产外，对寨民生活也产生了巨大影响。寨民在顺应自然环境的过程中，形成了一种与外界相对隔离的独特的生活方式。

1. 聚寨而居，依山建屋

景颇族自形成之日起，便居住在山林之中，景颇族又被称为山的民族。寨民习惯在山林居住，不喜欢在地势平坦的坝子居住。据当地寨民讲述，在山区居住主要有以下三个原因：一是平坝地区气候不适宜居住。相比景颇寨民居住

---

① 马克思，恩格斯. 马克思恩格斯选集：第 1 卷 ［M］. 中共中央马克思恩格斯列宁斯大林著作编译局，译. 北京：人民出版社，2012：158.

的山区，寨民认为坝子地区太热，"不好在"。二是活动空间狭窄。平坝地区的傣族居住集中，活动空间比较小，寨民感觉没有在山上居住自在。三是平坝地区可供直接攫取的生存资源少。寨民认为在坝子找柴也不方便。平坝地区主要靠种植水稻生活，在山区，寨民可以通过狩猎、采集以及农耕等多种方式获取食物。木爱寨作为单一民族村寨，地处中切割中山区。适宜的气候环境是当初寨民先祖来此地"踩寨子"的原因。如前所述，寨民不喜欢湿热气候。"聚居大概是人类最初的居住方式，而这种古老的家族组织，则是最早的村庄社会的骨架。"① 木爱寨海拔最高的地方在木达崩，海拔高度为 1 770 米，整个村寨平均海拔为 1 300 多米。寨民倾向于居住在向阳的山腰或者山梁边上的小块平地，习惯依山势建屋。山区平地少、坡地多。受山区地形限制，寨民呈现"大散居、小聚居"的居住格局。因地处山区，哪里有足够建房的平地寨民就在哪里修建房屋。

村寨不是从来就有的，它的建立有其自身的历史发展过程。因战争、气候变化等，寨民先祖一直在寻找适宜居住的地点建立村寨。木爱寨寨民先祖历经曲折才最终在此地砍山立寨，建立村寨后再请排家山官来木爱寨居住，形成多个氏族居住的村寨社会。木爱寨来马家、何家两大氏族先祖来此"踩寨子"时，最先在早东自然聚落定居。当时何家还修建了九格的房屋。请来山官后，为表示对山官的尊敬，何家将自己家居住的九格房屋的一格让给山官居住。随着社会的发展，寨中氏族人丁兴旺，居住范围逐渐由早东扩展至梅东、卜同孔、来马洞等自然聚落，形成"大散居、小聚居"依山而居的居住形态。

气候会对寨民住房的类型产生影响。"乡村聚落是乡村居民最重要的生产生活空间，选取什么样的方式建造自己的房屋、建造怎样的房屋、怎样建造安排自己的宅院，以及怎样处理房屋与耕地、左邻右舍（如果有的话）、村落中其他设施（道路、公共设施）之间的关系，是农民生活中的大问题。"② 因居住在高山，寨民建屋只能就地取材，竹子、木头、山草成为寨民主要的建房材料。景颇山上林木种类繁多，林木资源丰富，常见的有大青树、小青树、白椎梨树、黑椎梨树、红椎梨树、板青树、红栎树、白栎树等。这些林木资源为寨

---

① 德芒戎. 人文地理学问题 [M]. 葛以德，译. 北京：商务印书馆，1993：158.

② 鲁西奇. 长江中游的人地关系与地域社会 [M]. 厦门：厦门大学出版社，2016：13.

民建房提供了丰富的材料。大青树是神树，有"树王"之称，在龙尚官庙周围有分布。小青树分布在家周围、个别洼子，没有什么实用价值。白椎梨树、红椎梨树分布广泛，随处可见，其树干可以用作房梁。黑椎梨树在半山腰随处可见，寨民将它用作顶梁柱。红栎树、白栎树多被寨民砍伐当柴烧。民主改革以前，寨民的房屋多为茅草屋或权权房，分上下两层，楼上住人，楼下饲养牲畜。住房主要用竹子和木头制作而成。住房构造有利于防热及防雨。当地极端天气比较少，茅草屋或权权房稳固性较强，很少出现极端天气导致住房倒塌的情况。木爱寨气候宜人，极端天气主要是大风。当大风将房子吹倒需要建新房时，全寨人都来帮忙。房屋倒塌的寨民可以住在寨中其他人的牛棚中，暂渡难关。聚寨而居的居住方式有助于寨民之间互相帮助。

自然环境决定了村寨居住形式，村寨居住形式对寨民的生产生活有很大影响，进而对村寨社会关系产生影响。是集中居住还是分散居住，"不仅关系到他们从事农业生产的方式（来往田地、山林或湖泊间的距离，运送肥料、种子与收获物的方式等），还关系到乡村社会的社会关系与组织方式，甚至关系到他们对待官府（国家）、社会的态度与应对方式"[①]。

2. 地形偏远封闭，对外交往少

寨民的居住空间比较封闭。村寨四周群山绵延，对寨民外出产生了一定限制。木爱寨与周边的湾丹、很滚、芒东、板栽、谷东、拱林、帕河等寨相通，其道路均为依山势自然形成的山路。寨民经常外出的山路有两条，一是去老街子的山路。寨民从木爱寨寨头出发，要步行4个小时才能走到老街子。二是去遮放街的山路。传统时期，木爱寨寨民赶街子或有事去比较远的亲戚家时，要提前一天做好出行准备。出门前一天吃完晚饭就要准备第二天赶街子吃的饭——两个饭包。寨民天未亮时就打着火把出发，走到西山时才日出，大约12点才到遮放街。寨民卖东西卖到下午2点左右，然后开始买东西，晚上大约6点往回走，晚上10点左右才到家。也有寨民赶街子头一天晚上就从家里出发，在山上过夜，这样第二天才能早早地到街上。

村寨边有一条大河名为龙江（见图2-3），也对村寨的对外交往造成了一

① 鲁西奇. 散村与集村：传统中国的乡村聚落形态及其演变 [J]. 华中师范大学学报（人文社会科学版），2013，52（4）：113-130.

定的阻碍。陇川的酒比较有名，寨民结婚时才会跨过龙江去陇川买酒，平时不会去。买酒时，寨民牵着马去驮酒。去时路上花费一天半时间，回来路上也需要一天半时间。

图 2-3　村寨边的龙江①

　　交通不便对村寨形成相对独立的生活空间产生了重大影响。下文从寨民出行的两个方面进行分析：首先，交通不便导致寨民结伴出行，增强了寨民之间的团结互助。由于村寨周围群山绵延，寨民出行需要穿越山林，且经常有野兽出没，这对寨民出行，特别是对女性出行造成了一定的影响。为了安全起见，寨民在赶街子之前通常会约好同伴结伴而行。尤其是女性至少要有 3 到 4 人同行才敢外出。这种结伴出行的习惯形成了一种互相照顾和保护的社会支持网络。其次，交通不便减少了寨民外出频率，加剧了村寨的封闭性。村寨周围的群山导致交通不便，从而使得外出交流和交换关系的发展受到限制。寨民的对外交往，比如购买盐等必需品主要是通过赶街子来实现的。仅当亲戚家有结婚、进新房、老人去世、生病等大事情时，寨民才会外出。交通不便使村寨在经济、教育、医疗和文化方面减少了与外界的交流，也减缓了外来因素对村寨的同化，同时交通不便也有助于形成独特的村寨传统，使寨民之间更加紧密团结，并保持了一种自给自足的生活方式。综上所述，交通不便对于村寨的生活空间产生了深刻影响。寨民结伴出行、减少与外界接触的机会，也减少了对外

① 调研期间航拍图，左为木爱寨水田，右为陇川县辖区。

界的依赖，使得村寨形成了自给自足的生活方式，最终促使村寨形成相对独立的生活空间。

从寨民对外寨人闯入的态度来看，村寨有较清晰的社会边界。民主改革以前，抢劫的情况时有发生，马帮商人一般不敢到景颇寨子，因为在寨里没有亲戚，马帮商人担心被抢。马帮商人只有在本寨有亲戚时，才敢来寨子，来时不用向山官汇报，在亲戚家吃住。当外寨寨民私闯木爱寨偷东西、烧房子等时，全体寨民都去驱赶。木爱寨周围的寨子均是景颇寨，这些寨子里的人到木爱寨来，可以随意进出。传统时期，曾经有汉族姑娘进木爱寨卖糖，也有汉族人进寨子卖猪肉、牛肉，还有汉族人进寨子卖犁头等农具和成套的衣裳。也有傣族人进寨子卖布。当傣族、汉族的人来到寨子时，寨民就会问其来由。如果是来买牛、买马的就让他进寨子。如果来人说不清楚，寨民就会上报给山官。集体祭祀活动全寨子的人都可以参加，不允许外寨的人参加。外寨人要在寨子里有熟人才能进寨卖东西，所谓"不熟的不能来"。由此可见，村寨内部形成了相对独立的生活空间。寨民在生活中尽量减少与外界的联系。

从上述关于村寨自然空间、生产空间、生活空间的分析可知，自然环境对寨民生计方式的影响是基础性的。村寨为寨民提供生存空间，而村寨独有的生存空间构成了寨民的生存环境。村寨相对封闭的自然环境深刻影响着寨民的生产方式、生活方式，对村寨内部的基础性制度的形成与发展起着重要作用。也就是说村寨自然环境深刻影响着寨民的生计方式选择。适应环境的生计方式是寨民从自然环境中获取物质资料的重要保障。

二、人口与社会体系：村寨制运行的社会基础

"村落是人类生产发展的最初形态。人类最初的社会生活、政治生活就是在村落这个空间中产生和发展起来的。"① 村寨的自然环境影响甚至决定了寨民的生产生活方式，进而影响着寨民的社会关系。"一般而言，生计方式以及总

_____

① 林尚立. 国家的责任：现代化过程中的乡村建设 [J]. 中共浙江省委党校学报, 2009, 29（6）: 5-8.

是有效地限制着生计方式的环境条件决定着人群的主流价值观，强烈地影响着包括政治制度在内的社会组织。"① 寨民的社会关系建立在自然环境基础上。寨民在适应或与环境斗争的过程中组成了不同群体，结成了一定的社会关系。村寨制的人口与社会体系体现了村寨内部的社会关系。

（一）家庭内部关系：多生与小家庭

恩格斯指出："根据唯物主义观点，历史中的决定性因素，归根结底是直接生活的生产和再生产。但是，生产本身又有两种。一方面是生活资料即食物、衣服、住房以及为此所必需的工具的生产；另一方面是人自身的生产，即种的繁衍。"② 就村寨社会而言，人口繁衍维系着村寨的存在。村寨政治系统的有效运行也离不开人这一要素。人力资源是人口与社会体系中的重要资源。

1. 家庭中的生育关系

家庭是村寨社会的细胞，对寨民来说，生育在家庭再生产中扮演了重要角色。生育是血脉延续。为了保证家庭代际更替及村寨延续，需要通过生育方式实现人口再生，维持一定的家庭规模。考察寨民生育子女情况发现，民主改革前，82 户寨民中有 6 户寨民还没有生育子女，占全寨总户数的比重为 7.32%；有 9 户寨民生育子女数量为 1，占全寨总户数的比重为 10.97%；有 25 户寨民生育子女数量为 2，占全寨总户数的比重为 30.49%，超过三成；有 18 户寨民生育子女数量为 3，占全寨总户数的比重为 21.95%，超过两成；有 16 户寨民生育子女数量为 4，占全寨总户数的比重为 19.51%；有 6 户寨民生育子女数量为 5，占全寨总户数的比重为 7.32%；有 2 户寨民生育子女数量为 6，占全寨总户数的比重为 2.44%（见图 2-1）。可见，生育 2 个子女的家庭占比最大，超过一半的家庭生育子女数量在 3 个及以上。

---

① 福蒂斯，普里查德. 非洲的政治制度 [M]. 刘真，译. 北京：商务印书馆，2018：26.
② 马克思，恩格斯. 马克思恩格斯选集：第 4 卷 [M]. 中共中央马克思恩格斯列宁斯大林著作编译局，译. 北京：人民出版社，2012：13.

表 2-1　民主改革前木爱寨寨民生育子女情况

生育子女总数/个	户数/户	占比/%
0	6	7.32
1	9	10.97
2	25	30.49
3	18	21.95
4	16	19.51
5	6	7.32
6	2	2.44

在子女性别方面，寨民认为男孩、女孩都好，最好是儿女双全。"老大出生的时候，老伴很开心。第一胎生男生女，生什么都喜欢。生女儿的话，爹妈照顾得更好，男孩多吵闹，哪种没有都不好。"① 在传统时期，村寨中没有出现因性别而溺婴的现象。

寨民受多种因素的影响而倾向于多生。首先，为适应传统分工，寨民倾向于多生。家中长得快的男孩子大约六岁时就可以放牛，长得慢的男孩子七八岁可以安排干活。男娃七八岁可放牛，八九岁跟着父母挖旱地、铲埂子，能干的男孩开始学犁田、耙田。男娃十四五岁可以栽秧、割谷、堆谷，寨民互助、集体伙干时可以出工帮忙。女孩子五六岁可背水，照顾弟弟妹妹。因为以前生得多，据老人讲述一户寨民每年生一个的情况都有。女孩子还要跟着妈妈、姐姐学找芹菜、香菜、豆豉根等野菜。女孩子十一二岁开始学编织筒帕。困难家庭的孩子八九岁开始学做饭、喂猪、找柴，十二三岁舂谷。"我四五岁时就开始带弟弟妹妹，五六岁时就开始学做饭、找柴、找野菜。找野菜就看父母以前找的什么野菜，我也去找。十岁时开始学织布，织布是妈妈教的。十四五岁开始下田干活，如薅秧、挖地。"女性老人排木努回忆道。首先，从传统分工来看，对传统时期的家庭而言，子女是一种生产性资源。其次，受刀耕火种原始农业特性的影响，寨民倾向于多生。砍山、栽秧、割谷、堆谷需要大量劳动力，从而形成季节性劳动力短缺。村寨位于较为封闭的地区，距离市场较远，无法借

---

① 何木图老人口述。

助市场进行劳动力调剂，因此需要家庭通过多生育进行补充。传统时期，如上文所述，寨民生产工具落后、生产技术较为原始，劳动力投入是维持家庭生计的重要手段。在没有教育的传统村寨，劳动力质量无法提高，寨民只能通过劳动力数量的增加来维持生计。也就是说传统时期，寨民受村寨生产力水平低的影响，倾向于多生，生育子女越多，家庭劳动力越多。最后，受高死亡风险的影响而倾向于多生。传统时期，小孩的死亡率比较高，多生才能保证有孩子存活。女性老人排木努说："在现在的老大出生以前，我生了5个孩子，不过都没有养大。"从高死亡风险角度看，寨民倾向于多生是一种"基于'规避风险'动机下的风险最小化行为"[①]。总体而言，寨民倾向于多生是一种适应村寨环境及生产力水平而做出的理性选择。

2. 家庭人口规模小

家庭是在血缘关系上形成的最小社会单元。劳动力的增加需要相应的家庭规模的支持。从家庭人口规模来看，传统时期村寨以小家庭为主。倾向于多生的寨民并没有大的家庭人口规模。民主改革以前，从木爱寨82户寨民人口信息来看，户均人数为5.45人，即家庭人数近6人（见表2-2）。具体而言，在民主改革以前，家庭人数少于6人的农户有42户，占村庄总户数的51.22%，共有184人，占村庄总人数的比重为41.16%，户均人数为4.38人；家庭人数在6人及以上的农户有40户，共有263人，占村庄总户数的48.78%，占村庄总人数的58.84%，户均人数为6.58人。可见，民主改革以前村寨以小家庭为主。

表2-2　民主改革以前木爱寨家庭人口规模[②]

家庭人口规模	户数/户	占比/%	人数/人	占比/%	户均人数/人
总计	82	100	447	100	5.45
少于6人	42	51.22	184	41.16	4.38
其中：1人	0	—	0	—	0

---

① 吕昭河，余泳，陈瑛. 我国少数民族村寨生育行为与理性选择的分析 [J]. 民族研究，2005 (1)：26-35，108.

② 根据调研数据整理。

家庭人口规模	户数/户	占比/%	人数/人	占比/%	户均人数/人
2~3 人	4	4.88	12	2.68	3.00
4~5 人	38	46.34	172	38.48	4.53
6 人及以上	40	48.78	263	58.84	6.58
其中：6~7 人	36	43.90	227	50.78	6.31
8~9 人	2	2.44	16	3.58	8.00
10 人	2	2.44	20	4.48	10.00

从家庭结构来看，民主改革前，由父母和未婚子女组成的核心家庭在木爱寨比较普遍。如表 2-3 所示，根据对 82 户木爱寨寨民的粗略统计，核心家庭户数最多，有 62 户，占比为 75.61%。其次是父母和一对已婚子女组成的主干家庭，户数为 18 户，占比为 21.95%。父母和多对已婚子女组成的联合家庭在木爱寨只有 1 户，占比为 1.22%。其他类型家庭只有 1 户，占比为 1.22%。从代际层数来看，木爱寨寨民家庭结构以 2 代为主，超过七成家庭的代际层数为 2 代。代际层数为 3 代的有 19 户。没有四代同堂的现象。受当时生产条件、生产能力限制，代际层数为 2 代的核心家庭成为寨民家庭结构的主要形式。

表 2-3　民主改革前木爱寨家庭结构类型①

家庭结构类型	户数/户	占比/%	代际层数/代
核心家庭	62	75.61	2
主干家庭	18	21.95	3
联合家庭	1	1.22	3
其他家庭	1	1.22	1
合计	82	100	—

在有限的自然条件、生产条件下，对于寨民而言，家庭规模小更有利于开展生产经营活动。传统时期，村寨产权制度的特点为"公有私占"。在木爱寨，只要属于木爱山官管辖范围内的土地，寨民均可占有。具体占有方式为"号

---

① 根据木爱寨老人口述资料整理。

田""号地"。寨民开垦的旱地抛荒后，其他寨民可以耕种。水田、园子地、竹林可以由寨民继承使用。寨民一旦迁出村寨，则丧失土地使用权和占有权。这种产权制度对寨民的耕作方式产生了影响。家庭占有土地的规模不大，土地没有集中在个别农户手中。寨民认为按照景颇族传统，分家是必然趋势。景颇族中流传的俗语说："女人总是一天要嫁的，男人总是一天要分家的。女人一天不嫁，总有一天是要嫁的；男人一天不分，总有一天是要分的。"寨民分家主要有以下几类原因：第一，从生产角度来看，独立经济单位更有利于寨民生存。景颇族俗语："一起在着，一家就只有一个母猪一个公猪；分家后，两家在着，各是各的，就有两个母猪两个公猪。"传统时期，寨民采用刀耕火种的耕种方式，土地生产能力有限，与精耕细作的农业区不同，并不会随着人力投入的增多而增产。寨民开垦的旱地耕种几年后就必须抛荒。旱地随着开垦时间的增加而肥力下降最后导致产量下降。土地开荒第一年肥力尚可，但第二年随着土壤肥力下降，即使增加劳动力也不能保证能获得第一年的产量。寨民虽然耕种水田但生产工具落后，达不到精耕细作的农田耕作水平，比较粗放。寨民依靠简单农业生产、畜牧养殖和狩猎采集，只能勉强糊口。由于生存资源有限，寨民早点分家成为独立经济单位，可以减少原生家庭的负担。第二，从生活的角度来看，分家之后生活更便利。传统时期，寨民做饭不用灶台，而是直接在火塘上支起三脚架和铁锅（见图2-4）。铁锅往往比较小，也不利于大家庭一起生活。景颇族有不吃"隔夜粮"的习俗，传统时期，寨民当天舂米当天吃，今天不吃昨天舂的米。来马腊便老人说："一家人在着，各方面不方便。煮饭、招呼娃娃等都不方便。"

案例：在木爱寨梅东自然聚落，有一户寨民有5兄弟，老大何梅宝芒、老四何梅都芒、老五何梅当芒、老六何梅用芒、老八何梅卡芒。老大结婚后，都是老大的媳妇做饭，因为兄弟多，忙不过来，老大的媳妇经常抱怨，影响了家庭关系。于是何梅宝芒的老爹提出让老大家分家出去①。

---

① 来马腊便老人口述材料。

图 2-4　寨民日常做饭的三脚架和铁锅①

　　受资源条件、生产力水平限制，小规模家庭能更好地适应生存环境。寨民通过多生无法满足农业生产的需要，市场因素也还未介入村寨劳动力调剂，从而使得村寨内部的团结互助成为必然选择。家庭人口再生产不仅能保障家庭生计，也为村寨政治系统运行提供了人力资源保障。

（二）横向关系：寨民之间的联结与互助

　　除了家庭内部关系外，村寨社会还存在其他基于人口属性而产生的内容丰富的社会关系。血缘关系和地缘关系是农民社会的两个最基本的社会联系纽带②。寨民选择聚寨而居，最重要的初衷"是社会的需要而不是耕种技术上经济的需要"③。基于社会需要寨民形成村寨互助传统。村寨社会通过寨民之间的联结与互助强化村寨的整体性。

1."一寨子都是亲戚"

　　正如恩格斯所言："亲属关系在一切蒙昧民族和野蛮民族的社会制度中起

①　笔者调研期间拍摄。

②　王晓毅. 血缘与地缘 [M]. 杭州：浙江人民出版社，1993：1.

③　费孝通. 乡土中国 [M]. 上海：上海人民出版社，2013：262.

着决定作用。"① 血缘是传统时期木爱寨社会联结的基础。民主改革前，木爱寨景颇族有三大氏族，分别是排家（勒排）、来马家、何家，其中何家又分为袍丁何家和袍成何家，这两个氏族是兄弟关系。根据《来马氏族》族谱记载，来马家与本寨的何家（袍成何家）是兄弟关系。据寨中老人回忆，民主改革前，木爱寨有排家 3 户，占村寨总户数比重为 3.66%。来马氏族有 29 户，占村寨总户数比重为 35.37%。何家总共是 50 户，其中 38 户为袍丁何，占比为 46.34%，占比最高；袍成何有 12 户，占比为 14.63%。"农村居民在以血缘为基础的集合体之外，尚形成了地缘关系共同体。"② 村寨是在血缘关系基础上形成的地缘关系共同体。土地公有是联系村寨内各氏族的基础，而婚姻是联系各氏族的纽带。通过婚姻联结，木爱寨寨民认为"一寨子都是亲戚"。传统时期的木爱寨保留着传统婚配制度。一是严格遵循单向的姑舅表优先婚制度。传统时期，作为原始社会氏族婚外制的残余，景颇族严格遵循单向的姑舅表优先婚制度，即丈人种-姑爷种单向婚配制，形成了丈人种和姑爷种两类姻亲关系的亲属关系。所谓丈人种，是指某一家族的女儿生来就是另一家族男子的妻子，而这个男子的家族被称为女子家族的"姑爷种"。按照景颇族"血不倒流"的习惯，姑母的儿子可以娶舅舅的女儿，但姑母的女儿不能嫁给舅舅的儿子。一个氏族男子与另一个氏族女子结成姻亲关系，则男子所在的氏族世代男子均可娶女子所在的氏族的姑娘为妻，但女子所在氏族的男子禁止娶男子所在氏族的女子为妻。在亲属称呼上，木爱寨寨民将舅舅和岳父同称"阿杂"，舅母和岳母同称"奥莫"，公公和姑父同称"依古"，婆婆与姑母同称"梅莫"。这种亲族称谓说明景颇族曾经存在群婚制，即一群男子共有一群女子。在这些共同的妻子中，排除了他们的姐妹；同样，一群女子共有一群男子，在这些丈夫中，排除了她们的兄弟。这种家族形态也就是恩格斯所谓的"普那路亚"氏族③。二是实行同祖不婚制，禁止血亲之间通婚。禁止同姓通婚，因为同姓都是兄弟姐妹。禁止有兄弟关系的姓氏之间通婚。血亲中直系和旁系在称呼上没有区

① 马克思，恩格斯. 马克思恩格斯选集：第 4 卷 [M]. 中共中央马克思恩格斯列宁斯大林著作编译局，译. 北京：人民出版社，2012：36.

② 黄宗智. 华北的小农经济与社会变迁 [M]. 北京：中华书局，1986：63.

③ 《中国少数民族社会历史调查资料丛刊》修订编辑委员会. 景颇族社会历史调查（2）[M]. 北京：民族出版社，2009：43.

分，即每一种称谓除指嫡系亲属外，还可指从、表（姨表不能通婚，因出自同一个外祖母）关系的亲属①。在木爱寨，袍丁何和袍成何是兄弟关系，因此两姓之间不能通婚。木爱寨寨民在亲属称谓上保存了更早时期的家族形态。传统时期，木爱寨寨民除了称呼自己的子女为"阿作"或"子尚"外，对自己兄弟的子女也同样如此称呼。在称谓上了体现了父亲兄弟的子女是他的子女，母亲姊妹的子女是她的子女，因此，他们都是兄弟姐妹，有着共同的父母，因而不能通婚。此外，有些姓氏之间也不能通婚，据说是因为他们曾有共同的祖先，如景颇族的石姓和唐姓。

根据景颇族"血不倒流"的单向婚制，各氏族之间通过婚姻结成不同类型的姻亲关系。如图2-5所示，在木爱寨，排家（勒排）与来马家、何家（袍丁何、袍成何）可以缔结单向姻亲关系。排家的女儿可以嫁给来马家、何家，但是来马家、何家的女儿不能嫁给排家。木爱寨的袍丁何家与来马家可以缔结单向姻亲关系，袍丁何家的女儿可以嫁给来马家，但来马家的女儿不能嫁给袍丁何家。来马家与袍成何家也可以缔结单向姻亲关系，来马家的女儿可以嫁给袍成何家，但袍成何家的女儿不能嫁给来马家的儿子。综合而言，木爱寨寨内的勒排氏族是来马氏族、何姓氏族的丈人种，袍丁何家是来马氏族的丈人种。袍丁何家的男子可以娶来马氏族、勒排氏族的姑娘为妻，同时意味着袍丁何家的姑娘不能嫁给来马家和排家。根据"血不倒流"的传统，来马家的男子可以娶勒排氏族、袍丁何家的姑娘为妻，同时意味着来马家的姑娘不能嫁给袍丁何家、勒排氏族。木爱寨没有形成完全封闭的婚姻圈，据不完全统计，截至民主改革前，村寨内部结婚的夫妻有21对，组成20户家庭，占村寨总户数的24.39%。其中袍成何氏族与来马氏族结为姻亲的夫妻有17对，来马氏族与袍丁何氏族结为姻亲的夫妻有3对，有1户寨民娶了勒排山官家的女儿。与传统时期汉族村庄相比，木爱寨寨内通婚的比例高很多。

---

① 龚佩华. 景颇族山官制社会研究［M］. 广州：中山大学出版社，1988：114.

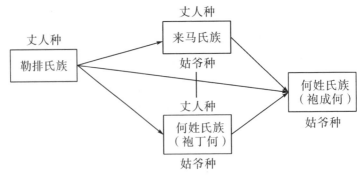

图2-5 木爱寨各氏族之间的姻亲关系

景颇族在婚配制度上遵循"血不倒流"的原则，所以在木爱寨大约一半的寨民有选择寨内通婚的机会。根据此项原则，木爱寨没有形成完全封闭的婚姻圈，意味着木爱寨的勒排氏族的媳妇必须来自外寨，何姓氏族支系袍成何家的女儿必须嫁往外寨。村寨内部除了袍丁何与袍成何两个氏族是兄弟关系外，其他氏族之间都存在丈人种和姑爷种的亲戚关系。寨子里的袍丁何家是来马家的丈人种，所以来马家可以和寨内的何家结成姻亲关系。木爱寨排家可以娶妻的姓氏主要有朗么库排家、挺柱排家、金家、保家、袍丙何家、赵家。在血缘联结基础上，寨民之间通过姻亲联结形成一张关系网。虽然村落内部以小家庭为主，但血缘亲属关系的联结加强了村寨社会的整体性。在构建传统的村寨社会结构时，寨民更加重视村落整体利益。在涉及村落整体利益时，寨民会义无反顾地争取。

2. 村寨互助传统

"离开与他人的互助合作，单家独户是很难生存下去的。"[1] 传统时期，面对自然条件的限制及生存威胁，寨民之间形成了互助传统，主要体现为以下几个方面：

第一，生产互助。从生产互助的角度来看，景颇族内部形成了互助合作的传统，其中包括了"吾戈拢"这种集体伙干形式。这种互助合作的方式在长期共同抵御自然灾害的过程中发展起来，对于村寨的生产活动具有重要意义。从

---

① 徐勇. 中国家户制传统与农村发展道路：以俄国、印度的村社传统为参照 [J]. 中国社会科学，2013（8）：102-123，206-207.

寨民之间的生产互助来看，在每年的砍山、栽秧、割谷、堆谷等时，寨民之间不论劳动力强弱、性别、年龄，都以一天工换一天工的方式相互帮助，实现了劳动力的均衡分配和互助支持。从村寨权威与寨民之间的生产互助来看，村寨权威山官通过集体行动协调和管理村寨的生产活动。而山官作为村寨的管理者，由于要负责管理村寨而不能全职参与生产活动，因此在栽秧、割谷、堆谷等关键的生产活动中，寨头组织全寨的人前去山官家帮忙。此外，无劳动力家庭在栽秧、割谷、堆谷等时，由寨头组织全寨子的人去帮忙干活。

第二，医疗互助。全寨相帮才能完成为治病而举办的祭祀仪式。根据寨民的逻辑，当寨民生病时，如果经董萨判断需要杀牛献祭，则需全寨的人参与完成整个为治病举办的献祭仪式。在杀牛祭祀时，寨头和山官也会参加。如果山官因其他事务无法参加，可以选择不参加。每户寨民都会派出一个代表参加祭祀，不论性别和年龄。寨民去生病农户家时不需要带什么东西，主要是前往提供帮助，例如，搜集柴火、挑水或采集叶子等。除非家中有人生病或其他原因，大部分寨民都会参加祭祀。未参加的人，生病的农户也不会责怪他们。如果生病农户的家长有时间，会亲自通知大家祭祀时间；如果没有时间，则会请周围的寨民帮忙逐户通知全寨其他人，因为"生病这种事，大家都愿意帮忙，互相帮助嘛"。当寨民生病需要杀牛祭祀，如果找不到牛也需要其他寨民帮忙借牛。在紧急情况下，会先向本寨子里的亲戚借牛，然后向寨子里的其他人借，最后才向寨子外的亲朋好友借。如果情况不紧急，则会先向寨子外的亲戚借牛。

第三，红白喜事中的互助。结婚、进新房、老人去世是景颇族人的人生三大事。寨中无论哪个氏族的寨民举办红白喜事，全寨人都来帮忙。景颇族的古老习俗"一户建房，全寨帮忙"。寨民建新房时，在准备建房材料阶段，全寨人帮忙砍竹笆、踩竹笆、抬树、削树等；在挖地基、背草、铺草时，全寨人会一起参加。新房建好后举行进新房仪式，也会请全寨人一起参加。

传统时期，村民参加别人的红白喜事时，要盛装出席，没有的寨民也要向其他人借。男性主要借筒帕、包头、刀壳以及铜炮枪。女性没有筒裙、银子衣裳，也要去借。先是找邻里借，再是找寨子的亲戚借。家庭经济困难的寨民办丧事时若需要借谷，"老人死时来借粮食，自己紧着，都要借给人家一点"。按照景颇族的规矩，如果没有特殊情况，借的谷子收谷子后就得还。"老人死时借的东西拖不得，不延迟还。"

第四，灾害互助。在景颇族社会中，灾害互助是村寨内部一种重要的互助形式。当寨民家发生火灾时，全寨人都赶来救火。成功灭火后会举行仪式，每户都要参加。仪式结束后全寨帮助受灾寨民建新房。帮助受灾寨民建新房中的互助表现为两方面：一是全寨出力帮忙；二是全寨出物帮忙。从灾害互助的角度来看，无论是劳动力分配还是物质贡献，都体现了景颇族寨民之间协作和互助的精神。每一户寨民中能够干活的成年人都会前去帮忙建房，山官和寨头也会亲自参与。在建房过程中，姑娘负责割草，每户背一捆草给受灾的寨民。男子则承担了建房、砍树、砍竹和编织竹篱笆等任务。同时，伙食问题由参与建房的寨民自行解决，每人自带晌午包。通过这种合作与互助模式，景颇族寨民能够在短时间内将新房建成，从而帮助受灾的寨民尽快恢复正常的生产生活。从灾害发生到完成建房，寨民们之间互相帮助，并且自带食物。无论是男性还是女性、山官还是普通寨民，每个人都尽力协作，各自承担不同的责任。这种分工合作对于灾后重建来说是至关重要的。总之，灾害互助体现了景颇族人团结互助、共同抵御灾害的村寨互助传统。通过这种互助关系的建立和维系，寨民们在生产、生活和危机应对中都能够充分发挥个人和集体的力量。

3. 村寨集体消费活动

第一，集体庆祝活动。寨民主要过的节日有春节、目瑙纵歌节以及新米节，其中春节、目瑙纵歌节会有集体庆祝活动。在春节的集体庆祝活动中，年轻人一起玩吊银子①，老人一起唱歌。吊银子的年轻人每一局都可以获得奖励，把赢的三分之二拿来请全寨人吃饭。集体庆祝活动结束后，参加活动的年轻人及老人一起聚餐。外寨的人可以参加吊银子娱乐活动，但是吃饭的时候不参加。一般外寨的人不会来参加，因为每个寨子此时都有自己的娱乐活动。目瑙纵歌节举行三天，全体寨民参加。目瑙纵歌节举行期间，全体寨民每天去山官家吃一顿。山官自己举行目瑙纵歌时，由于木爱寨山官家经济能力有限，并非全寨人都去吃饭，去吃饭的人员主要有山官、寨头、领舞者、棚龙组、煮饭组、整菜组以及每户一个代表，每天吃两顿饭，即午饭和晚饭。

---

① 寨民的一种娱乐比赛活动。

第二，村寨集体祭祀活动。村寨每年会举行两次大型的集体祭祀活动——祭祀农尚，全寨寨民都会参加。集体祭祀活动的消费主要分为集体祭祀品消费和寨民生活消费两部分。此外，村寨每年会献村寨的水井（寨民称水井为"拾瓦朗"）。献水井时，寨民也会一起吃饭。吃饭前把饭和菜包好。包饭和菜的材料是芭蕉叶或者是大酸粑叶。稀饭一个人一包，菜则是当天有几类菜，就包几包，也会给山官送去。山官与寨民吃同样的饭菜，同样的分量。

第三，生产活动中的集体消费。寨民帮山官家建窝棚、集体帮山官干活以及集体帮其他寨民干活会产生集体消费。以修建山官家窝棚为例，每个去修建窝棚的人都背着晌午包去。景颇语称晌午包为"尼藏姐"，里面装着一些盐、辣子或者干豆豉，还有饭包。饭包是用叶子包好的。山官家出一大罐酒，有二三十斤。最少两个人组成的棚龙组负责给大家倒酒喝。棚龙组不倒酒，其他人不能自己去倒酒喝。

（三）纵向关系：等级分化与自愿依附

在梳理和分析了人口与社会体系中的家庭内部关系、寨民之间的横向联结关系之后，笔者就人口与社会体系中的纵向关系进行梳理。在传统时期的木爱寨，村寨社会的纵向关系主要体现在等级关系与依附关系方面。

1. 等级有分化，但阶级不明显

在传统的景颇族社会中存在三种不同等级的人，他们分别是官种、百姓和奴隶。第一类官种，载瓦语称之为"早户"，意思是做山官的姓氏。景颇村寨的山官从官种中产生。木爱寨的山官属于民族支系中的载瓦支，属于山官支系中的勒排支系。第二类百姓，被寨民称为"勐比又"或"勒塔"。"勐比又"中的"勐"意思为地方，"比又"意思是人，"勐比又"直译为"这个地方的人"。"勒塔"是相对于"早户"的称呼，反映出官种与百姓的地位不同。百姓是村寨内部的主体力量，数量最多。第三类奴隶，景颇族载瓦语称之为"准"，有卑贱的意思，是传统景颇族社会中地位最低下的人。在传统景颇族社会中，准来源于买卖、赠送、陪嫁、掠夺、人身抵债以及奴生子等。在民主改革前，木爱寨山官家的准名叫赵早先芒，是孤儿，不知父母是谁，家门弟兄经济也困难，于是赵早先芒就到处逛。当他逛到木爱寨的时候，主动找到木爱寨

的山官，木爱寨的山官收留了他。他帮山官干活，山官管吃管住，但不会给工资。山官家还有一位准是汉族姑娘，名为劳斯芒，三四十岁时来到山官家当准，在山官家待了 30 年，一直待到新中国成立后。寨中老人回忆山官家的两位准时，认为："都比较惷，具体表现在日常做事比较慢，指给他做什么他就做什么，不指给他做，他就不知道。当时赵早先芒在山官家主要负责看牛。耕田的时候也会去。赵早先芒会看牛、犁田、耙田等。种苞谷（玉米）、种豆子等时，也会安排他去做。但是不让他种大烟，因为种大烟对种植技术要求高。他比较惷，不会种，种不好。开荒山、开地也不让去，因为干不好。"①

　　官种、百姓和奴隶三个等级之间在经济、政治地位和社会关系方面有差异，但未形成剥削与被剥削关系。首先，山官与官种的关系。山官从官种中产生，当了山官的官种则成为辖区领袖和代表，享有山官权力。在木爱寨，官种打到猎物也会给山官一条后腿。山官家栽秧、割谷、堆谷，官种也要去帮忙。其次，官种与百姓之间的关系。官种是三个等级中最高的一个等级，是"贵种"。从命名方式上也可以看出官种的特别。官种家庭成员中，如果是男子，其名字都带有"早"，如早干、早弄等；女性命名都会带有"南"或"扎"字，如南门。而百姓命名不能带有这些字。百姓取名，若是男子则冠以"勒"字，若是女子则冠以"木"字。在政治地位上，官种与百姓有明显区别，景颇族认为"酸耙做菜做不得"，"南瓜不能当肉，百姓不能当官"。百姓不是官种，因此百姓不能当山官。山官必须从官种中产生，不能从百姓中产生。"先有百姓后有官。"但是官种在未成为当权山官时，与百姓的政治地位差异不大。此时官种不是辖区的领袖和代表，没有当权山官的权力和义务，百姓打到猎物不会给官种一条后腿。百姓也不会每年固定去帮官种家种粮食。在经济地位上，官种与百姓没有多大差别。在刀耕火种时期，官种与百姓一样，也要参与劳动。官种与百姓都需要通过"号地""号田"的方式取得耕种土地。官种家与百姓家不存在土地租佃关系和土地买卖关系。再次，百姓与奴隶准之间的关系。民主改革以前，木爱寨寨民去山官家干活时，跟准会有一定的交流。平时遇见会打招呼。寨民不能随便打准，因为他是山官家的准，只有山官才有权力打骂。如果寨民打了准，会被山官惩罚，山官想罚什么就罚什么，一般是罚东

---

① 来马腊便老人口述材料。

西。寨民认为准在寨中社会地位最低。寨民举办婚丧喜事时，准经山官同意可以参加，山官不允许不能去。最后，奴隶准与官种之间的关系。在木爱寨，山官子女可以直呼准的名字。准称呼山官为"阿瓦么"（大爷），称呼官娘为"阿努么"（大妈）。山官家也不称呼准，而是直呼其名。奴隶准见到官种要打招呼。官种家亲戚有婚娶、进新房、丧事等事情时，奴隶跟随山官家参与。奴隶准听从山官及官娘的安排。官种没有权力安排奴隶准做事。山官若不允许，奴隶准则不能去。木爱寨山官与准不在一个地方吃饭，但是吃的东西都一样。因为木爱寨山官家的准比较憨，不注重卫生，弄得比较脏，所以山官一般都与准分开吃东西。山官家一般有2~3个准，山官会单独建一个小房子，让准居住。每年山官会给准买1~2套衣服。男准和女准分开住，一人住一个小格子间。准生病了，木爱寨山官会找来董萨打卦，如果需要献鬼，就由山官出献鬼的祭品。山官平时鼓励准好好干活时就会说："你好好干活，以后给娶个媳妇。"准结婚必须经过山官同意，山官不同意则不能结婚。男准可以与百姓结婚，但必须经山官同意。准如果逃跑，山官家会派人寻找，准如果跑到别人家，那家的主人想留下他，需要给山官1~2头牛。一般情况下，山官在生活上对准都比较好，所以木爱寨还没有出现准逃跑的现象。山官可以把准转赠他人。木爱寨山官的准赵早先芒先在山官家待了二三十年，后来木爱寨的大董萨何叶腊芒家缺乏劳动力，山官将赵早先芒赠送给了何叶腊芒。从此，赵早先芒就在大董萨家干活，成为何叶腊芒家的长工，在大董萨家待多少年，准可以自己决定。

从等级与流动关系来看，等级内部形成了一定的流动规则。从婚姻与等级关系来看，以等级内婚为主。基于等级通婚原则，官种与官种、百姓与百姓通婚，不同姓氏之间形成广泛联系的姑爷种与丈人种的姻亲关系。在过去，百姓与山官通婚被严格禁止。随着经济地位变化带来社会地位的调整，临近民主改革前，木爱寨严格的等级内婚放松了，百姓也有娶官家的姑娘的，山官也有娶百姓姑娘的。例如，木爱寨何浪山岗的父亲就娶了木爱寨官家的女儿为妻，生下了何浪山岗。百姓不愿意和奴隶通婚，百姓娶女奴隶，需要给山官大量聘礼。百姓女子嫁给男奴，则自身也成为奴隶。官种也不会娶奴隶，也不会将自己的女儿嫁给奴隶。从村寨治理与等级关系来看，百姓不是官种，所以百姓不能当官。即使是当初"踩寨子"的人也不能担任山官，只能担任寨头。寨头与普通百姓一样，也要对山官尽义务。寨头打到猎物也要给山官一条后腿，山官家栽秧、割谷等，寨头也要出义务工。除寨头外，百姓也可以成为辖区内的宗教人员如董萨。百姓中有威望的老人还可以以"立博"身份参加辖区内的政治活动。

从三类等级的划分标准来看，村寨还没有形成阶级。正如龚佩华所说："景颇族等级的形成主要基于血统，而非财产，因此它还不能说是'等级的阶级'，但与阶级有一定关系。"[1] 传统时期，由于交通闭塞，寨民对外交往少。受封闭环境和生产力水平低下的影响，村寨社会发展缓慢。根据 20 世纪 50 年代中央民族访问团的调查，景颇族迁入德宏地区后经历了两个发展时期：第一个时期，以旱地为主要生产资料；第二个时期，水田逐渐成为主要生产资料。在以旱地为主要生产资料时期，景颇族村寨具有显著的原始农村公社的土地所有制关系。寨民已经使用铁器，生产力已有一定的发展，内部已经分化出官种、百姓和为数极少的奴隶。受社会内部和外部历史条件的限制，奴隶制并未发展起来，便向封建社会过渡[2]。

传统村寨社会有等级但阶级分化不明显，主要表现在两个方面：一是生产资料占有不均衡但不集中，具体表现为土地占有不集中和生产工具占有不集中。如前文所述，村寨的土地是公有私占，也就是说对于村寨的土地，无论是旱地还是水田，官种和百姓只有占有权，离开村寨则失去占有权。寨民根据先占先得原则开垦土地。由于劳动力的差异，村寨出现了土地占有不均衡现象，但是没有出现土地大量集中的现象。村寨内部也没有形成专门以剥削为生的地主阶级，也不存在专门放高利贷的剥削阶级。除奴隶外，木爱寨没有完全丧失生产资料的寨民。二是生活资料占有不均衡但不集中。大部分寨民没有余粮，靠采集、狩猎等方式补充家庭食物，以渡过难关。官种在生活中没有特权。山官与寨民之间的关系不是统治与被统治的关系。在木爱寨，村寨的最高代表山官没有脱离生产，山官仍然参加劳动。虽然寨民每年会无偿帮山官家干活，但这是寨民的自愿行为，不是山官的强制性要求。寨民认为山官因为处理村寨公

① 龚佩华. 景颇族山官制社会研究 [M]. 广州：中山大学出版社，1988：73.
② 《中国少数民族社会历史调查资料丛刊》修订编辑委员会. 景颇族社会历史调查（2）[M]. 北京：民族出版社，2009：161.

共事务，为寨民服务，没有时间干自己家的农活。寨民给山官的"宁贯"①，山官也主要用于村寨祭祀水井时与寨民共同消费，而不是自己独享。总而言之，就村寨内部纵向的社会关系而言，传统时期的木爱寨根据血统形成了官种、百姓、奴隶三种等级，村寨内部有等级分化，但尚未根据经济地位形成固定的阶级，阶级分化不明显。

2. 寨民对村寨的自愿依附

"越是从事生产的个人，越表现为不独立，从属于一个较大的整体。"② 传统时期，村寨土地属于公有私占，受自然条件的限制及生产力水平低下的影响，寨民个体自愿依附村寨，村寨流动性比较小③。寨民对村寨的依附促使村寨成为相互联系的整体。"山脊山丘对文化扩散的阻隔以及微型生态环境的差异，使村落生产、生活以及各类文化生活等，都被束缚在村落内，人民对村落的依赖性很强。"

首先，寨民对村寨的生产依附。传统时期的木爱寨，土地为村寨所有，这就确立了寨民对村寨的生产依附关系。寨民身份让寨民能够使用村寨土地及其他社会资源，寨民一旦离开村寨，便失去了在原来村寨的生存基础，寨民的生产生活可能会受到影响。传统时期，木爱寨的水田、旱地、园子地、树林等属于村寨所有。寨民一旦迁出木爱寨，则失去对本寨土地的占有权和使用权。迁出户不再享受在本寨"号田""号地"的权利。寨民迁出本寨时，只能带走粮食、牲畜、农具等。

其次，寨民对村寨的生活依附。在木爱寨，个人可以与本寨内其他人自由交往，也可以与外寨的人交往。除买卖土地外，木爱寨的寨民可以自由地进行经济往来。寨民之间能相互借钱、借物。村寨中个人交朋友不会受到村寨的干涉。对于村寨而言，寨民属于相对自由的个体，但是寨民吃、穿、住、用、行都离不开村寨。寨民除了吃耕地上种植的粮食蔬菜外，还在每年青黄不接的时候上山采集，也在农闲时进山狩猎，以补充食物。寨民通过采集可获得各类野

---

① "宁贯"即兽腿的意思。

② 马克思，恩格斯. 马克思恩格斯选集：第 2 卷［M］. 中共中央马克思恩格斯列宁斯大林著作编译局，译. 北京：人民出版社，2012：684.

③ 杨宗亮. 云南少数民族村落发展研究［M］. 北京：民族出版社，2012：23.

菜、野生菌、野果，如竹笋、鸡枞、木耳、野西红柿等；可通过狩猎获取麂子、野猪等猎物。寨民喜爱喝酒，制作水酒、米酒的酒药由寨民上山采集。寨民建房所用的材料，比如茅草和竹子，均来自村寨。婚丧嫁娶、进新房是木爱寨寨民的人生大事。当寨民遇到婚丧嫁娶、进新房等大事时，其他寨民都会去帮忙。

最后，寨民在对外交往中对村寨的依附。在木爱寨个人与其他寨民的交往是自由的，但当两个村寨之间因纠纷产生冲突时，个人交往会受到限制。若两个村寨之间存在纠纷且未解决，那么在此期间，两寨的寨民即使有亲戚关系也不能来往，也不能再建立婚姻关系。可见，个人交往的自由是以维护村寨整体利益为前提的，表明寨民注重集体利益。这种限制个人交往的做法可以看作维护村寨稳定和增强村寨凝聚力的一种方式，同时也体现了寨民对于解决村寨纠纷的重视。通过这种自愿依附，寨民在维护村寨利益和解决纠纷的过程中更加团结互助。

村寨为寨民提供生产生活资料。传统时期，木爱寨寨民可以自由迁入、迁出村寨。寨民对村寨的依附性较强，村寨虽然有人口流动，但流动频率不高。传统时期，村寨处于王化之外，不受政策约束，因而也就不存在政策驱动引起的人员流动。村寨土地公有私占，不允许买卖，也就不存在土地买卖引起的寨民流动。虽然存在个别租佃水田的现象，但是这种租佃现象更多体现的是一种合作关系，即由于劳动力减少而自愿将水田给劳动力丰富的家庭耕种。因为每户寨民都享有土地的占有权，所以不存在寨民因租佃关系而迁往他寨的情况。

村寨流动性小，除了寨民对村寨的依附外，还受到其他因素的影响。一是受地形影响。如前文在环境与生计系统中提到的，木爱寨地处山区，村寨周围群山绵延，山路崎岖，对外交通较为闭塞。同时寨与寨之间也形成了自然边界。受地形因素的影响，寨民对外交往少，流动性也小。二是从自然灾害影响来看。传统时期，木爱寨自然气候条件优越，从没有发生过洪涝灾害，也没有灾荒引起的大规模逃荒。在灾害中，最容易发生的是火灾。因为在传统时期，寨民房屋均为树木或竹子建造的杈杈房，容易引起火灾。一旦发生火灾，全寨就会集体救火并帮受灾害的寨民建新房。因此，寨民不会因为自然灾害被迫迁往他寨。三是从生产合作需要来看，一般是村寨内部合作生产，不需要村寨之间合作生产，寨与寨之间流动较少。由于距离附近集市较远，寨民的市场交易需求较少。寨民即使翻山越岭去到集市也只是为了满足基本生存需要进行交换，而不是出于营利目的进行商品交换。同时，由于缺少市场因素配置劳动力资源，村寨也就基本没有产生市场驱动的劳动力流动。四是从婚姻流动来看，寨内通婚也在一定程度上减少了寨民的流动。因婚姻而导致的人口流动主要是在村寨内部进行。

综上所述，村寨虽然有等级但未形成阶级，等级之间流动性小。寨民对村寨的依附性比较强，流动性较小。村寨流动性小反过来又促进相对独立的村寨社会的形成。村寨内部横向关系、纵向关系形成的社会网络使得村寨成为一个有机整体。

三、组织与权威体系：村寨制运行的治理基础

恩格斯认为，"权威是指把别人的意志强加于我们；另一方面，权威又是以服从为前提的"[①]。韦伯认为权威是"在一个可以标明的人群里，让命令得到服从的可能"[②]。村寨制的运行需要寨民自愿服从权威并给予支持。因此，村寨制的功能发挥离不开村寨权威。传统时期，村寨权威类型多样，并且形成了权威体系维持村寨制社会系统的运行。

（一）村寨权威的类型

传统时期，处于王化之外的木爱寨，其村寨权威主要由村寨内生，而不是中央或地方委派的官吏。村寨权威不是行政官员。传统时期的村寨权威属于传统型权威或超凡魅力型权威，主要包括统领权威、执行权威、协助权威、连接土司的权威、神职权威及其他权威等。

1. 统领权威：山官

山官，景颇族载瓦语称为"崩早"，意思是"山上的官"。山官是村寨对

---

① 恩格斯. 论权威 [M]. 中共中央马克思恩格斯列宁斯大林著作编译局，译. 北京：人民出版社，1973：1.

② 韦伯. 经济与历史：支配的类型 [M]. 康乐，等译. 桂林：广西师范大学出版社，2010：297.

外的最高代表，也是村寨内部的最高领袖。山官在村寨政治系统运行中扮演重要的角色，是村寨公共事务的最终决策者，也是寨民生产生活的引领者。在村寨的组织与权威体系内统领其他村寨权威。传统时期，只有官种才有资格当山官，也就是说只有是官种出生的人才有可能成为山官，而百姓则完全没资格担任山官。在木爱寨只有排姓才能当山官，正如景颇族俗语所说"酸杷做菜做不得，百姓当官当不得"，意思是如同酸杷不能做菜一般，百姓当不了山官。寨民也常说："南瓜不能当肉，百姓不能当官。"木爱寨的景颇族属于景颇族五大支系中的载瓦支系。在景颇族的支系中，载瓦支系的景颇族村寨里的官种姓氏主要是排姓。在木爱寨的三大氏族之中，只有排家属于官种。排家也有很多分支，如勒排、龙准排、停主排、陆定排等。在木爱寨的山官为勒排官种氏族。在木爱寨的三大氏族中，也只有勒排氏族的人有资格成为山官。对于无文字的景颇族寨民来说，口口相传的关于勒排氏族成为山官的神话传说为勒排山官的权威增添了神圣性。寨中老人回忆，相传其他姓氏也当过山官，何家也当过，来马家也当过，李家也当过，但是百姓均不服管，他们几大姓氏都当不得，排家当山官就可以。从此以后，排家为官家氏族。神话传说使勒排山官成为村寨统领权威具有了合法性。为了宣扬山官统领的神圣性，山官编撰了种种自己权力神授的神话，比如山官认为自己的先祖曾与天鬼木代有过婚姻关系①。代代相传的传说使得官种的统领资格是神权授予的这种观念在寨民心中根深蒂固。即使官种是憨傻之人，仍可担任山官。

在景颇山区，每个山官拥有对自己所在村寨的独立管辖权，其他山官无权干涉。从老山官家分出去开辟新寨的新山官会与老山官保持联系，但在村寨治理上，仍然拥有独立的治理权，不受老山官干涉。关系好的山官之间平时在结婚、进新房、老人去世等事情上会有来往。在拉事②等需要外寨支持时，关系好的山官会率领寨民支援。到民主改革前夕，木爱寨勒排山官已有七代（如图2-6所示）。

---

① 龚佩华. 景颇族山官制社会研究 [M]. 广州：中山大学出版社，1988：74.

② 在景颇族的社会生活中，一些人事纠纷因没有得到妥善解决，矛盾常常激化，从而导致辖区与辖区之间、村寨与村寨之间或家族与家族之间的争斗。这类争斗在景谚语中称为"鄂吉"，意为"拴牛"，当地汉族称为"拉事"。拉事带有血族复仇的性质，拉事对象除当事者本人外，还常常牵涉其亲属乃至邻居。（龚佩华. 景颇族山官制社会研究 [M]. 广州：中山大学出版社，1988：99.）

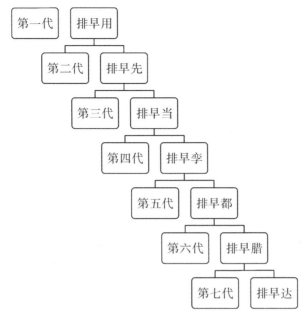

图 2-6   民主改革前木爱寨立寨以后历代山官统计①

在传统时期的木爱寨，山官的家成为村寨权威的象征。村寨通过象征权威的标志和符号，固定山官的权威。例如，在传统时期的木爱寨，只有山官家门前才能立挂有太阳神、月亮神标志的柱子。这是山官家的标志，百姓家不能立。进入山官家大门后，右边第一间屋有一个火塘，火塘处搭建一个鬼架，供奉木代木木鬼。这种鬼也只有山官家供奉，其他寨民没有资格供奉。祭祀木代成为山官权力和地位的象征②。

2. 执行权威：寨头

寨头，景颇族载瓦语称为"苏温"。在木爱寨，寨民说苏温相当于是山官的助手，是山官之下管理村寨事务的头人。一个村寨最早的苏温往往是最早开山立寨的人。担任寨头需要以下条件：一是自身能力比较强。寨头一般具有处理公共事务的能力，会讲话，寨头需要"什么话都会讲，汉话会讲，做事得力。讲事，什么事也会讲"。二是个人品德好。寨头一般由为人正直的人担任。

---

① 木爱寨最后一任山官排早达的儿子排早弄口述材料。
② 龚佩华. 景颇族山官制社会研究 [M]. 广州：中山大学出版社，1988：74.

三是不与山官同姓。寨头一般是由与山官不同姓氏的人担任。四是不受财富多寡影响。寨头也不是村寨内部最有钱的寨民。有的寨头家庭困难，还需要村寨集体救济。村寨执行权威寨头在村寨的"威信和地位并不完全取决于财富的多寡"①。从上述四个方面来看，自身能力强是担任村寨执行权威寨头的首要条件，"在景颇族，官家憨一点都不怕，只要苏温（寨头）能干就可以了"②。村寨执行权威要对全寨负责，要具备处理公共事务的能力，在寨民中要有威望，山官对他也比较信任，也就是说个人能力是执行权威寨头的权威来源。如果执行权威没有能力，无法处理公共事务，则会失去在寨民心中的威望，就不能再担任执行权威寨头。

民主改革前夕，木爱寨最高领袖为木爱山官，木爱山官之下有四个寨头，他们分别是来马从头门芒、何朋么、何弄先以及来马寨腊芒。村寨内部事务由山官统筹，寨头负责执行。一般小事由寨头处理，大事由山官、寨头共同处理。每个寨头分片负责通知消息。来马从头门芒负责早东自然聚落的消息通知，何弄先负责梅东自然聚落的消息通知，何朋么负责卜同孔自然聚落的消息通知，来马寨腊芒负责来马洞自然聚落的消息通知。在其他村寨事务上，四个寨头之间没有明确的分工，听从山官安排。

3. 协助型权威：立博

当村寨遇到重大事件时，山官、寨头的力量比较单薄，这时便需要立博出面辅助。寨民有尊重老人的传统，立博一般由年长的老人担任。立博在调解纠纷中扮演具有说和功能的中间人角色。比如，村寨之间的大纠纷只靠山官、寨头处理，"人手比较少，不好讲，与外寨子纠纷讲不赢"。而立博"两头都不沾"，保持中立，立博出面讲比较好。"会讲，中间话会讲。有大纠纷要解决时要请他们。比如拉事、惩罚违规的寨民。调解纠纷时，山官、寨头讲的，他也帮（忙）分析。该体谅的要体谅。山官、寨头讲的，他也听着，帮（忙）发表意见。山官、寨头认为立博讲的也差不多，互相就商量。立博是寨头、山官

---

① 杜赞奇. 文化、权力与国家：1900—1942 年的华北农村 [M]. 王福明，译. 南京：江苏人民出版社，1996：167.

② 陇川县最高级别董萨勒康堵老人口述材料。

与有事的人之间的中间人。"① 当然，在传统村寨社会，不是所有老人都有资格成为协助型权威立博。成为协助型权威立博的资格包括：一是脑子清醒，考虑事情比较周到；二是讲话得力，不是"风吹两边倒的人"，处理事情公正，"中间话会讲"；三是在寨中有威信，不乱搞男女关系，说话其他人能信；四是家庭和睦，儿子孙子等人品都不错。

4. 连接土司的权威：波勐

波勐是土司的助手。波勐由思想品质好，办事公道，敢说敢做的人担任，老人说"风吹两边倒的人"不能担任波勐。民主改革前夕，木爱寨的波勐为何翁巩干，住在木爱寨来马洞自然聚落。波勐没有脱离生产。在土地占有上，何翁巩干家有饱水田6亩，没有缺水田和雷响田；在旱地占有上，何翁巩干家有旱地4亩，园子地2亩。从大型牲口饲养方面来看，何翁巩干家每年大概喂养3头水牛、2头黄牛、1匹马。波勐与山官要保持比较好的关系。山官可以向土司推荐寨民担任波勐。寨头平时处理事情时，一般不会跟波勐联系，收取公麻烟时，要配合波勐，由波勐指定一位寨头负责收取公麻烟。

5. 神职权威：董萨

景颇族中的巫师，景颇语称之为"董萨"，当地汉族称之为"魔头"。董萨算村寨中的知识分子，不仅是村寨的神职人员也是景颇文化的传承人。民主改革前，对于没有文字的景颇族来说，董萨是传承文化的重要力量，也是寨民生活中不可缺少的人物。寨民结婚生子、生老病死离不开董萨，寨民的农业生产也离不开董萨。

民主改革前，一般是男性担任董萨。自己爱好当董萨或者有天赋的人就可以当小董萨或者一般的董萨。必须公道正派、家里人没有小偷小摸的行为、家庭和睦的人才能担任斋瓦董萨，即能够祭祀天神的董萨。成为斋瓦董萨不仅要求其妻子要与人和睦，不能与外人争吵，同时要求董萨本人没有看过不好的卦，寨中老人去世时也没有去念鬼。木爱寨中的大董萨有何叶腊芒、何梅永芒、来马寨当芒、何叶锐芒。董萨除了看卦献鬼以外，也要种地干活。表2-4为民主改革前木爱寨的大董萨。

---

① 来马腊便老人口述材料。

表 2-4　民主改革前木爱寨的大董萨统计①

居住聚落	董萨姓名	是否种地
来马洞	何叶腊芒	是
卜同孔	何叶锐芒	是
梅东	何梅永芒	是
来马洞	来马寨当芒	是

董萨分为斋瓦董萨、嘎董萨、大董萨、西早、小董萨、米推、努歪董萨、强仲等。从景颇社会神职人员内部关系来看，董萨之间存在着不同的级别和职能划分。一是职能划分。不同级别的董萨负责念不同的鬼，如斋瓦董萨负责最大的鬼木代鬼，嘎董萨负责地鬼，大董萨负责天鬼和其他大鬼，米推是人与鬼的"中间人"，西早只能负责主持老人去世时的仪式，努歪董萨专门负责确定祭祀用品等。每个董萨都有自己专注的领域。二是地位差异。董萨的地位与其能力、知识和经验相关。"并不是所有的董萨在景颇族社会中的地位和作用都是同等的，他们按各自的能力强弱、历史知识以及社会经验阅历之不同而有大小的区别，他们的社会地位也就因而有高低之分。"② 级别更高的董萨通常具备更丰富的技能和知识，承担更重要的任务。三是互相配合。董萨之间有协作关系，例如，在进行祭祀仪式时，努歪董萨负责打卦以确定祭祀用品，而强仲则是董萨的助手，在祭祀时负责管理和摆放祭品。这些角色的合作有助于祭祀仪式的顺利进行。

总体而言，董萨在村寨社会中拥有一定的地位。寨民日常生产生活都离不开董萨。在木爱寨，寨民都比较尊敬董萨。寨民家中有结婚、进新房、丧事等大事时，董萨都坐在"瓦普朵"吃饭，其中年纪大的董萨要坐上座。

6. 其他权威

除了负责村寨公共事务的权威外，在村寨其他活动中也存在一些权威。一是婚丧仪式中的统筹指挥者"照管"。从村寨权威的角度来看，照管在婚丧仪

---

① 何叶朋、来马腊便老人口述材料。

② 《中国少数民族社会历史调查资料丛刊》修订编辑委员会. 景颇族社会历史调查（2）[M]. 北京：民族出版社，2009：187.

式中是一个具有权威的角色。照管通常由村寨中有指挥能力者担任，寨头优先。其主要职责是安排和组织整个婚丧仪式。他们负责总体指挥和协调各项事务，包括安排食宿、接待宾客以及处理其他与婚丧仪式相关的事宜。他们需要考虑到各种因素，如参加人数、丧葬形式、村寨间的关系等，并做出相应的决策和安排。作为婚丧仪式中的统筹指挥者，其职责在于保证婚丧仪式有序进行。

二是在狩猎中负责指挥整个撵山过程的猎头，景颇语称为"拾崩照广么"。猎头由狩猎经验丰富的人担任。猎头要熟悉山的情况，懂打猎技术，知道哪些人适合蹲在哪里撵山，哪些人适合拿铜炮枪。猎头年龄一般为四五十岁，这个年龄的人比较懂技术。当时木爱寨可以担任猎头的人分别是来马洞的来马腊纯芒、早东的来马弄芒、梅东的何梅卡芒、卜同孔的来马腊囝。他们均不是村寨首领，共同狩猎时不需要向山官、寨头汇报。

权威是村寨社会的一种客观存在，是维系村寨秩序的重要机制，村寨权威的类型多样。从权威作用的社会领域和范围来看，村寨权威主要分为负责村寨公共事务的治理权威、神职权威及其他权威，其中治理权威包括统领权威山官、执行权威寨头、协助权威立博、连接土司的权威波勐等，神职权威包括各级别的董萨，其他权威主要是集体活动中的能力型权威。多元权威的存在使得村寨各个领域的活动得以有序进行。

（二）村寨权威的职责

在传统村寨社会中，权威是村寨政治系统运行的核心要素之一。与内地村庄相比，边疆村寨权威的职责范围更广。多元权威体系中各权威的职责既有侧重，又有协作。

1. 山官的职责

对于外寨而言，山官是辖区的代表；对寨民而言，山官是辖区的最高领袖。

山官的外部职责主要体现在以下三个方面：第一，作为辖区对外代表。山官可代表村寨参加辖区外的交往活动。本寨寨民与外寨寨民发生土地纠纷、婚姻纠纷、抢劫纠纷、偷盗纠纷等时，根据情况，如果涉及面广，除寨头参加外，山官也会亲自出面，同纠纷当事人协商；如果仅仅是寨民个人之间的小问题，山官会派寨头进行调解。第二，拥有决定争斗或者和议的权力。村寨之间的纠纷往往会导致村寨之间发生争斗。发生争斗时，山官有召集全寨寨民集体迎战的权力，有是否参与争斗的决定权，也有和议的权力。争斗进行一段时间后，双方如果和议，山官代表村寨参加，双方村寨的寨头也会参加谈判。第三，允许外寨人在本辖区活动。当外来人员到村寨时，山官需要了解外来人员的身份、经历和来村寨的目的，并维护村寨秩序。山官有权对外来人员进行管理，并能对外寨人在本寨的违规行为进行限制和惩罚。

山官的内部职责主要表现在以下五个方面：第一，引领生产。山官主要通过统筹祭祀农尚官庙的宗教仪式来体现自己在生产上的领导作用。在举行播种仪式之前，寨中任何人不得进行农业生产，否则会受到惩罚。第二次祭祀农尚在秋天，仍由山官统筹，寨头执行。第二，调整土地。在景颇地区山官有调整分配土地的权力。不过在传统时期的木爱寨，山官不能直接分配水田和旱地。绝嗣户家庭如果没有其他亲属住在村寨，那么山官可以收回其水田。迁出户可将牲畜、农具、用具等带走，留下的水田可以给亲属耕种，留下的房屋可以给亲属居住，如果在村寨没有亲戚山官有权收回。第三，调解纠纷，维持辖区秩序。山官、寨头有责任处理调解寨民之间的纠纷。山官、寨头要保护寨民不受其他村寨、其他民族的欺负和迫害。当本寨寨民与外寨寨民发生冲突时，山官带领本寨寨民进行抵抗。山官替寨民做主。当寨民受到外寨寨民欺负，或者遭外寨寨民偷盗时，山官会出面调解，维护本寨寨民的利益。发生外寨偷盗纠纷时，寨民需要主动告知山官，请求山官的保护。第四，救济寨民。当寨民求助于亲戚邻居都无法度过生存危机时，可以去山官家帮忙干活以渡过难关。第五，惩罚违规寨民。本寨寨民违背寨规，山官有权处罚。外寨寨民在本寨违背寨规，山官同样有权惩罚。

2. 寨头的职责

传统时期，木爱寨寨头的职责主要是组织集体活动、进行村寨治理。从集体活动的组织来看，寨头的职责主要体现在以下三方面：第一，确定集体活动时间。包括确定集体祭祀的时间，比如村寨集体祭祀农尚的举办日期；也包括确定集体劳动时间，例如，集体修整村寨道路、集体给山官家干活的时间由寨头通知。第二，组织人员。在集体活动中，寨头负责统筹，进行人员安排和分工。第三，集体祭祀品的准备。寨头负责祭品的收取、公示。

从村寨治理来看，寨头在村寨治理中的职责主要体现在以下几方面：第一，整修集体公共设施，如修整水井。第二，参与纠纷调解。第三，受山官委托主持寨民大会。第四，受波勐委托收取公麻烟。收取公麻烟时，由寨头通知，木爱寨有四个寨头，每年只需一个寨头负责通知和收取公麻烟。第五，维护逝世寨民权利。因拉事死在其他寨子的人由寨头安排几个人去把尸体抬回来。参与洗寨子，洗寨子由寨头、董萨、强仲以及其他寨民参加，山官不参加。第六，负责村落借贷。寨民借瓦谷，需由山官、寨头同意。借谷人先向寨头提出申请，表示自己想要借谷，然后山官和四个寨头一起商量，考虑借谷人的还谷能力和还钱能力。

3. 立博的职责

如前文所述，立博的主要作用是辅助山官、寨头等村寨权威治理村寨。山官、寨头在遇到以下几种情况时，会邀请寨中的立博老人当参谋，一起商量：一是村寨之间拉事，二是抢老婆事件，三是寨中发生杀人案件，四是争水争田纠纷，五是丈人种的儿子与姑爷种的姑娘有了孩子。

4. 波勐的职责

波勐的职责一是替土司在景颇村寨收取公麻烟。二是土司来寨子讲事，由波勐组织。如果寨头、山官有大的纠纷处理不了，由波勐汇报给土司，请土司来调解。三是作为村寨有威望的寨民，波勐也可参与纠纷调解。波勐参与村寨纠纷调解时，一般与山官、寨头一起调解，寨民不会单独请其调解。山官、寨头邀请则去，不邀请则不参与调解纠纷。例如，木爱寨与谷东寨拉事时，木爱寨山官、寨头邀请波勐以及打伤的何姓村民一起去谷东寨山官家进行纠纷调解。

5. 董萨的职责

在村寨集体活动中，董萨主要负责村寨集体祭祀活动，也部分参与村寨纠纷调解。董萨主持的神判也是调解纠纷的一种手段，但是信奉原始宗教的景颇族人一般不轻易使用。一般是在偷盗纠纷证据不充分、不好判断，但双方均认为自己有道理时使用。采取神判这种调解方式必须经山官同意。神判主要有捞开水、浸水、鸡蛋卦等形式。

董萨在寨民生产生活中扮演重要角色，寨民曾说"没有董萨，不会过日子"，因为寨民生产生活均离不开董萨，可见董萨对村寨治理起着非常重要的作用。在木爱寨，寨民结婚、分家进新房、老人去世时，董萨必须参与。一些家庭小事也会请董萨。

第一，生产需要董萨。播种前、丰收后请董萨打卦。寨民除了参与集体祭祀农尚外，生产前也要以家户为单位进行祭祀，祭祀要请董萨主持仪式。董萨在景颇族社会中是重要的宗教信仰和文化传承者，其职能包括祭祀、卜卦、治病、指导生产活动、提供祝福与帮助等。寨民对董萨的需求包括：请董萨打卦，以获取对于重大决策、家庭大事的占卜结果和指导；请董萨主持相应的祭祀仪式，如田地的祭祀、生育时的祭祀，结婚、进新房、老人去世等重要活动的祭祀；希望董萨能提供祝福与帮助，保佑庄稼、消灭田鼠，保护家庭安宁、孩子健康成长等；寨民如果遇到困扰或问题会请董萨打卦，寻求董萨的指导和建议；由于地形复杂、森林有野兽出没，寨民在出远门前需请董萨念咒语祈福并共同喝起步酒，以保佑出行平安；当发生失窃时，请董萨打卦，希望董萨能指示找回失物的方向。寨民对董萨有占卜、祭祀、寻求保佑和指导的需要，希望通过与董萨互动来解决问题、保障安全和平顺。

第二，在寨民的生产生活中，董萨扮演着重要的角色。董萨在村寨社会中有权威地位和影响力。董萨通过卜卦预测吉凶，指导寨民种田、结婚、生育、分家、出行等，并且在进新房、老人去世等各种重要场合为寨民主持仪式，以求平安顺利。董萨的权威还在于其具有预测未来、指引行动的作用，也代表了景颇族人对自然的敬畏和信仰。在景颇族社会中，董萨不仅是一种职业，更是一种信仰和文化符号。在村寨内部，董萨往往具有较高的威望和地位。在分家、纠纷等事务中，寨民往往需要听从董萨的意见，将其视为不可抗拒的权威。董萨所代表的景颇族文化和信仰也深受村寨民的尊重。董萨作为村寨权威，其地位和影响力可以从两个方面解读。一方面它体现了村寨社会中亲友制度和长幼秩序的重要性。在这种社会中，董萨就是长者的代表，代表着村寨长者的精神和智慧。只有在交通闭塞、信息不畅的时代，董萨才能成为寨民生产生活的指导者。另一方面，对于村寨内部纠纷或者难题的解决，董萨的意见代表了村寨的正确做法，对于寨民的生产生活有着重要的影响。

由上述内容可知，在村寨政治系统中，村寨权威的引领作用更为突出。没有村寨统领权威，村寨无法处理与外寨的冲突。寨民认为没有村寨统领权威，则无法正常生活。在西山乡地区的景颇族为载瓦支系，他们认为没有山官的村寨犹如房梁没有支柱，所以这些村寨会想方设法去别处请来官种当山官。没有村寨执行权威，村寨的集体活动难以顺利组织与执行。立博、波勐对村寨治理起辅助作用。村寨神职权威对寨民的引领作用也很明显，信仰万物有灵的原始宗教的寨民在日常生活中需要董萨指引，他们感觉"离开董萨不会过日子"。寨民从出生到死亡、从结婚到生育、从建房到外出、从生产到生活都需要请董萨打卦。村寨集体活动离不开神职权威主持祭祀仪式。其他权威凭借自身能力在村寨的集体活动中发挥着重要作用。

（三）村寨权威体系的构建

马克斯·韦伯从权威来源角度将权威分为三类：一是法理型权威，其权威主要来源于规则和法令；二是传统型权威，其权威主要来源于道德或习惯；三是"卡里斯玛"型权威，即因个人的超凡魅力而形成的权威，其权威主要来源于感情和信仰①。明恩溥将村庄中的自治权威称为"头面人物"。他指出："头面既非正式选举亦不正式罢免，他们通过一种自然选择而处于现在的位置。"村寨权威是村寨制运行的支撑，其产生方式有自己的特点。

1. 山官：世袭产生的统领权威

传统时期的木爱寨，山官通过世袭而不是土司任命产生。根据血缘关系产生新任山官，而不是由全体寨民选举产生山官。山官制度在景颇族迁入德宏一带以前便已产生，景颇族山官的承袭有其自身的特点，主要通过三种方式产生山官。

一是老山官的幼子继承，幼子优先当山官。山官家的幼子拥有山官这一管理职位的继承权。山官家每一代中最小的人担任山官，景颇语为"乌玛"。山官的官娘生的幼子被称为"乌玛"，由山官的幼子继承山官官位被称为"乌玛官"，即山官的正妻所生育的幼子，因为山官可以娶多个妻子。老山官去世后，如果老山官只有一个儿子，那么这个儿子毫无疑问可以当山官。如果老山官有

① 韦伯. 经济与社会：第 1 卷 [M]. 闫克文，译. 上海：上海人民出版社，2010：318-386.

多个儿子，一般是幼子担任新山官。例如，如果老山官有四个儿子，老山官去世后，会直接将山官之位传给老四"乌玛官"，如果老四有儿子就由老四的小儿子担任。如果老四没有儿子，他在世的时候不会指定下一任山官。老四去世后，由老四的其他兄弟商量由谁担任山官。一般是谁有能力、谁在寨子的威信高，就由谁担任。如果老大、老二都推荐老三当，那么就由老三当山官。官家兄弟之间一般不会出现争着当山官的情况，因为这样会被认为没有礼貌，在寨子内也会失去威信。

二是年长的儿子开辟新寨当山官。山官的年长的儿子结婚后，便可离开本寨去另辟山头建立新寨，自谋生计。新的辖区在老辖区范围以外，新山官与老山官虽然出自同一姓氏，同出一源，但在职位上没有隶属关系。此外，在最初开山劈寨子时，景颇族遵循"先有寨子再有官"。百姓开山立寨，开辟好寨子后再请山官到新开辟的寨子居住。

三是到同姓同支的其他山官辖区做山官。除了幼子继承和开辟新的辖区当山官以外，还可以到同姓同支的其他山官辖区做山官。如果某个村寨的山官没有儿子，在老山官死后，由寨头和立博一同商议从近亲或同支系中物色一个适当的继承人。一般情况下这位继承人不会是原来辖区山官家的幼子，因为幼子一般留守老家。如果近亲山官家没有合适的继承人，也可以去远处接。在新任山官未到以前，如果官娘有能力，官娘可以暂时管理辖区事务。如果官娘已经去世，则通常由辖区中有威望的寨头代管，但寨头不能当正式的山官。在民主改革前夕，木爱寨排家三兄弟，老大排早干芒、老二排么芒、老小排早腊。排早干芒大约在 30 岁时，迁往陇川王子树乡的邦东小乡的松窝蒲寨当山官。当时迁走时，排早干芒已经在木爱寨娶妻生子，妻子娘家是陇川刀家。松窝蒲寨派人来木爱寨请排早干芒过去当山官。当时木爱寨有四户人家也跟着山官去松窝蒲寨，他们分别是来马寨便芒、来马腊广腊芒、来马干温芒、何干芒。老二排早么芒也是在 30 多岁时迁往陇川县峨琼寨当山官。

2. 寨头、立博：山官推荐与寨民同意

寨头由山官选出，不是按照血缘关系世袭的。传统时期的木爱寨，当寨头老了或者病了，身体不能动弹的时候，"也没有什么威信了"，此时由山官提出更换寨头。山官先确定一个寨头候选人，然后召集寨民，告知寨民更换寨头

了。寨头能力稍微差一点，寨民也没有意见，山官定了就是了。被任命的人若是不愿意担任寨头，山官不强迫，另外再选，因为想当寨头的人比较多。

立博不是山官直接任命的，而是山官推荐、寨民同意产生的。选立博当天，山官召集寨民在山官家开会，全寨人都参加，每户至少派一个代表，男女不限制。开会时，首先由山官推荐立博名单，然后由山官征求大家意见，寨民对山官推荐的候选人有什么意见都可以提出来。一般情况下，寨民不会有什么意见，因为寨民认为山官推荐的都好。在寨民同意以后，山官还要征求立博候选人的意见。如果立博候选人不想担任立博，比如有的候选人认为自己如果担任立博会因为照顾家庭而不能参加寨子要紧的事情的调解。此时，山官有两种方案，一是重新再选候选人，二是如果没有合适的人选，则还是由原来的候选人担任，"没有方①，也只能认着"。

立博的更替有几种情况。一是当现任立博因为年龄过大无法商议事务时，山官提议选举新的立博，由山官推荐候选人并经寨民同意。二是选出的立博就职后，山官如果发现其言行不公正，会进行口头教育。山官公开指出立博在某个纠纷调解中有偏袒亲戚的行为，并得到寨民的认同。如果立博当众承认错误，他可以继续担任立博。但如果立博不承认自己的偏袒行为，山官将立刻撤销他的立博资格。然而，在木爱寨并没有发生过这样的情况。三是当立博突然去世时要选举新的立博。若当年未能选出新的立博，第二年也必须进行选举。

3. 波勐：山官推荐与土司任命

波勐由山官推荐，土司任命。波勐因年龄太大不能担任波勐职务时，由土司另外任命波勐。如果波勐的儿子有能力，优先考虑由波勐的儿子担任波勐。如果波勐的儿子不能担任，则选择寨子中其他有能力的人担任。民主改革前，木爱寨由大董萨何叶腊芒担任波勐。

4. 董萨：拜师学艺

村寨的神职权威董萨的产生方式主要依靠自身能力，并非世袭。董萨最重要的技能是念鬼，而寨民可以根据自己的爱好和学习念鬼的天赋来判断是否适合学做董萨。从董萨技能的传承方式来看，大董萨在传授董萨技能时，会优先

---

① 意思是没有办法。

考虑自家人，如果儿子喜欢当董萨，就会将技能传给儿子。如果儿子不喜欢，大董萨会考虑孙子辈或亲堂弟兄是否有人愿意学习。其他想学董萨的寨民也可以学习，但需要拜师。普通寨民如果想成为董萨，需要向董萨表示意愿，并在请教问题时带上 1~2 斤的酒。董萨认同后会举行仪式，一年或半年后，如果董萨认为该寨民可以学习董萨技能，会去他家门前举行仪式表示认同这个徒弟。学徒董萨每年都需要请大董萨去祭祀，从第二年起，在睡觉的火塘边进行。从学徒董萨的学习过程来看，学徒董萨在老董萨家干活，比如挑水、砍柴等，并请老董萨教授念鬼技能。学徒董萨会住上几天，老董萨会传授一部分技能。学徒董萨回家后，如果有遗忘或者需要学习新的东西，可以再次去老董萨家帮忙干活并继续学习。根据天赋和学习能力，从学徒到董萨一般需要 3 至 4 年的时间。

从董萨与山官、寨头的关系来看，山官对董萨比较尊敬。山官家有专门为董萨准备的床位，位于山官家火塘屋上方，平时没有人睡。即使山官家中有人坐在火塘屋上方的地铺上，见董萨到来，也需要马上离开那个位置，请董萨上座。此外，山官家还为董萨准备了一个专门的竹子编制的凳子。从神职权威董萨与执行权威寨头的关系来看，有的董萨自己就是寨头，如木爱寨来马洞的何叶腊芒既是董萨也是寨头。董萨对寨头没有特别优待的地方，寨头对董萨也没有特别优待的地方。调解村寨纠纷时，山官除了召集寨头外，有时还会邀请董萨参与纠纷调解。董萨可以担任寨头。董萨如果不是出生于官种，不能担任山官。山官尊敬董萨，尤其是寨中的大董萨。

村寨权威是村寨政治系统的治理主体。村寨权威嵌入寨民生产生活的各个领域，以支撑村寨政治系统的运行。村寨权威要有效治理村寨还需要合法性。村寨政治系统中的村寨权威的合法性内生于村寨而不由外部嵌入村寨。村寨统领权威合法性的关键是血统，即只有官种有成为山官的资格。在景颇族的支系中，载瓦支系的景颇族村寨里的官种姓氏主要是排家。关于排家成为山官的传说塑造了排家山官村寨权威的神圣性，为其治理村寨提供了合法性。山官除了依靠自身血统获得治理资格外，还依靠自身能力增强自身威望，使寨民自愿服从。寨民深信解决纠纷时"山官办错的事找不着"。知识也是村寨统领权威山官获得寨民服从的一个因素。山官熟悉各家族历史，在寨民子女选择配偶时，山官可以给予重要的参考意见。除村寨统领权威外，其他村寨权威主要凭借自身能力，通过推荐、寨民认可等方式产生。他们通过自身能力获得寨民认可，在处理村寨公共事务的过程中提升自身在寨民心中的地位，增强其对寨民的影响力。乡村权威的人际嵌入性越强，越能够得到寨民的认同和信任，因而越能够有效引领和动员村民参与村庄公共事务、动员村庄内生性资源①。村寨形成的组织与权威体系，其多元权威内生于村寨，能够与寨民进行有效互动。村寨权威在动员组织寨民、调动村寨资源、获得内生合法性等方面有很强的优势。这为村寨制的运行奠定了一定的基础。

四、小结

从环境与生计系统来看，村寨是一个相对独立的自然空间。木爱寨地处边疆，以丘陵地形为主，自然环境成为村寨远离国家政治权力中心的天然屏障。自然环境对寨民生产生活产生重要影响。受山区自然环境限制，寨民选择聚寨而居。受村寨封闭地形的影响，村寨交通闭塞，寨民对外交往较少。村寨自然环境影响寨民耕作方式。寨民在利用所处的具有相对独立性的生存环境的过程中，形塑了一套生计方式：刀耕火种兼营水田，辅之以采集狩猎。寨民通过构建适应性生计方式获取生存所需的物质，正如有学者所言："就自然背景而言，它提供民族成员以生存的基础，任何一个民族都必须在此基础上去构建其生计方式，再凭借所构建起来的生计方式去获取该民族成员的生存物质。"② 寨民通过生计方式从自然环境中获取的资源成为村寨制有效运行的基础。

从人口与社会体系来看，村寨是具有内聚力的社会。寨民在生育态度上倾向于多生，人口再生产为村寨制运行提供人力资源，维持村寨延续。受自然环境及资源条件的限制，也为了更有利于生产经营，村寨家庭规模以小家庭为主。家庭规模小，同时又缺少市场因素介入的劳动力调剂机制，促使村寨生产互助。村寨已经不再是单纯血缘关系的氏族社会，而是血缘和地缘关系叠加联结的村寨社会，有利于村寨共同体的形成和发展。横向联结是调节农民关系的

---

① 龚丽兰，郑永君. 培育"新乡贤"：乡村振兴内生主体基础的构建机制 ［J］. 中国农村观察，2019（6）：59-76.

② 罗康隆. 论民族生计方式与生存环境的关系 ［J］. 中央民族大学学报，2004（5）：44-51.

重要途径①。在寨民个体生产能力比较弱的情况下，寨民互助共渡难关，同时村寨集体消费活动比较多。受自然环境的限制，村寨社会文明发展缓慢，村寨内部的社会结构有等级但分化不明显。

在组织与权威体系中，多元村寨权威引领村寨社会。处于边疆地区的木爱寨，其村寨权威为村寨内部自然产生，而不是国家授权。"民族村社的这种权力并不是由某种上级权力机关自上而下地授予的，不是国家政治体系中的地方权力，而是村社中内生的、传统的权力，它是由于能够满足村落社会通过某种调节和控制而建立和维持一定秩序的需要而由村社成员自下而上地授予的。"②村寨权威产生方式多样，有世袭、推荐以及凭借自身能力担任等。村寨权威即使成为正式的治理主体，也没有完全脱离生产而进行专职化的村寨治理。要使村寨政治体系持续下去，就需要得到普遍的服从和参与。村寨权威的产生方式由于遵循传统规则，在村民心中有很强的合法性，能获得寨民的认可和信任。村寨权威在动员寨民、调动村寨资源方面有很强的优势。

从政治系统视角对村寨制进行分析发现，村寨是一个相对独立的社会系统，由环境与生计系统、人口与社会体系、组织与权威体系构成。环境与生计系统、人口与社会体系、组织与权威体系三者之间相互影响相互作用，形成有机整体，强化了村寨政治系统的相对独立性。在环境与生计系统中，村寨处于边陲山区，地形崎岖，交通较为闭塞，形成了较为封闭的自然环境空间。寨民聚寨而居，对外交往少，村寨对外较为封闭，这更加强化了村寨的相对独立性。拥有相对独立的自然环境空间，寨民通过选择适应村寨封闭独立环境的具有突出的自给自足功能的生计方式，增强了村寨的相对独立性。在人口与社会体系中，寨民家庭规模小，更多依靠寨民之间的互助。村寨依托血缘、地缘关系联结，寨民生产生活互助也加强了寨民对村寨的依附性，使得村寨流动性低，村寨内部联系更紧密，从内部巩固了村寨这一相对独立的社会系统。在组织与权威体系中，村寨构建了村寨权威体系，明确了村寨治理主体及其职能范围。环境与生计系统、人口与社会体系、组织与权威体系为村寨政治系统的运行奠定了基础。

① 刘思. 横向治理：小农社会中的关系联结与秩序建构：以四川省曲水村为基点的个案研究 [D]. 武汉：华中师范大学, 2016：140.

② 周平. 民族政治学导论 [M]. 北京：中国社会科学出版社, 2001：95.

第三章

过程：意见、资源与决策

在传统国家治理鞭长莫及的背景下，国家政权及地方势力对村寨政治过程基本不干预，这使得村寨政治过程处于相对独立的状态。环境与生计系统，人口与社会体系、组织与权威体系构成了村寨制这一社会系统。本章主要从政治系统视角分析村寨制的运行过程，研究环境与生计系统、人口与社会体系、组织与权威体系在村寨制的运行过程中如何发挥作用。村寨的环境与生计系统、人口与社会体系为村寨制的运行提供资源、人口基础及社会支持网络，而组织与权威体系则在村寨政治过程中负责村寨制的实际运行。村寨制在运行过程中通过对寨民意见的整合、对资源的统筹，实现人员聚集、资源聚合，再通过组织与权威体系的实际运作，实现对寨民意见的反馈，对村寨资源的协调组织。

一、意见：诉求导向的权威整合

寨民在村寨社会中遇到的问题是组织与权威体系进行决策的起点。而问题的发现首先有赖于寨民意见的表达。寨民意见是组织与权威体系进行决策的社会基础。在环境与生计系统、人口与社会体系中，寨民产生了多种多样的意见和诉求。他们通过表达自己的意见以期望自己遇到的问题能得到解决。而寨民进行意见表达后则需要村寨权威对意见进行整合，这样寨民意见才能进入村寨的组织与决策环节。

（一）寨民意见的表达

1. 寨民个人意见的表达

寨民个体作为村寨社会中的行动主体之一，对村寨具有公共性的问题往往最先感知。因为处在萌芽状态的公共性问题与寨民生活有某种关联，会对寨民生活产生影响，所以寨民会最先关注到这些问题。在村寨社会中，寨民表达意见主要有以下几种情况：

第一，普通寨民的意见表达。当遇到生存困难时，普通寨民可以向组织与权威体系中的山官、寨头等村寨权威表达意见。在传统时期的木爱寨，当寨民依靠亲戚和邻居都无法度过生存危机时，他们可以向山官求助。根据《腾冲县志稿》记载："民食既尽，仍往食官。"[①] 这是寨民诉求导向的权威整合的例证。同时，如果村寨中有"拾瓦谷"时，也会用于救济寨民。"拾瓦谷"是景颇寨中的谷子的意思。当寨民希望借谷时，困难农户家的男主人会先向寨头提出申请，表达他们的诉求，表示自己需要借谷。然后寨头会整合寨民的诉求并汇报给山官。这种诉求导向的权威整合方式是基于传统村寨的组织与权威体系的。寨民通过寻求山官和寨头的帮助来解决生存问题。寨民可以通过表达自己的意见和需求，诉求权威提供救济和支持。这种方式确保了寨民的声音被听到，并且通过整合各方的诉求，权威能够更好地回应和解决问题。

寨民结婚时，也会向权威体系中的山官、董萨等村寨权威表达意见和需求。寨民认为婚姻不仅是个人的私事，在某种程度上也是村寨的公共事务。有些寨民在子女订婚之前会向山官咨询意见，尤其关注女方家族的历史情况。这是因为在寨民眼中，若有寨民娶了有枇杷鬼姑娘[②]，就可能危害整个村寨的公共安全。寨民的这种观念源于传统时期的环境和信仰。在生产力水平低下、自然环境相对封闭的情况下，寨民遇到了许多无法解释的自然现象，形成了一系列原始朴素的自然观念。寨民普遍相信鬼的存在，并且认为按照道德标准鬼有善恶之分，其中枇杷鬼被视为恶鬼之一。这种担忧源于寨民长期以来的朴素信

---

① 转引自胡兴东. 中国少数民族法史通览：第6卷 [M]. 西安：陕西人民出版社，2017：226.

② 木爱寨的寨民认为有的姑娘身上会有枇杷鬼，而男子若是娶了这样的姑娘就会让整个寨子的人不健康，危害全寨寨民的安全。

仰。韩中元和管毅平构建的内生权威模型显示："权威均衡要求群体成员间的利益分歧足够小，还要求存在一定的交流成本；同时拥有认知优势的一方获得权威。"[①] 在木爱寨中，山官由于熟悉各家族历史，拥有对此类传统信仰问题的认知优势，成了寨民向其咨询的对象。

此外，寨民还会就子女婚事向村寨神职权威董萨征求意见。在父母提议娶某家的姑娘后，寨民会通过一种特殊的方式来确认是否适合结婚。首先，儿子会拿着 1 斤酒到女方寨子的媒人常通家。他会偷瞄女孩并取下她筒帕上的吊坠条条，再用叶子包好带回家。这个过程可以看作寨民表达意见的一种方式。儿子通过获取女孩的吊坠条条，表达了他认可这段婚姻的态度。接着，父母会把儿子取下的吊坠条条交给村寨权威董萨，并向其表达子女结婚的意愿，请求进行占卜。董萨根据占卜情况判断这段婚姻是否符合要求。这个过程中，权威体系中的董萨等内生权威扮演着关键角色。他们具有认知优势和公信力，因此受到寨民的信任和尊重。寨民认为他们不仅在传递神的旨意，而且能起到促进沟通的作用。通过董萨的占卜，寨民可以获得神的指引，并将其与个人意愿以及村寨整体利益进行整合。如果占卜结果显示符合要求，男子可以迎娶女子；如果不符合要求，则不能娶。这样的做法体现了寨民对神的旨意的尊敬和顺从，也保证了婚姻决策考虑了更广泛的利益。寨民在结婚时通过特定方式表达意见，并依靠权威体系中的董萨等内生权威获取神的指引。这种方式使得寨民的意愿能够得到认可，并与村寨整体利益和神的旨意进行整合，体现了一种意见诉求导向的权威整合过程。

寨民之间的个体纠纷在寨内被视为公共事务，可以向组织和权威体系中的村寨权威表达意见以寻求解决。当寨民之间出现利益纠纷时，寨头和山官有时会采取不告不理的态度；因此，寨民需要主动向山官等权威体系中的人员表达希望得到处理的意愿。例如，寨民之间发生小纠纷，如牲畜糟蹋庄稼时，可以直接向寨头表达意见，希望能够得到处理。对于产权纠纷等更为复杂的问题，需要向寨头或山官表达意见，由他们来调解纠纷。例如，寨民租赁土地，需要自行商议并请山官、寨头、立博等权威人士作证。若日后出现纠纷，寨民可以

---

① 韩中元, 管毅平. 利益分歧、有成本交流与内生权威 [J]. 经济学 (季刊), 2014, 13 (2): 583-600.

向山官、寨头表达意见，请求调解。对于家庭继承中的纠纷，需要家中当事人主动向山官、寨头表达意见，请求调解。如果没有人去告知山官、寨头，他们就不会主动管理。在这种情况下，寨民需要主动请山官、寨头调解，并带上 1 斤酒以表示尊敬。当遇到偷盗纠纷等证据不充分难以判断的情况时，寨民可以采取神判这种调解方式。但是，这种方式需要寨民向权威体系中的山官表达想采用神判的意愿，并经过山官的同意后才能使用。可见，寨民在个体纠纷中需要主动向组织和权威体系中的村寨权威表达意见，例如寨头、山官等，以请求调解和解决问题。这种方式维护了寨民利益，是一种基于权威整合的意见诉求导向的调解过程。

第二，准的意见表达。准想要结婚，需要向山官表达自己想结婚的意愿，必须经过山官同意，山官不同意则准不能结婚。山官平时鼓励准好好干活时就会说："你好好干活，以后给娶个媳妇。"寨子里寨民有婚娶、进新房、丧事等事情时，准如果想去参加，则需要向山官表达自己想去参加的需求，经山官同意后，准可以参加，山官不允许则不能去。山官家的亲戚有婚娶、进新房、丧事等事情时，准想要跟随山官去参加可以主动表达想去参加的需求，但山官若不允许，准则不能去。

第三，外寨人想来本寨活动时的意见表达。一是外寨人到本寨进行短期活动时，表达意见的过程如下：首先要与在木爱寨居住的亲戚进行接触。亲戚要向山官报备相关信息，例如外寨人的籍贯以及来寨的主要目的等。随后，山官会对进寨短期活动的外寨人提出要求，并强调一旦发生问题，责任由外寨人的亲戚负责。比如，山官会对进寨卖东西的小商人提出要求，如不能偷窃，不得与寨民发生纠纷等。二是外寨人到本寨进行长期活动时，需要携带 1 斤酒去向山官表达意愿。例如，江东铁匠师傅沙锅友是一位汉族人，曾长期居住在木爱寨并为该寨及周围村寨打造铁质农具等。沙锅友打算迁居木爱寨时，他携带 1 斤酒前往山官家，表明了自己来木爱寨打铁制作农具的意愿。三是当外寨寨民计划迁入本寨时，要携带一定数量的大烟、酒等礼物前往山官家。大烟、酒的具体数量并无明确规定，寨民可以自行决定携带的数量。通常情况下，寨民携带 4 至 5 两大烟和 2 斤以上的酒。抵达山官家后，寨民首先向山官表达心意，表明自己的愿望是长期居住而非临时逗留，即自己愿意"一辈子来在①，而不是来待一天两天"。寨民如果计划离开村寨，也需要事先告知山官并解释情况。若未告知山官，以后将不被允许返回本寨居住。寨民携带礼物向山官表达诚意，既是一种传统习俗的延续，也是寨民与山官建立信任和沟通的方式。

2. 寨民群体意见的表达

除了寨民个体意见的表达外，村寨制的运行过程中也允许群体意见的表达或对涉及村寨群体利益的事务表达意见。其一，村寨集体活动的意见依靠权威表达。村寨集体活动比较多，主要包括农业生产中的集体活动、村寨公共设施维护活动、村寨集体节庆祭祀活动、村寨集体交往活动以及在村寨集体活动中涉及的分配、消费等活动。这些活动主要由村寨权威进行组织和安排，而寨民则听从其指导。在共同消费问题上，寨民有权向官娘表达意见。例如，在集体祭祀或家庭祭祀时如需要杀牛、杀猪，寨民要向山官送一条腿作为贡品。山官不会将其完全用于个人消费，而是挂起来做成干巴，在修建山官家庭住所时给寨民享用。如果干巴数量不足，寨民可以向官娘反映并提出意见。寨民一般会对官娘说："官娘不对了，少吃了，干巴背来这么少。明年多多滴，今年还少呢。"官娘也不会发火，也认为说得对，一般会回应道："是咯是咯，明年多背来噶。"其二，寨民对部分权威的产生可发表意见。例如，村寨的寨头、立博的选举主要由山官推荐，寨民也有一定发言权。寨民可以表达不同意见，但通常情况下，寨民对山官的推荐表示认可。选举当天，山官会召集全寨人开会，并征求寨民的意见。尽管寨民很少会有异议，但他们可以对山官推荐的候选人提出意见。其三，对于侵犯村寨整体利益的行为，寨民也可以发表意见。例如，对于破坏寨风的行为的惩罚，山官和寨头通常会通过召开寨民大会征求意见。在集体狩猎时，如果有人受伤，寨民通常会向山官、寨头报告，说明受伤的情况。对于村寨之间的冲突，先由寨民向山官报告情况。

此外，在寨民的观念中，寨民个体的婚姻属于村寨公共事务。与内地村庄遵循"父母之命、媒妁之言"的婚姻传统不同，在寨民子女结婚的整个过程中，其他寨民可以就部分聘礼、嫁女时的款待标准发表意见。一是在婚姻商议

---

① 意思是一辈子在这里住，在这里生活。

阶段对部分聘礼提要求。在婚姻商议阶段，寨子中的其他人可以对部分聘礼提出要求。女方的父母可以决定聘礼中锣和牛的数量，但对于男方给的肉、酒、烟等的数量，女方的父母不能做主，由女方寨子的媒人常通决定，因为这是给全寨子的人吃的。常通会根据自己寨子的情况来确定，一般是5拽①肉、60斤左右的酒、2斤烟。二是对寨民嫁女时的款待标准提要求。在寨民嫁女时，寨中其他人可以要求寨民请全寨吃饭。按照习俗，女方家庭必须宰杀一头猪来款待全寨子的人，称为"朗么崩瓦"。如果家中有多位女儿，若是老大出嫁时没有杀猪，那么必定在其他姑娘出嫁时杀猪。如果女方家不满足这一要求，寨子的人通常会说："你家的姑娘是寨子给的，不是你一个人给的，不听寨子的话不好。"即嫁出去的女儿属于整个寨子而不是个人，因此必须听从寨子其他人的意见。三是对违反姑舅表优先原则的惩罚提要求。若违反姑舅表优先原则，比如，想要娶丈人种家已经被确定的姑娘，这种行为就被认为是违反了寨子的老习惯，本寨其他寨民有权表达意见要求违反者请全寨子吃饭。寨民通过个人、媒人常通等进行意见表达，直接向男方或女方家庭提出建议和要求。他们也可以通过媒人常通来传递对于男方聘礼的意见。在意见表达过程中，寨民之间进行沟通和交流，以确保彼此的期望和需求得到充分理解。他们可以通过直接交谈、媒人传递信息等方式进行沟通，并就聘礼和婚宴等进行协商和讨论。在意见表达过程中，寨民倡导信息透明，确保每位寨民都能获得相关的信息和决策内容。寨子的人会对全寨子杀猪的要求进行明确说明，并通过言语传递让女方父母知晓。寨民希望意见能够及时被传达和考虑，以确保决策的效率和时效性。

在传统时期的木爱寨，山官的家成为村寨权威中心的象征。通过具有权威标志的象征符号巩固山官的权威。例如，在传统时期的木爱寨，只有山官家门前才有资格立挂有太阳神、月亮神标志的柱子，只有山官家才能供奉木代木木鬼。每年固定在山官家召开一次全体村民大会，村寨权威山官、寨头安排一年的事情。寨民之间发生纠纷，则到山官家里请山官帮忙"讲事"。村寨之间发生纠纷，则由双方村寨的山官选择在一方山官家调解。山官家也是寨民集体娱乐活动商议与举办的地点。寨民表达个人意见也是寨民主动去山官家找山官。

---

① 1拽为1.5千克。

山官家成为寨民各类意见的表达、发布与集散中心，拓展了寨民的公共话语空间。

在传统时期的村寨，寨民享有表达意见的自由，这使得村寨社会的意见表达主体多元化。村寨社会有等级但分化不明显，寨民无论是什么身份都有表达意见的机会。对于影响寨民表达意愿的因素，我们可以从以下几个方面进行分析：以往对于一般公众意见表达的研究指出，除新闻媒体的使用外，"资源模式"的个人基本背景、"心理模式"的个体感知、社会交往是影响公众表达意愿的三个重要因素①。传统村寨社会寨民之间分化不明显，因此，寨民的表达意愿很少受经济因素的影响。个体感知和社会交往成为影响寨民表达意愿的重要因素。寨民对问题的严重性感知越深刻，他们表达的意愿就越强烈。比如当寨民发现村寨之间发生冲突时，会第一时间向村寨统领权威表达意见，希望村寨权威前去处理。寨民对自己表达意见后的政治效能感越强，他们的表达意愿就越强烈。寨民一般在与村寨权威尤其是村寨的统领权威、执行权威以及神职权威交往时表达意见。寨民通过交往进行意见表达，这种表达方式的成本比较低，与村寨权威之间的互动比较便利，从而使寨民的表达意愿比较强。寨民意见表达成本比较低、表达意愿比较强、表达的内容比较丰富，这些对村寨权威了解寨民偏好，与寨民进行有效互动有重要作用。

（二）权威对寨民意见的整合与回应

前文笔者对寨民如何表达意见进行了梳理，现在对寨民意见的处理进行说明。对于寨民意见，一般由村寨权威山官、寨头进行整合。

其一，对寨民解决生存危机需求意见的回应。在传统木爱寨中，当山官得知寨民面临生存危机无法度日时，会积极回应寨民并给予支持。山官可以向寨民提供食物、谷物等物质帮助，或者借"拾瓦谷"，又或者让寨民到家中吃饭。如果山官家的粮食也不足以供应所有寨民，山官会鼓励寨民进山觅食。据《腾冲县志稿》记载："官家亦无可食，始入山觅食，以至新粮登场而后已。"从权威对寨民意见的回应来看，山官作为村寨的领袖和代表，应该倾听和重视寨民

① 周葆华. 新媒体与中国新生代农民工的意见表达：以上海为例的实证研究 [J]. 当代传播，2013（2）：41-44，48.

的意见，并及时给予回应。当寨民面临生存危机时，山官体现了自身的权威和社会责任感，积极采取行动，解决寨民的问题。村寨权威对于寨民生存问题的关注和回应，不仅可以缓解寨民的生存危机，还可以加强村寨内部的凝聚力。

其二，对寨民婚姻事项的意见回应。对于子女配偶的选择，寨民会征询山官意见。在子女择偶的过程中，寨民关注并表达对于子女婚配对象是否涉及危害村寨安全的不祥之物、是否有"扯疯病"等遗传病、是否有会遗传的"郎当死"[1] 的担忧。权威体系中的山官作为内生权威，因熟悉各家族历史，可以为寨民提供意见和建议。寨民通过与权威充分沟通和协商，听取权威意见，可以消除疑虑和不确定性，减小群体成员间的利益分歧，确保择偶对象既满足个人需求，又符合村寨的整体利益。一般情况下，山官一般不干涉本寨寨民婚姻。但如果寨民娶的女孩家族史上有不符合婚配的情况[2]，尤其是从信仰层面被认为迎娶后会危害村寨安全，则山官不会同意该婚事。而当寨民因婚姻纠纷而引起村寨之间拉事时，需要向山官表达发起拉事的意见。

其三，对外寨人来本寨活动的意见的回应。对外寨人来本寨活动的意见的回应，山官主要说明以下几点：一是确保秩序和安全。山官应向外寨人说明村寨规约，特别是不允许偷抢和与寨民发生纠纷。这有助于维护村寨的秩序和社会稳定。二是提供一些长期居住支持。对于长期来村寨活动的人，山官可以考虑允许他们在村寨内建房。比如，来木爱寨的铁匠可以在村寨内任选一块地盖房，并且在炼铁时使用本寨的木材。三是产品价格优惠。对于长期在村寨活动的外寨人，山官可以提出条件。比如，山官要求铁匠给木爱寨的人制作农具的价格比给其他寨子的农户制作时更便宜，如给本寨的人制作一件农具比给其他寨子的人制作时便宜相当于现在的 2 元钱。

其四，对外寨人想迁入本寨意见的回应。外寨的寨民想搬迁进本寨时，会拿着礼物去找山官表明愿意"一辈子来在"，山官一般都会表示欢迎。经山官同意后，新迁入户搬进本寨。山官同意外寨人迁入本寨后，会指定合适的地点给新迁入户盖房。当然，新迁入户也可以先表达自己建房、开荒选址的想法，

---

① "朗当死"，景颇语音译，意思是因生孩子去世。

② 若女孩家庭历史中出现过以下三种情况则不能娶：家庭历史上是否出现枇杷鬼，若有，则不娶；家庭历史上是否有人患"扯疯病"，若有，则不娶；家庭历史上是否有"朗当死"，若有，则不娶。因为景颇族人认为"朗当死"会遗传。

山官也会考虑新迁入寨民的想法。在水田分配方面，如果之前迁出寨民有剩余水田，山官应将一部分分配给新迁入户。有亲戚在本寨的，可以从其亲戚手中分出一半。如果饱水田少、缺水田多，山官可以要求帮管着的寨民从自家的饱水田中分出一部分给新迁入寨民。如果之前没有其他寨民迁出留下的水田，山官可从自己的水田中分一部分给新迁入户耕种。山官会对帮管着的寨民说："自己寨子人，不能亏待。"在安排土地分配和房屋建设的同时，山官也需要告知寨民村寨规矩，以保护水源和维护寨风。新迁入寨民可以参与集体祭祀活动等村寨活动，并接受寨规的约束。搬来木爱寨第二天，新迁入户要请山官、寨头、立博一起吃饭。有条件的迁入户可以请全寨的人吃饭，没有条件也可以不请。山官会让新迁入户听取寨规。

其五，对寨民个人纠纷的调解处理。对寨民个人纠纷的处理中，权威的回应和裁决起着重要作用。在处理纠纷时，权威通常以公正、客观和权威的态度介入，听取双方的意见并根据实际情况做出裁决。这种权威的支持和回应让寨民感到被尊重和被理解，使他们认可处理过程的合法性和公正性。

同时，权威还需要整合双方的不同意见，平衡各方利益，并寻求最合适的解决方案，体现了权威的权衡和整合能力。例如，在产权纠纷中，山官可以委托寨头去调解。如果调解不成功，寨头和立博可以一起去调解，或者由山官亲自出面处理。这种处理方式可以平衡各方利益，并找到最合适的解决方案。山官将双方当事人召集在一起，询问各方意见，并最终做出裁决。这种对寨民处理个人纠纷意见的回应和整合方式体现了山官的权威和公正，可以得到寨民的认可。

权威对寨民个人纠纷的处理意见的回应和整合有助于维护村寨的和谐稳定。通过权威的介入和处理，寨民之间的矛盾得到及时解决，不会扩大化或长期化。在解决纠纷后，寨民还会表示感谢，准备酒水和食物款待山官和寨头。寨民对山官和寨头的公正和权威的认可也增强了村寨的凝聚力。据老人们讲述，没有山官、寨头调解不了的纠纷。

案例：来马家三兄弟，老大来马王崩干芒、老二来马永堂当芒、老三来马永堂用芒。分家前，家中有 2 头水牛，1 公 1 母，10 亩田，饱水田 6 亩，缺水田 4 亩。分家时，父母已经去世，老二、老三都还没有结婚，由老大提出分家。老大将牛牵走，不给其他兄弟使用，要了 4 亩饱水田。老二、老三拿着 1

斤酒去山官家，请山官帮忙调解。山官的调解结果为耕牛由老大来马王崩干芒、老二来马永堂当芒、老三来马永堂用芒三家共同使用，老大种 2 亩缺水田、2 亩饱水田。母牛生下小牛后，分给老大一头牛。山官说："我们要瞄着你们的，兄弟之间不要小看，兄弟之间不要记仇。"请山官调解后，需要给山官 1 罐水酒、2 只鸡。由老二、老三出，老大不出，因为是老二、老三去请山官调解的。山官调解的效果比较好，经山官调解后，当老二、老三结婚时，老大出力帮忙。老三结婚时，老大家庭条件变好了，还出了 1 头猪①。

村寨权威的回应速度体现了权威的治理能力，也影响着寨民意见表达的积极性。当寨民与山官等村寨权威面对面表达意见时，山官首先会耐心倾听寨民的意见，然后根据具体事项做出相应的回应。山官对于能现场作答的，就现场予以回复，对于需要借助其他资源进行解决的，山官再组织资源予以决策。

在传统时期，寨民的个人意见和需求能够得到重视。一是寨民能充分表达其对特定事项的意见、诉求。村寨内部对寨民意见的表达没有限制，寨民遇到问题可以进行充分的意见表达。二是寨民知晓村寨权威在听取他的意见后会及时回应。村寨权威对寨民意见的及时响应增强了寨民的效能感，寨民不会认为自己表达的意见无人关注。三是通过面对面的形式进行意见表达，村寨权威能够较为客观地搜集寨民意见，并能够相对准确地进行处理。

二、资源：以村寨利益连带机制统筹

村寨制的运行离不开资源的支持。组织与权威体系在进行决策之前，需要明确村寨资源的存量，并对资源进行统筹。人口与社会体系产生的人力资源以及环境与生计系统产出的产品需要经过一定的聚合才能对村寨制的运行发挥作用。

（一）人员的聚合：权威魅力动员与寨民互助激励

在村寨制的运行过程中，人员的凝聚是非常重要的。无论是防卫中的集体

① 来马腊便老人口述材料。

行动，还是救济中的全寨相帮，抑或是村寨公共建筑物的修建，都需要全体寨民共同参与和合作。这种凝聚力既源于村寨成员之间的共同利益和相互信任，也离不开村寨权威的魅力和动员能力。

其一，村寨防卫中的"刀不离身"与人员凝聚力。在村寨防卫中，木爱寨的景颇男子常年会佩戴一把景颇刀，所谓"刀不离身"。这一传统习俗也反映了村寨制运行过程中的人员凝聚力。

在传统时期，普遍存在着偷窃、抢人等不法行为，因此每个景颇男子都要警惕外来人员对村寨财产的侵犯，并随时准备战斗保护村寨。村寨权威通过有效的组织和激发寨民自我保护意识，使寨民能够随时准备战斗和保护村寨。寨民之间相互分享资源、物资和信息，促进了寨民之间的相互信任和沟通，也促使寨民之间相互监督和支持。当发生突发事件时，寨民会相互帮助并与权威共同保护村寨。这种相互合作和支持的行为在寨民中形成了一种共识，使得整个村寨的自我管理和治理更加有效。景颇男子"刀不离身"和村寨权威的号召与组织，不仅体现了对外部威胁的应对意识，也帮助寨民增强自尊心和归属感，提高了村寨整体的凝聚力和自治能力。

其二，村寨救济与"全寨相帮"。在传统时期的木爱寨，寨头是村寨救济的核心组织者。他们的个人魅力和威望，使得他们能够有效地组织和动员全体寨民参与到这些重要的活动中来。无论是对无劳动力家庭的栽秧、割谷、堆谷等生产救济活动，还是火灾后的重建工作，全体寨民都会响应号召，齐心协力，共同完成任务。当村寨有寨民发生火灾时，全寨寨民主动出力救灾，并在灾后"全寨相帮"建新房。在建房材料准备阶段，需要全寨寨民帮忙砍竹笆、踩竹笆、抬树、削树，帮助受灾寨民家准备建房所需的木料和竹子。进入正式建房阶段时，全寨男女一起挖新地基，全寨姑娘们参与背草，全寨男女老少帮忙给房子铺草。这是整个村寨凝聚力的生动体现，也体现了全寨人共同参与和互相激励的意识。房屋建好后，受灾寨民请全寨人一起参加进新房仪式。这不仅是一种仪式，也是对寨民互相帮助的认可。对于村寨救济中不愿帮忙者，寨民也不会去他家帮忙。这说明如果个体不参与村寨的互助合作，那么在需要帮助的时候也很难得到"全寨相帮"。这种互助合作机制是建立在相互信任和维护共同利益的基础上的，对于减少村寨损失、保护村寨利益、维护村寨安全具有重要意义。

其三，村寨公共活动与人员聚合。在景颇族的村寨中，官庙是供奉天地、祖先神灵的场所，也是展现原始宗教信仰和传统文化的重要标志之一①。每个村寨都有一座官庙，也就是农尚。寨民在祭祀农尚时使用农尚宗，这是由两间屋组成的房子，每间屋长6米、宽4米，房子总面积约48平方米，主要由木头和茅草建造。为了修建农尚宗，寨民需要共同割草、砍伐树木等。在这个过程中，山官的权威和领导力发挥着重要作用，调动了寨民的积极性。寨民之间也形成了团结合作的氛围。他们互相协助、互相激励，感受到了集体的力量和彼此的互助。这种互助激励促使寨民主动参与修建过程，并且在修建完成后对农尚宗有更多的认同感和归属感。因此，可以得出结论：山官的权威魅力动员和寨民之间的互助激励是推动村寨公共建筑修建的重要力量。这种方式能够有效聚合人员，修建村寨公共建筑。在山官的领导下，寨民互相协助、互相激励，获得了集体认同感。

为了实现村寨制度体系的有效运转，需要将寨民有序组织起来参与村寨活动。村寨权威利用各种契机，如村寨公共设施维修活动、村寨集体祭祀活动以及村寨户际联合互助活动等，采取让寨民自愿参与的方式，聚集村寨人力资源。比如，由寨头组织寨民维修村寨道路和水沟时，每户派一个人参与。这可以让所有家庭都有机会参与到村寨建设中来，增强他们对村寨的归属感和认同感。若家中有劳动力但不想参加，将会受到惩罚。若没有劳动力，可以不派人参加。孤寡老人不需要参与劳动。在修建寨门时，全体寨民都出力，如果不参与就不被视为该寨子的成员。通过让寨民自愿参与村寨公共活动，整个村寨人力资源得以集中，从而实现村寨制度体系的良好运转。

其四，村寨权威建新房与人员聚合。山官家是村寨处理村寨纠纷、举办村寨集体活动的公共空间，同时，山官因处理村寨公共事务耗费很多时间和精力。因此，每当山官家建新房时，木爱寨寨民会去帮忙。一方面，山官作为村寨的权威人物，具有一定的权威魅力。寨民得知山官有建新房的需求时，出于对山官的权威地位和领导力的尊重，不用山官号召就自愿帮山官家建新房，也就是说山官的权威魅力调动了寨民的积极性。另一方面，寨民之间存在着互助关系。建新房时，需要大家共同协作，相互帮助。这种互助关系增强了寨民的

---

① 金学文. 农尚文化研究［M］. 芒市：德宏民族出版社，2007：1.

归属感和凝聚力。寨民互相激励，相信自己的努力对于集体的发展是有意义的，因此更加愿意参与到山官家建新房的工作中。如果在山官建房的 5~6 天中，有农户连一天都没有去山官家帮忙，则可以不用再待在寨子了，用寨民的话说"他也没有脸在寨子待下去了"。可见，通过参与建房工作，寨民不仅在物质上为集体做出了贡献，也体现了对集体利益的关注和维护。因此，那些不参与集体建房活动的寨民可能被认为缺乏集体责任感。这也反映了寨民将参与集体活动视为一种价值需求和生活方式，并在村寨内形成道德压力，导致不参与的人失去在寨子待下去的资格。

（二）物质资源的聚集：共享式的提取

聚集人员资源是村寨统筹环节的重要组成部分之一，而在资源有限的情况下，对村寨资源进行统筹也尤为重要。传统时期，木爱寨集体活动比较多，而村寨集体活动的顺利开展离不开资源支撑。这里主要解释村寨能有效提取资源的原因，即采用共享式提取方式。具体到村寨，我们发现村寨政治系统将村寨资源整合在一起，其整合方式主要有以下几种：

第一，按户均摊。举行村寨集体祭祀仪式时，需要整合的物质资源有两部分，一是每年向每户寨民固定整合的物质资源。每年开展村寨集体祭祀时，每家每户固定出 1 只鸡、1 条鱼、1 升米、1 斤酒。山官固定出水酒罐子。二是不固定整合的物质资源。不固定整合的物质资源主要是每年的祭祀品——猪或者牛。因为祭祀品猪或者牛需要打卦确定，再由寨民共同出粮交换猪或者牛，所以每户每年用于换牛的米的数量不固定。春天祭祀农尚，三年才杀一次牛祭祀，而秋天祭祀农尚每年都会杀牛祭祀。秋天祭祀农尚与春天祭祀农尚在消费上相比，秋天祭祀农尚多用牛和猪。牛、猪由全体寨民平均承担。因为秋天祭祀农尚的牛都是比较好的大牛，而此时寨民家中多没有存粮，所以采取先杀牛后给谷子的资源整合方式。由寨头提前去跟牛主说好，例如，需要 40 箩谷子，寨头就在祭祀农尚当天向全寨子的人宣布购买这头牛的花费，同时将还谷日期告知大家，一般是按户平均分配，并要求在谷子全部收割完毕后再还。交谷子时，全寨的人先将谷子背到山官家门口，然后进行"凹谷子"。如每户出一箩谷子，那么寨民就把谷子倒入一个箩箩，然后寨头用一根竹筒保持水平，慢慢平铺划过，多出的谷子由寨民背回家中。整个过程，全寨的人都在场，牛主也在场。待将全寨的人的谷子收齐后，在场的寨民根据自己的体力，能背多少就背多少，大家一起帮忙把谷子背到牛主家。

第二，寨民先出，山官兜底。在传统时期，目瑙纵歌①是景颇族非常重要的仪式。民主改革前，木爱寨的目瑙纵歌分为两类，分别是山官家举办的目瑙纵歌和全寨一起举办的目瑙纵歌。山官家举办的目瑙纵歌分为三种，一是木代木木纵，二是纵崩目瑙，三是目瑙纵。全寨的目瑙纵歌被称为"拾瓦纵"。无论山官家举办的目瑙纵歌还是全寨一起举办的目瑙纵歌，均在山官家空坝举行。举办日期为每年正月十五。举办目瑙纵歌花费较大，木爱寨村寨每三年才举行一次。目瑙纵歌节为期三天，全体寨民参加。在村寨的"拾瓦纵"中一般需要消费3头牛、3头猪、水酒罐子、干鱼。这3头牛、3头猪、水酒罐子、干鱼先由寨民负担，按户交纳，每户最低出2升米和20元钱，家庭条件好的寨民可以多出。寨民筹集后，剩下的不够的部分，由山官出。目瑙纵歌节期间，全体寨民每天去山官家吃一顿。

第三，寨民同享的实物惩罚。据老人们回忆，民主改革以前，木爱寨有"拾瓦谷"。拾瓦谷来源于两个途径，一是祭祀农尚剩余的粮食，二是违反寨规、习惯惩罚的东西。山官在处理村寨纠纷时，如果寨民出现以下行为，会被认为"丢寨子的脸"，会受到"洗寨子"的处罚。这些行为有"抢寨民老婆"，即通奸；杀害本寨寨民；偷盗，如偷本寨的牛、马、谷子、灌溉用水等；丈人种娶了姑爷种的姑娘，景颇族称为"赤来"。如果违反以上任何一项，无论是本寨人还是外寨人，都要"洗寨子"，即给全寨1头牛，请全寨的人吃一顿饭。因为寨民认为发生以上事情对整个寨子的名声不好，违反者让山官、寨头、立博以及全体寨民没有脸面。对违规者的惩罚既是对村寨秩序的维护，也是聚集资源用于维持村寨运行的一条途径。

第四，百姓给山官送"宁贯"。根据景颇族社会的传统，在木爱寨每户百姓杀牛祭祀鬼或者打猎获得野兽时，必须给山官送上一条后腿。给山官送"宁贯"表示百姓认同山官领导，承认百姓与山官之间的隶属关系，肯定百姓依附于山官。新搬迁来的住户也要履行给山官送"宁贯"的义务。新迁入户在杀牛

---

① 不同支系的景颇族对目瑙纵歌的称呼不一样，景颇支系称为"目瑙"，载瓦支系称为"纵"，浪速和博拉统称"占"，喇期称"装"，但都有欢聚歌舞之意，此处统称目瑙纵歌。

祭祀鬼或者打猎获得野兽时，也必须给山官一条后腿，以表明自己已经正式成为山官辖区内的成员。外寨寨民若是在本寨的山林中打到野兽，也需要向本寨山官送上一条野兽的后腿。如果在木爱寨的山林中打到麂子、野猪、山麂、马鹿等大型动物，但是没有给山官送去 1 条腿，被山官知道后，会受处罚，要给山官 2 条腿。

案例：梅东的何梅卡芒捕猎技术好，他与帕河寨子的 3 户农户一起在木爱寨的山林中打猎，何梅卡芒打到 1 只麂子，但是何梅卡芒没有给山官送去 1 条腿，后被山官知道，山官说："你一个人这么搞，那个个都像你这样搞就不好了。"最后何梅卡芒被罚送给山官 2 条腿[①]。

这种强制性资源提取方式，其实质是通过惩罚措施来确保百姓遵守村寨习俗和义务，以保持资源提取的公平。山官提取资源后，并不是全部用于私用。如山官收到后腿后，会让官娘将其制作成干巴，用于每年修建和祭祀村寨公共水井的"拾瓦郎"活动。这种集聚物质资源的方式在一定程度上符合了当时社会的习俗和需求，即通过村寨内部的网络和资源分配机制来进行共享资源的生产和分配。

村寨能有效整合资源的原因主要在于两点：一是村寨整体的力量约束。村寨整体的力量约束是一种内部机制，其基本思想在于将整个村寨视为一个有机整体，寨民之间的利益与责任相互关联，以此保障寨民和村寨的利益，确保资源的平均分配和充分利用。村寨借助规则和制度调动资源，鼓励村民积极参与，从而使得资源能够集中起来，并确保其合理分配和利用。二是信仰的力量。信仰的力量则是指寨民对于祭祀和献鬼等传统信仰的信奉，借助于卦象等超自然力量使得寨民不得不贡献自己的资源，从而加强了整个村寨的凝聚力和资源整合的效果。寨民信仰万物有灵的原始宗教，一旦卦象确定了祭品，信仰的力量就会起作用，寨民便"逃不得"，即无法逃避贡献资源的义务。信仰的约束使得资源的整合更加有效，因为寨民相信祭祀活动对整个村寨是至关重要的。

综上可知，无论是全部由寨民负担的按户均出，还是寨民先出、山官兜底式的按户平均；无论是对违规者的实物惩罚，还是百姓给山官送"宁贯"，这

---

① 来马腊便老人口述材料。

些资源提取方式最终都是为了以寨为单位的村寨集体活动的顺利举办。即使是百姓为了表示尊敬送给山官的"宁贯"，山官也只是留出小部分供自家食用，大部分"宁贯"都用于村寨集体活动时消费。村寨资源统筹中的共享式提取保障了寨民利益和村寨利益，这成为寨民广泛支持村寨活动的重要原因。共享式提取以村寨利益为基础，通过村寨整体利益连带机制，使寨民自愿积极拿出劳动产品用于村寨集体活动。在村寨层面，共享式提取体现了村寨的制度安排。

三、组织：权威式的决策模式

"决策是或然的和非常规的，这正是传统状态的真正本质。"① 传统时期的多数村寨决策也表现出决策的非常规性特点。"传统和原始政治体系中的决策往往不是领袖人物行使超人魅力的过程，就是各种传统缓慢积累逐步增多的过程。"② 组织与权威体系在村寨决策活动中发挥着重要作用。前文提到村寨权威听取寨民意见并对其进行回应，有的意见是要求组织集体活动，因此需要权威主体提议举行集体活动提出动议，也可以权威自行提议举行集体活动或寨民自行提议举行集体活动。

（一）村寨集体活动的提议

村寨集体活动包括农业生产中的集体活动、村寨公共设施维护活动、村寨集体节庆祭祀活动、村寨冲突与保护活动、村寨集体交往活动以及在村寨集体活动中的分配和共同消费等。这些活动的提议方式主要有以下三种：

第一，寨民主动向山官提议。村寨冲突的解决离不开寨民的主动提议。当村寨之间发生土地纠纷等问题时，一般是寨民最先觉察到问题。寨民会主动向山官报告情况。山官会调查了解事情的来龙去脉，并与寨民进行沟通和交流，以了解各方的诉求和利益。山官会对情况进行评估，并根据对方村寨的反应和

---

① 阿尔蒙德，鲍威尔. 比较政治学：体系、过程和政策 [M]. 曹沛霖，译. 北京：东方出版社，2007：256.

② 阿尔蒙德，鲍威尔. 比较政治学：体系、过程和政策 [M]. 曹沛霖，译. 北京：东方出版社，2007：256.

行动情况来决定派寨头出门警告调解或发动全体寨民一起解决。如果寨头的调解警告无效，对方村寨仍然坚持占用土地，山官可能会召集全寨寨民抢回被占领的土地。对方村寨也会召集寨民来抢田抢地，进而引发村寨之间的冲突。在这个过程中，寨民主动提议对于问题的解决起着重要的推动作用。他们通过向山官报告问题，使得山官能够及时了解问题的严重性和紧迫性，并采取适当的行动。

比如，木爱寨和巴尤寨在山包小寨的归属问题上存在分歧。刚开始，几户木爱寨的农户前往山包开垦土地，被巴尤寨的人阻止了。尽管当时木爱寨派出了寨头前去边界警告，但巴尤寨的人仍然坚持认为该山包是自己的产权。面对这种情况，木爱寨的寨民开始意识到问题的紧急性，他们向山官报告了问题，并要求得到解决。

又比如，木爱寨的来马永堂当芒在 1950 年左右去温碧孔开田。然而，在他开荒种田进展到一半时，帕河寨的人声称该土地属于他们，并阻止来马永堂当芒开田。面对这一情况，来马永堂当芒寻求了木爱寨山官的帮助。来马永堂当芒回来拿着 2 斤酒去山官家，告诉木爱寨山官："我去温碧孔挖田，帕河寨子的人不让我挖，他们来抢田。山官你说咋过搞？你帮算算。"山官说："咋个是帕河的山，那是我们的山，快去挖。"然而，帕河寨的人仍然阻止来马永堂当芒开田。山官决定发动整个寨子的人来支持来马永堂当芒。因为这个争议不只是涉及两个家庭的利益，而是涉及整个寨子的利益，因此需要全寨的支持。于是，木爱寨的人纷纷前往夺田，而帕河寨的人也做出了同样的反应。通过寨民主动提议，寨民个人之间的争田纠纷演变为村寨之间的土地纠纷。木爱寨寨民通过提议引起山官对该问题的重视，在山官的领导下，将这个问题上升到了整个寨子的层面。全体寨民参与其中，帮助解决问题。

第二，村寨权威主动提议。通常是村寨权威基于村寨整体利益主动提议维修公共设施、举行农业生产中的集体活动等。山官在农业生产经营活动中扮演引领者的角色，即"什么都是山官家先做"。在建山官家的窝棚、开耕仪式、吃新米等村寨的集体生产活动中，山官处于优先地位。例如，祭祀农尚的时间为每年农历二月和十一月，但具体哪一天祭祀由山官和寨头商议决定。确定好祭祀农尚的日期后，他们会提前 4~5 天通知寨民，以便寨民有时间准备祭祀品。同时村寨之间的集体来往也是由山官提议的。

第三，寨民自行提议进行集体活动。传统时期的木爱寨，寨民自发组织的集体活动主要包括维修沟渠和集体狩猎。木爱寨缺乏灌溉系统，主要依靠寨民自行开挖沟渠。每年需要挖掘、清理沟渠时，寨民会在一起商议和协商。男户主会出面带领讨论，但没有固定的领头人。每个寨民都有发表意见和提出建议的机会，大家共同决定清理沟渠的时间。就集体狩猎而言，在木爱寨狩猎按照参与人数规模分为两类：一类是人数较少的狩猎方式——"拾火"，即悄悄找野味，一般是几个人自行商议约好去狩猎；另一类是集体撵山，全寨愿意参加狩猎的人都去。村寨集体狩猎时间为祭祀农尚的第二天，此时寨民狩猎也不需要得到山官、寨头的同意，而是自行商议集体狩猎的出发时间、狩猎地点以及狩猎过程的分工等。可以看出，寨民自行提议进行集体活动是一种基于平等、民主和共识原则的决策过程。

综上所述，不难看出寨民的提议通常是为了解决具体问题或者表达利益诉求。这种提议具有独立性和主动性，通常是寨民在面对具体事件或问题时自发提出的。相比之下，村寨权威山官和寨头的提议通常是为了保障村寨的整体利益，这种提议具有权威性和代表性。而寨民自行提议进行集体活动则主要基于寨民自身利益和需求，这种提议具有自治性和自组织性，可以更好地反映寨民自身的利益需求。

（二）资源的协调组织

1. 人力资源的协调组织

作为神职权威，董萨在村寨集体活动中负责挑选人员并进行人员分工。参与集体活动的服务人员由董萨打卦从村寨内部挑选。如祭祀农尚、举办目瑙纵歌、庆祝节日，或寨民结婚、进新房、老人去世等，都会出现集体消费活动。在村寨集体消费时，参与的人员会分为专门的棚龙组（管酒组）、臧作棚（煮饭组）、脏孙该组（做菜组）。在集体祭祀时，董萨还会打卦选择献鬼组的强仲和棚龙组成员。董萨通过打卦选择集体活动中各个小组的成员，并安排他们在集体活动中的任务，确保活动顺利进行。

村寨集体活动中的人员分工具有以下特点：

一是组织有力。在村寨集体活动中，寨民被划分为不同的小组，由具备相应技能或经验的人员担任相关职责。比如，维修村寨水井"拾瓦郎"时，寨民被分为砍草挖沟组、烧水做饭组、祭祀组。举行进新房仪式时，全寨寨民都会参加，参与服务的人被分为棚龙组、煮饭组、整菜组。在集体祭祀活动中，寨民被分为献鬼组、棚龙组、煮饭组以及保卫组。其中棚龙组分为2个组：一是献鬼组的棚龙组，二是普通百姓组的棚龙组。献鬼组由董萨1人、强仲2人、棚龙2人组成。寨民结婚时全寨互助相帮。整个婚礼过程中，帮忙人员分工明确，分为了迷夯十组（通知组）、董萨组、棚龙组（管酒组）、臧作棚（煮饭组）、脏孙该组（做菜组）。

二是分工明确。不同的组或小组有不同的任务，并且每个组内部的人员职责明确。棚龙组负责集体活动中酒水的供应和管理。这样确保了各个环节协调配合，避免重复劳动和资源浪费。在此过程中，村寨权威负责统筹。比如，在村寨集体祭祀活动中，山官统筹，寨头执行。献鬼组由董萨统筹，强仲具体指挥。董萨负责念鬼，强仲主要负责祭品的处理和摆放。强仲不知道的可以向董萨请教。棚龙组负责管酒，寨民需要经过棚龙组的批准才能拿到酒喝。在集体祭祀时，祭祀结束前不能喝祭祀用的酒。在婚丧嫁娶中，迷夯十组负责通知消息邀请客人参加宴席，董萨组负责主持仪式，棚龙组负责管酒待客和记录挂礼，臧作棚负责做饭，脏孙该组负责做菜。具体而言，迷夯十组由主人家自行安排，由10名寨民组成，每组2人，共分为5组，其中1组负责通知本寨，其他4组负责通知其他寨子的亲戚。董萨组由4人组成，负责念家中养的鬼和主持婚礼仪式。棚龙组由6名女性组成，负责分配酒、传酒、记录礼品和礼金。臧作棚由2名男性和4名女性共6名寨民组成，负责煮饭。脏孙该组由6名女性组成，主要负责切菜、炒菜和分菜。明确的分工可以确保每个环节都得到妥善处理，也实现人力资源的有效利用。

三是有经验和资格要求。在祭祀农尚中，一些角色需要具备一定的经验和资格。例如，祭祀农尚中的董萨必须是本寨的大董萨，因为只有大董萨才有足够的技能举行仪式。煮饭组由经验丰富的寨民负责。又比如，寨民结婚、办丧事，由"照管"负责统筹安排。照管由有指挥能力的人担任，寨头合适则由寨头担任，若寨头不在，其他人也可担任。

2. 物资的协调

村寨制的运行过程也是对村寨资源进行协调的过程。村寨制的运行首先表现为对资源的聚集，其次表现为对资源的分配与消费。

（1）资源聚集中的决策。

上文曾提到村寨通过实物惩罚的方式聚集资源，这里我们对其具体决策过程进行梳理。根据村寨的规矩，违背村寨整体利益的行为会受到比较严重的实物惩罚。对于此类行为如何惩罚，由寨头领着大家开会，共同商议决定惩罚实物的类型和数量。具体商议决策的方式有两种：一是村寨权威先商定惩罚实物的类型和数量，待寨民反馈意见后再决定。比如有寨民违背村寨规矩，不等山官建窝棚就先建了自家窝棚。这就需要村寨权威先商量好惩罚数量，然后再召集全寨寨民开会，征求寨民意见。寨民一般会说："你们山官、寨头决定了，我们就同意了，没有什么意见。"二是全寨共同商议实物惩罚的数量。先由山官、寨头提议，然后寨民发表意见。寨民有想法都可以表达。最后山官、寨头根据少数服从多数原则进行决策，并公布最终决策结果。

可以看出在决策中，虽然寨民可以发表一定的意见，但主要还是村寨权威在做决策。村寨权威可以选择象征性征询意见或让寨民发表意见。只有当村寨权威选择让寨民发表意见进行讨论时，寨民才有可能参与讨论。

（2）资源消费与分配中的决策。

其一，山官、寨头是以村寨为单位的分配活动的决策主体。从村寨整体分配内容来看，山官、寨头主要对集体祭祀的余粮、违反寨规惩罚的东西拥有分配权。以村寨为单位的分配主要体现在集体祭祀活动以及集体娱乐活动中。祭祀农尚是寨民必须参加的集体祭祀活动，在这些祭祀活动中用的祭祀品以及消费品由山官、寨头统一分配。集体祭祀的余粮惩罚的实物由村寨管理，山官、寨头对分配人群、分配数量进行决策。此外，集体祭祀用的牛、猪以村寨内部每户为单位平均分肉，由懂得分肉的寨民来分。

山官、寨头作为以村寨为单位的分配活动的决策主体还表现在对"拾瓦谷"的分配上。据村寨老人回忆，民主改革前，木爱寨有"拾瓦谷"。拾瓦谷产生于两种方式：一是祭祀龙尚剩余的粮食，二是违反寨规惩罚的东西。拾瓦谷可用于村寨集体祭祀或者救济寨中贫困家庭。当困难寨民表达借拾瓦谷的需求后，山官召集所有寨头一起商量决策。山官和寨头会考虑借瓦谷人的还谷能力，看是否能借给困难寨民。

其二，村寨权威在集体活动中的决策。在村寨集体活动中，山官、寨头和董萨作为权威在决策方面发挥着重要的作用。他们的决策包含三方面内容，即决定集体活动时间、对活动进行统筹安排以及确定祭祀品。山官和寨头决定集体活动的具体日期，如祭祀农尚的具体时间。山官和寨头负责协商确定每户寨民在集体活动中应出的物资份额，以确保资源公平分配和合理利用。这涉及对寨民的需求、资源等多方面因素的考虑，需要山官和寨头综合权衡和统筹安排。董萨作为权威主体，通过竹子看卦的方式参与决策，根据卦象确定是否祭祀牛等物品。在决策过程中，权威主体根据村寨内部的实际情况进行协商讨论，并达成共识。

（三） 村寨公共活动的组织与安排

1. 对村寨内部公共活动的组织与安排

寨民大会，寨民称其为"拾瓦灰"，是村寨重要的公共活动。寨民大会于每年农历一月或二月举行，由山官委托寨头主持，全体寨民参加。会议内容主要包括安排今年的集体活动、强调村寨纪律。第一，寨民大会会安排村寨集体活动。山官和寨头根据村寨发展、寨民的需求和资源情况，决定一系列集体活动举行的时间、地点和方式，如集体祭祀农尚、清理寨子的水井（拾瓦朗）、修建官家窝棚（拾瓦臧）以及开耕仪式堆禾等活动。这些活动不仅有利于村寨的农业生产，也有助于团结全体寨民，增强村寨凝聚力。第二，寨民大会会对村寨公共设施维护进行安排。会议讨论并确定村寨内部道路、水沟等公共设施的维修计划，确保这些设施状态良好。定期维护公共设施能够改善村寨的基础设施条件，改善寨民生产居住环境。第三，寨民大会还对村寨纪律进行强调。大会公布村寨集体活动的行为准则、规章制度，以及对违反纪律的处罚措施。这为村寨内部活动的有效开展提供制度保障。总之，寨民大会"拾瓦灰"是对村寨内部公共活动进行组织与安排的重要机制。这种机制能够促进村寨的发展和自治，增强寨民的凝聚力，为村寨制的有效运行奠定基础。

在寨民大会对村寨集体活动做出安排后，需要根据安排具体实施。在木爱寨，村寨内部集体活动主要包括集体祭祀活动、公共设施的修建与维护等。这里重点介绍村寨权威对修建和维护公共设施的组织与安排。

其一，村寨水井的维修由山官统筹、寨头指挥。村寨每年维修水井由山官统筹。山官能参加一定会参加，不能参加也会派家人参加。同时山官会安排寨头参加，并向寨头提出要求"不能出现纠纷"。寨头听从山官的安排并负责执行。寨头参加水井维修时，将山官的要求传达给寨民，并向寨民分配具体任务。在祭祀修整水井的过程中，寨头要向寨民提出要求并现场指挥，确保活动按照规定进行。寨头还负责人员分工、安排吃饭、监督维修质量等。比如，寨民上交给村寨的实物由寨头负责监管。寨头要负责对砍草的人员、清理排水沟的人员以及烧水做饭的人员等的具体安排协调。

其二，村寨交通设施维修由寨头组织。村寨交通设施的维修是关乎寨民共同利益的事务，全体寨民都要参与。作为执行权威的寨头，在村寨交通设施维修中发挥了重要的作用。村寨修路时，由寨头确定具体的维修日期。在修路前，寨头根据村寨其他活动和生产安排、村民的意愿、村寨习惯等确定具体的维修日期并在修山官家窝棚当天告知寨民。在修路当天，由寨头组织寨民参与道路维修。每户需要提供一名劳动力来参加维修工作，孤寡老人不需要参加。如果家庭有劳动力但不愿意参加修路就会被罚款。在修路过程中，寨头会根据路段的难度和损坏情况，在分配修路人员时进行合理的安排。例如，道路损坏的位置会优先修复，如果有三处损坏，则将修路人员分成三组进行修复。

其三，村寨防卫设施维修由山官组织。寨门是村寨的标志性建筑之一。传统时期，木爱寨寨门有一个很重要的功能就是为寨民提供精神上的保护。因此，寨门的维修由山官组织。又因祭祀寨门、维修寨门在同一天，所以除了组织寨民修整寨门外，山官还要组织寨民维护修整寨门当天的秩序。根据村寨内部规矩，维修寨门当天外寨的人不能进，寨子里的人不能出，所以在维修寨门时需要山官组织寨民维持秩序，不准人员进出。

此外，寨民自行组织的集体活动则由寨民决策，村寨权威不参与决策。在集体狩猎活动中，狩猎策略决策和狩猎人员的安排完全由猎头"拾崩照广么"负责。猎头凭借丰富的狩猎经验和打猎技术成为村寨集体狩猎活动中的权威决策者。在狩猎过程中的人员分工全权由猎头决策。狩猎获得的猎物也由猎头选择剥肉技术好的人来分肉。

2. 在村寨外部冲突中的组织与决策

一般情况下，当共同体受到外部威胁时，其内聚力会增强。作为一个共同体，村寨面临外部冲突会增强寨民一致对外的意识，从而采取以村寨为单位的集体行动。与内地村庄相比，在传统时期的木爱寨，村寨内部的冲突比较少，而村寨之间的冲突相对更多。由于寨民被村寨赋予了保护村寨的政治义务，所以本寨寨民与外寨寨民的冲突很少只是两个人之间的事情。

第一，村寨之间土地纠纷中的组织与决策。村寨外部冲突往往涉及两个或多个村寨之间的利益争夺和土地纠纷。因为山官通常被视为具有一定权威和行政职责的领导者，所以当发生土地纠纷时，需要他出面调解和决策。首先，山官在冲突中扮演着组织者和指挥者的角色。他们负责协调全寨的寨民，调动人力资源，组织寨民前往冲突发生地点维护本寨权益。这包括调动寨民的参与意愿、组织行动等方面的工作。山官需要根据冲突的严重程度和情况来制定应对策略，并在合适的时机做出决策。其次，为了避免冲突进一步升级或被对方利用，寨子之间在冲突期间一般会限制交往，包括亲戚间的交往。这是为了保护自己的安全，防止被对方村寨作为人质或其他权宜手段利用。这种组织决策的措施可以起到一定的预防和保护作用。最后，冲突解决的过程中需要进行协商和谈判，并达成满意的解决方案。在冲突平息后，山官扮演着关键角色，双方进行调解，并确保冲突不再发生，土地纠纷得到解决。这需要山官具备一定的谈判和协商能力，以及与其他村寨的合作意愿。可见，村寨外部冲突中的组织与决策主要由山官负责。山官在冲突中担任组织者、指挥者和调解者的角色，协调全寨的行动，保护寨民的利益，并通过协商和谈判达成解决方案，旨在维护寨子的稳定和社会秩序。

例如，上文提到木爱寨寨民因温碧孔产权问题与帕河寨发生了土地纠纷，并将帕河寨抢田一事上报山官寻求帮助。在此次事件中，山官发挥了组织和决策的能力。首先，当争端发生时，山官组织了全寨的人参与抢回温碧孔的行动。这表明山官具备调动寨民参与意愿和资源的能力，为冲突解决提供基础条件，同时也展现出整个寨子共同面对土地纠纷的态度和决心。其次，当帕河寨的人试图阻挠木爱寨寨民挖田时，山官采取了强硬的措施：下令使用铜炮枪等武器，禁止帕河寨的人进入木爱寨。这显示出山官在维护寨子的利益和秩序方面的决心和决策能力。最后，经过谈判和协商，帕河寨同意不再进入木爱寨挖田，并承认该土地属于木爱寨。山官这种决策和协商能力有助于避免冲突升级。事后，为了感谢全寨人帮忙挖田，来马永堂当芒杀了一头猪，并请山官在内的全寨的人吃饭。这体现了寨民对全寨人的感激，同时也增强了村寨的凝聚力。

第二，婚姻纠纷中的组织与决策。如前文所述，木爱寨排家、何家的氏族成员需要与外寨通婚。氏族成员与外寨发生婚姻纠纷时也容易引起村寨之间的冲突。不过婚姻引起的冲突，山官可以不用亲自出面调解。氏族成员发起拉事时，要经过山官的同意。拉事结束后，再请山官出面调解。

案例： 曼屋寨的何家女子与木爱寨的来马家男子结婚，但不幸的是他们的孩子夭折了。来马家男子不想要何家女子了。这引起曼屋寨何家的不满，于是召集曼屋寨十多个人悄悄牵走了来马家的5头牛。来马家得知曼屋寨牵走5头牛后决定组织本寨十多名寨民追赶并与曼屋寨交涉。木爱寨的人选择了一部分人守在寨门口，另外一部分人在曼屋寨与对方村寨的人谈判。曼屋寨的人最终退回了2头牛。回到木爱寨后，来马家对结果仍然不满意，因为还有3头牛未归还，于是决定去曼屋寨抓人。原本的个人婚姻纠纷问题因资源争夺被扩大化。解决村寨之间的冲突需要寻求村寨权威的支持。于是来马家向山官、寨头汇报准备拉事，以便更合理地发起拉事，并得到村寨支持。村寨权威同意后，需要选择一名能干、会讲的人作为拉事的指挥者。如果当事人有能力则可以担任指挥，当然也有寨头担任的情况。于是在半路上，木爱寨的人抓住了一个曼屋寨的人并带来。最终，木爱寨和曼屋寨的山官、寨头出面进行调解，达成了一致。曼屋寨归还了3头牛，木爱寨释放了被抓的曼屋寨人。

第三，村寨之间偷盗纠纷中的组织与决策。在传统时期，当个别寨民以个人名义去偷取其他寨子的牛时，就会产生纠纷，此时需要山官出面调解。例如，木爱寨的寨民来偷瓶子寨的水牛时，瓶子寨的牛主就找到木爱山官进行调解。在确认了是本寨的人偷牛后，木爱山官要求偷牛的人归还牛，并赔偿牛主为找回牛付出的"功夫钱"。通常牛主会给木爱山官一至二两大烟作为感谢。因此，在村寨外部冲突中，山官组织和决策的角色十分重要。

在传统时期，村寨之间的偷抢纠纷常常导致双方陷入冲突，这被称为"拉事"。牛被寨民视为最重要的财富，牛在景颇族的生产生活中扮演着重要角色。

由于进入对方村寨偷盗比较容易，为了预防偷抢行为，景颇男子往往随身携带刀具，并保持警惕。这种偷抢冲突很容易导致伤亡。在村寨外部冲突中的组织与决策也十分重要。当两个村寨因偷抢纠纷拉事时，通常需要山官和寨头出面调解。他们会协助确认偷牛的人并要求其归还牛，并赔偿牛主寻回牛所付出的努力和费用。此外，他们还会劝解双方寨民，促使双方达成和解，避免冲突加剧。据老人回忆，木爱寨曾与邻近的谷东寨因偷盗问题发生过冲突，但在山官和寨头的调解下最终得以解决。

案例：谷东寨与木爱寨的偷窃纠纷。谷东寨的牛被偷，没有证据就说是木爱寨的人偷的，于是想来木爱寨牵牛。谷东山官带着一伙人路过木爱寨的田地上。木爱寨的一位姓何的寨民在田坝头放牛，赶着五六头牛往回走，正好碰见谷东山官一行人。谷东山官一行人把木爱寨何家的牛牵走了。看着牛被牵走，木爱寨村民拿着铜炮枪打过去，没想到打到了谷东山官的腿。木爱山官、寨头、波勐以及打伤谷东山官的何姓村民去谷东山官家讲事。最后何姓村民被罚5头牛以及1把铜炮枪①。

第四，人命纠纷中的组织与决策。在传统时期，如果是村寨之间发生人命事件，即使是误伤人命也会引起村寨之间的拉事。木爱寨曾因为有寨民被巴尤寨寨民误伤致死，引起两寨拉事。在拉事冲突期间，木爱寨的山官和巴尤寨的山官作为两寨村寨代表，面对面地对话和协商，以了解具体情况和双方的诉求，并根据双方诉求尽可能协商出让大家都满意的解决方案，以平息双方的怨愤并维护村寨之间的和平。

村寨外部冲突解决是一个复杂而曲折的过程。村寨之间发生冲突后，一般情况下，各寨的山官会派寨头出面调解。双方不服调解结果时，则容易产生村寨之间拉事。在对峙期间，走亲访友是被禁止的，直到村寨之间的和解后才能恢复。土地纠纷引发的村寨冲突可能持续数周至数年不等。只有当各寨山官协商谈判并且达成满意的结果时，村民之间的正常交往才会恢复。在这个过程中，村寨权威的组织和决策起着重要作用。寨头以及山官都需要承担领导和调解的责任。他们必须具备决策能力和智慧，以了解双方矛盾的本质，并采取适当的方法来解决争端。他们需要平衡各方利益，力求达成双方都能接受的妥协。

---

① 来马腊便老人口述材料。

四、小结

"政治生活是社会行为的一种形式，所有的社会活动都依赖于交流。"① 在村寨运行的过程中也少不了要进行交流。传统时期村寨的政治交流比较简单。从政治交流渠道来看，村寨政治系统的政治交流渠道单一，并且融合在活动过程之中。在对寨民意见进行搜集和整合的过程中，利益相关成为寨民表达意见的直接动因。村寨制在运行过程中保证了寨民较为自由表达意见的权力。"在一个非常简单的政治体系中，不存在专门的利益表达结构，某个帮或村落中的个别成员可以接近首领，彼此交谈，以表示自己的愿望和反映自己的问题。"② 虽然没有专门化和制度化的表达机构，但在非阶级性的村寨社会中寨民可以直接与村寨权威进行互动，使其需求能够得到表达。在人口与社会体系中，寨民与山官等村寨权威之间不是阶级对立关系，因此，在意见整合方面主要是山官等村寨权威对寨民遇到的问题给予帮助和解决。山官家成为寨民遇到问题后表达意见常去的公共空间。对于寨民的意见，村寨权威能及时回应的就会尽力及时回应。对于需要发动全寨的人力和物力去解决的问题，则由山官出面进行号召和组织。

传统时期的村寨处于国家能力不及的边疆地区。国家对村寨公共事务基本不参与，也不向村寨投入资源和提供公共产品。村寨的公共性活动的举办、公共产品的提供只能依靠村寨自身力量去实现。而要举办村寨公共活动、提供村寨公共产品则需要对村寨资源进行聚集。村寨依靠村寨权威实现对村寨的人力资源、物质资源的汇聚和统筹。村寨权威得到寨民的自愿服从，能够有效聚集人力资源。寨民的互助传统也激励寨民积极参与公共事务。在资源统筹过程中，村寨利益连带机制发挥着重要作用。出于对村寨的维护，寨民在村寨公共安全、村寨公共建筑、村寨救济等公共事项中表现积极。在物质资源提取上，

---

① 阿尔蒙德，鲍威尔. 比较政治学：体系、过程和政策 [M]. 曹沛林，译. 北京：东方出版社，2007：15.

② 阿尔蒙德，鲍威尔. 比较政治学：体系、过程和政策 [M]. 曹沛林，译. 北京：东方出版社，2007：179.

村寨提取的资源主要用于村寨公共活动，寨民能够共享。这样的共享式提取得到寨民的积极支持。

村寨通过寨民报告山官、村寨权威主动提议以及寨民自发提议等多种形式发起集体活动。村寨权威对聚集的村寨资源和人员进行协调和分配。村寨公共活动也是由村寨权威进行决策和安排。可见，组织与权威体系贯穿整个村寨政治过程。Dessein 在研究为何群体需要权威时，发现权威不仅可以节省交流成本，而且可以提高决策质量①。在村寨制运行过程中，权威与寨民之间的交流成本比较低，村寨权威决策比较迅速。村寨权威之间形成了山官领导下的多元协商机制。在集体协商时，村寨权威也对寨民表达的意见给予一定的尊重。村寨权威在寨民心中有比较高的合法性，基于寨民对村寨权威的信任和尊敬，寨民对村寨权威做的决策认可度高。因为寨民对村寨决策的认可度高，所以寨民对决策的执行支持力度大。村寨制的运行过程是村寨权威与寨民之间的有效互动过程。村寨在村寨权威、寨民的共同参与及有效互动下实现有效治理。

① DESSEIN W. Why a group needs a leader: necision-making and debate in committees [D]. working Paper, 2007. 转引自韩中元，管毅平. 利益分歧、有成本交流与内生权威 [J]. 经济学（季刊），2014，13（2）：583-600.

第四章

输出：共同规则、村寨意识与集体行动

本章从政治系统视角对村寨制的运行结果进行分析。村寨政治系统中的组织与权威体系通过对环境与生计系统、人口与社会系统的实际运作，形成了村寨政治系统的输出。村寨政治的输出指的是通过村寨政治系统的运行过程形成的政治产品，包括意见整合、资源统筹以及组织决策等环节所形成的结果。村寨的组织与权威体系通过这些输出结果，对寨民进行引导、约束其行为，并动员寨民采取集体行动。

一、共同规则与治理

规则是关于什么行动（或结果）是必须的、禁止的或者允许的，以及不遵守规则时会受到什么制裁的规定①。规则能保障自治秩序。规则是治理的基础。"规则是行为的规范和表意性符码，是在社会实践的实施及再生产活动中运用的技术或可以一般化的程序。"② 村寨共同规则对寨民行为进行规范，在村寨政治的系统运行中产生，同时又规范着该系统的运行。

---

① 奥斯特罗姆，等. 规则、博弈与公共池塘资源 [M]. 西安：陕西人民出版社，2011：39.
② 吉登斯. 社会的构成 [M]. 李康，李猛，译. 北京：生活·读书·新知三联书店，1998：85.

（一）共同规则的内容

从规则形式来看，规则分为成文规则和不成文规则。在民主改革前的木爱寨，寨民没有使用文字，村寨政治系统输出的是不成文的村寨共同规则。不成文的共同规则主要涉及村寨山林使用、村寨生产管理、狩猎活动、村寨集体活动、纠纷处理及生活等方面。

1. 村寨山林使用中的共同规则

村寨山林使用中的共同规则主要表现为对山林资源的使用规则和使用禁忌：

一是风景林外山林自由使用，禁止伐大树。寨民对木爱寨除风景林以外的其他山林没有固定的所有权。寨民可以自由使用除风景林以外的山林的林木资源建新房、建窝棚等，但是禁止任何人砍伐寨民眼中的"神树"——大青树。寨民盖房需要的茅草也可自由上山获取，无须向山官、寨头等权威汇报。寨民可以去风景林以外的山林砍柴。外寨的人可以到本寨来捡干柴，但是不能砍新柴。

二是维护寨风与村寨威信，禁伐风景林。木爱寨的风景林面积有一千多亩，分散在木爱寨周围。一般情况下，无论是谁都不能在风景林乱砍树木，也不能开荒。因为寨民认为风景林的林木资源越多，尤其大树越多、竹子越多，村寨的寨风就越好，而村寨的寨风越好，寨民就越少生病。违反寨规砍伐风景林或者在风景林内开荒的寨民会被处罚。这是为了约束寨民的行为，并使他们自觉执行规定，保护风景林和村寨寨风。而外寨寨民违反规定处罚要加倍，这是出于维护村寨威信的需要。只有在祭祀、修建寨门、修水井、修山官家窝棚等特殊情况下可以砍伐风景林中的树木，因为这是出于村寨整体的实际需要。此外，不允许任何人对鬼林①进行砍伐、在鬼林狩猎以及放养牲口。

---

① 鬼林即寨门附近的林子，大概30亩，寨民称之为"朗当岗火"（音译）。寨民认为林子里有脏东西，不能靠近。比如因"朗当死"的孩子的魂魄在这林子，进去后会给寨民带来疾病等不好的影响。

2. 村寨生产管理中的共同规则

(1)"先号先得": 村寨土地使用规则。

如前文第二章所述, 传统时期的木爱寨土地产权具有公有私占的特点。寨民"号地""号田"时的规则主要有以下几点: 一是"号地"范围。寨民可以在山官辖区内"号地""号田", 禁止在风景林、水源处开垦旱地水田。二是土地占有遵循"先号先得"原则。三是划定边界。寨民在"号地"时, 以一排树或一片草作为边界带, 并以刮树皮的方式确定边界。边界带上每隔一定距离刮一棵树来标记。寨民"号地"后, 五六年内不允许其他人开垦, 五六年后若想再耕需要再号一次。四是邻里共知。寨民"号地"虽然不需要向山官报告, 但须让寨子的人都知道自己号的地, 尤其是让邻居知晓, 以确保土地的归属明确。五是没有土地买卖。旱地不能继承、买卖。寨民可以种植旱地2至3年, 之后肥力下降需要另选旱地。如果土地被抛荒, 原主不种植时他人可任意开垦, 如原主有种植意愿, 可继续耕种。水田可以继承、出租、抵押, 但是不能买卖。

(2) 开耕统一: 村寨耕作规则。

为了保证村寨的统一, 村寨在生产中形成了共同遵守的规则, 主要集中在开耕方面。第一, 借助村寨集体祭祀仪式统一了寨民的生产活动。集体祭祀期间不准干农活, 不准外出。第二, 在建山官家窝棚之前, 全寨寨民不能建自家窝棚。如果违反, 会受到较严的惩罚, 会被罚东西。"因为他这样做, 整个寨子就不统一了嘛, 破坏寨子的寨风, 其他人跟着做就乱了, 所以不能违反。"[1]第三, 寨民不能自己提前播种。

3. 狩猎活动中的共同规则

村寨在集体狩猎活动中形成了一些共同规则。一是确定固定的集体狩猎时间。按照村寨的规矩, 祭祀农尚第二天, 寨中人谁也不能做活, 但是可以逛山打猎。因此, 村寨集体狩猎时间为祭祀农尚第二天。二是在集体狩猎中听猎头指挥。三是集体狩猎过程中的伤亡人员处理须报山官、寨头。集体共同狩猎过

---

① 来自来马腊便老人口述。

程中，如果发生了人员伤亡的情况，寨民报告山官、寨头，由山官、寨头商议如何处理，主要涉及安葬费用。若在共同狩猎活动中误伤其他寨民导致其身亡，逝者的安葬费由参与狩猎的寨民共同承担，参与狩猎的寨民还需负责清洗村寨。通常情况下的处理办法是参与狩猎的人"大家抬"，即平均摊派。四是狩猎区域有限制。禁止在鬼林狩猎。五是猎物分配注重平均。六是猎物耳朵不得进寨。因为寨民认为如果将猎物的耳朵带进寨子，会为整个村寨的寨民招来病痛，令家庭不顺。这些规则旨在确保狩猎活动安全、公平和有序进行，以维护整个村寨的利益和稳定。

4. 集体活动中的共同治理规则

传统时期，村寨会周期性地举行集体祭祀活动，主要是祭祀农尚和献水井。集体祭祀期间要遵循以下规则：一是每年 2 次的祭祀农尚期间，不允许外寨人进入，也不许本寨子的人出去，否则会对全寨寨民不好。二是水井祭祀中先村寨后寨民。在木爱寨，每年都会进行水井祭祀活动，寨民称之为"献水井"。而这个活动的顺序是先举行村寨的水井祭祀，然后才进行几户寨民共用的水井祭祀。属于整个村寨的水井祭祀全寨参与，而几户共有的水井分别由各自的寨民负责。"拾瓦朗不整，村寨中属于家户个体的水井谁家也不能整。"[1]

传统时期，村寨除了举办周期性祭祀活动外，还存在偶发性集体祭祀活动。当村寨内部发生火灾后要进行火灾祭祀，在火灾祭祀中也会要求统一行动。在火灾祭祀之前，每家每户不得生火做饭。祭祀完毕后，全寨开始帮受灾寨民盖新房。整个建房过程由寨头指挥。在新房盖好前，大家不去地里干活。如果有人不听非要去地里干活，不会物质惩罚，但是大家会说："以后你家有什么事，我们也不帮管。"现实生活中，木爱寨没有人违反这个规则。在生病祭祀活动中，如果多位董萨打卦认为需要杀牛献鬼，全寨子每户出一个代表参与祭祀。以上规则都是为了维护村寨的整体性和统一性。大家遵守这些规则，相信通过集体祭祀、集体行动可以驱除火灾、疾病等。

5. 纠纷处理中的共同规则

其一，人员伤亡纠纷的处理规则。人员伤亡纠纷主要包括寨民之间的冲突

---

[1] 来自来马腊便老人口述。

导致的人员伤亡、个人组织拉事导致的人员伤亡，以及村寨之间拉事导致的人员伤亡。这些人员伤亡事件均会引发村寨内部和村寨之间的纠纷。责任判定是处理纠纷的重要环节。当个人组织拉事导致人员伤亡时，由双方村寨的山官、寨头和波勐进行调解，明确拉事起因和责任方。即使死者所属村寨存在过错，对方寨子也要承担相应的安葬费。如果寨民死在对方寨子，对方寨子需要"洗寨子"。发起拉事的寨民要进行赔偿，赔偿数额由山官、寨头和波勐根据具体情况商议。富裕的寨民应该承担更多的赔偿责任，而贫困的寨民可以减少赔偿数额，一般为2~4头牛。对于无力承担赔偿责任的寨民，可以放宽赔偿期限，例如，明年再赔偿。此外，对于村寨间拉事导致的人员伤亡，由全寨人共同承担赔偿责任，并均摊到每户。这样的安排符合公平性和共同承担的原则，在处理纠纷时起到了平衡各方利益的作用。

其二，偷盗纠纷的处理规则。村寨禁止偷盗行为，对违反者采取处罚措施。对一般偷盗引起的纠纷，采取偷一赔二的原则进行赔偿。如果本寨人偷本寨人的财物，除了偷一赔二外，还需"洗寨子"，即请全寨人吃饭。比如，如果是本寨寨民偷盗外寨寨民的蜜蜂，偷盗者需要赔偿一头牛给蜜蜂主人以及一头"洗脸牛"给山官家；如果是外寨寨民偷盗本寨寨民的蜜蜂，则本寨寨民可以提着1斤酒主动向山官报告。如果本寨寨民的牛被外寨寨民偷走，牛主人应主动向山官汇报并带上1斤酒。山官会委托寨头组织寨民集体抢回被偷的牛。村寨成员互相支持，共同维护村寨整体利益。可以看出，个人财产的所有权受到村寨的保护。

其三，择偶中的共同规则。在择偶上，村寨共同规则对寨民有所制约。一是查看女方家族历史。为了维护村寨安全，寨民不能娶从信仰上来说带有禁忌的姑娘。二是"血不倒流"。姑爷种可以娶丈人种的姑娘，但不能反过来。如果丈人种娶了姑爷种的姑娘——"迟来"，要给一头牛给丈人种家，同时还要给全寨一头"洗脸牛"。因为寨民认为出了这种事情，让全寨的人没脸。三是在聘礼方面，村寨其他寨民可决定部分聘礼，因为寨民认为"嫁出去的姑娘也是寨子给的"。

其四，婚姻中的共同规则。寨民必须遵守不能"抢别人老婆"的规定。寨中女性在婚前享有性自由，与他人发生关系时不受"通德拉"制约，但结婚后就要受到制约。在寨民心中，"抢别人老婆"被视为严重的错误。如果抢别人老婆被当场发现，丈夫可以直接将此人杀死而不用进行任何赔偿。如果事后发现本寨的人抢了寨子里其他人的老婆，抢夺者除了要赔偿男方以外，还要"洗寨子"，赔偿全寨寨民，请全寨寨民吃一顿。

（二）共同规则的产生

从属性来看，规则可分为内生规则和外生规则。而村寨共同规则具有内生性。共同规则是在村寨政治运行过程中积累形成的。共同规则是为了解决寨民或村寨在生产生活中遇到的问题，或寨民与其他群体互动作用产生的问题。"每次采取行动时都要回溯以往有关的原则、习惯和标准，而每当在具体环境中运用这些传统时，或许把某些内容增添进去，或许把某些内容去掉，这样传统也时常有了改动或变化。"① 从来源来看，共同规则来源于寨民在政治过程中处理人与自然的关系、人与人的关系两个方面。

1. 基于人与自然的关系而自然形成的规则

习惯被认为是人的第二本性，产生于人类的本能②。村寨中基于人与自然的关系而形成的规则是指寨民在适应自然环境的过程中形成并相传下来的习惯。

（1）自然环境规律。

村寨治理规则是在一定的物质资料生产的基础上产生和发展而成的，内生于村寨特定的环境。基于时令变化与山林生长规律形成的村寨规则，使得村寨的"寨"的特点突出。

一方面，通过自然力量的调节而自然形成生产秩序。在生产力极其不发达而导致人口稀少的全盛时期的氏族社会中，当时的人们正如恩格斯所说，"人类差不多完全受着同他异己地对立着的、不可理解的外部大自然的支配，这也就反映在幼稚的宗教观念中。部落始终是人们的界限，无论对别一部落的人来说，或者对他们自己来说都是如此：部落、氏族及其制度，都是神圣而不可侵

---

① 阿尔蒙德，鲍威尔. 比较政治学：体系、过程和政策 [M]. 曹沛林，译. 北京：东方出版社，2007：257.

② 柏拉图. 理想国 [M]. 郭斌和，张竹明，译. 北京：商务印书馆，1986：100.

犯的，都是自然所赋予的最高权力，个人在感情、思想和行动上始终是无条件服从的"①。木爱寨寨民先祖来此"踩寨子"时，此地还荒无人烟，没有旱地也没有水田。从木爱寨寨民先祖在此定居生活开始，他们就无时无刻不受到自然环境的制约。那时他们的首要目标就是生存和安全。要想在当时山高林密的自然环境中生存下去，寨民只有采取刀耕火种的生产方式。在生产过程中，寨民根据客观自然条件，顺应地势、气候等，选择合适的生产方式。"为了弥补我们在单独生活时必然产生的缺点和缺陷，我们自然地要去和他人群居并共同生活，这是人们最初联合起来成为政治社会的原因。"② 在此种情况下，森林、土地等资源自然为村寨所有。村寨内的山林、荒地、旱地、园子地等所有土地的产权归村寨。寨民只有占有权和使用权。在木爱寨，属于木爱山官管辖范围内的土地寨民均可占有。在开发利用森林、土地等资源时，寨民遵循村寨共有私占、共同保护的规则。

另一方面，通过集体性的农业祭祀活动统一村寨的生产活动。每年春季开耕播种之前，村寨会举行集体的祭祀农尚活动。祭祀农尚关乎村寨寨风，关乎全体寨民的安全健康、牲畜的兴旺及庄稼的丰收等。因此，祭祀之前，寨民不能私自开展播种等生产活动。村寨有较为清晰的物理边界。每个寨民都在限定的范围内生产生活，从而形成了与村寨自然环境相符合的生产生活习惯，并在此基础上形成了符合寨民行为逻辑的村寨治理规则。

（2）原始禁忌。

处于特殊社会形态之下的村寨，受生产力水平的限制，寨民自身力量和自然力量存在严重的不对等性，导致寨民对自然产生敬畏心理，衍生出强烈的自然崇拜。处于敬畏自然状态的寨民，在其意识中不存在明显的主体与客体的分立，他们信仰"万物有灵"的原始宗教。在万物有灵的信仰意识的主导之下，为了防范自然的惩罚，寨民在长期的生产生活中发展出原始禁忌。"人类秩序发端并非是一种有意识的行为，而是人类对自身生存方式和生活环境的本能反

· 133 ·

① 恩格斯. 家庭、私有制和国家的起源 [M]. 中共中央马克思恩格斯列宁斯大林著作编译局, 译. 北京：人民出版社, 1999：101
② 洛克. 政府论：下 [M]. 叶启芳, 瞿菊农, 译. 北京：商务印书馆, 2016：10.

应，出于对大自然的恐惧和对自我生命的保护，发展出初具规范特征的原始禁忌。"① 原始禁忌成为维护村寨秩序的基本依据。

在木爱寨村寨内部，寨民认为房屋的中梁不能对着洼子，否则生活不顺、人丁不旺。寨民通过"以梦试地"以及"以米试地"选择宅基地的地基。按照传统的习俗，寨民先要通过梦境试验土地的好坏，然后再通过以米试地的方式来决定地基的最佳位置。其背后体现着寨民对于自然力量和神秘力量的恐惧与崇拜。而这些禁忌固化了人们的观念和信仰，控制着人们的行动和思维，同时也影响着人们的生产和生活。

在木爱寨，开耕之前要举行集体祭祀活动。村寨所有祭祀活动女性都不能主持。基于对自然的崇拜，寨民在生产中遵循种植禁忌。一是恰逢打雷不能播种。二是女孩经期不能采摘，否则植物不长。三是辣椒不能在下雨天栽种。在种植稻谷之前，每户寨民都要以家户为单位在田里祭祀。从生育方面来看，孩子一出生就必须马上起名，否则孩子的健康会受到影响。在孩子出生的前五天内需要邀请董萨来家中为孩子祈福，祈求他身体健康。孩子出生后的前五天不得外出，只有第六天后才能出家门。此外，寨民遵守一系列禁忌，例如不得盗窃本寨其他居民的私有物品，如粮食或衣物，否则需要进行杀牲献祭仪式。

2. 基于村寨中人与人的关系而自然形成的规则

在传统村寨社会中，寨民除了要处理人与自然的关系外，还需要处理人与人之间的关系。村寨政治系统在治理寨民之间、村寨之间的事务的过程中自然形成村寨规则。村寨规则保护寨民的生命财产安全和生产生活等方面的基本权利。

（1）婚姻规则。

婚姻规则是村寨共同规则中涉及最广泛的一个方面。在村寨中，婚姻被视为一种重要的社会关系，涉及到家族、亲缘和社群之间的联结。婚姻规则主要包括选择对象、婚礼习俗、夫妻义务和后代继承等方面。这些规则往往根植于村寨传统，有助于维护村寨社会秩序的稳定。景颇族的婚姻规则是基于亲戚关

---

① 姜世波，王彬. 习惯法规则的形成机制及其查明问题研究 [M]. 北京：中国政法大学出版社，2012：73-74.

系和婚姻伦理的，其中单向的姑舅表优先婚配、同姓不婚、转房制等都是体现这种规则的。景颇族实行单向的姑舅表优先婚配，即姑爷种的男子迎娶丈人种家的姑娘，而姑爷种的女子不能嫁给丈人种家的男子。同时，他们也遵循着同姓不婚的原则，并保留了转房制度。根据景颇族的习惯，弟弟可以娶哥哥的妻子，这在景颇族的载瓦语中被称作"垂么库"；哥哥可以娶弟弟的妻子，被称作"垂库"；而娶去世亲堂弟兄的妻子，则在景颇语中被称为"嘎永比又叶库"。娶进门的媳妇不轻易给予他人。当哥哥去世时，弟弟可以娶哥哥的妻子，即使弟弟已经结婚，也必须娶哥哥的妻子。如果没有弟弟，哥哥的妻子也不能外嫁他人，而是会在亲堂弟兄或家门弟兄中寻找合适的人配对。

选择婚姻对象时，男方的父母拿着女子筒帕上的吊坠条条请董萨打卦，如果卦象显示不合适，即使姑娘再好也不能娶。另外，如果男子在结婚前让一名女子怀孕，需要带两头牛去女方献祭。女方会派两个人来通知男方。山官并不干预此类事件。如果男方不想要孩子，孩子将留在女方身边；如果女方不愿意给孩子，孩子也会留在女方身边。然而，如果女方愿意给孩子，待孩子断奶后，男方家庭需要出一头牛作为补偿，这被称作"奶牛"。当婚姻纠纷无法协调解决演变成村寨之间的纠纷时，就需要向山官等村寨权威报告。可以看出，这些规则都是基于人与人之间的关系自然形成的，能够维护家族、社群的和谐稳定。

（2）对寨民财产的保护规则。

对寨民财产的保护规则也是村寨共同规则的重要组成部分。村寨比较封闭，寨民之间存在紧密的互助和依赖关系，因此保护个人财产和集体财产是必不可少的。这些规则可以是口头传统，也可以是民间习惯法或制度化的共同约定。这里我们通过财产占有、财产流转来阐释寨民财产保护规则。

第一，财产的占有与保护。例如，蜜蜂这种资源根据"先号先得"的原则占有。本寨寨民偷本寨寨民的蜜蜂要受惩罚，并需要赔偿。因为偷本寨蜜蜂意味着偷蜜蜂的人小看蜜蜂的主人，并且偷蜜蜂在景颇族人看来是比较严重的偷盗行为。土地也是重要的财产，寨民通过"号田"的方式占有和开垦，并有义务告知邻居，以共同保护土地。水田的占有也主要依靠自家的劳动能力，山官不干涉。

第二，财产的流转与保护。在传统时期，村寨内部很少发生土地买卖的情况，包括水田也未曾在寨民之间买卖。寨民们珍视有限的水田资源，因此从未出现过出售水田的情况。寨内的旱地，只要有劳动力，每个寨民都可以开垦。虽然有租佃土地的现象，但也很少出现。租种水田的程序相对简单，主要包括以下几个步骤：首先，需要种水田的寨民主动与拥有水田的寨民商议，如果田主愿意，双方可以达成租种协议。这类协议通常是口头约定，不需要书面租佃契约。为了避免以后可能出现的纠纷，田主和做田人会请山官、寨头或立博等作证。如若未请相关人员作证，则可能导致纠纷难以处理。其次，在商议完成后，田主和做田人一同请山官、寨头或立博吃一顿饭。山官、寨头或立博确认后，做田人便可耕种水田，无须提前支付租金。在租佃期间，做田人的主要义务是维护水田和沟渠的良好状态，确保沟渠不坍塌、堵塞，田埂不垮掉，以免水田废弃。如若做田人未履行约定，田主则有权收回水田。在收回水田时，田主会提醒做田人将水田恢复原貌，如果做田人未能恢复，田主可要求其赔偿相应数量的粮食。田主根据水田和沟渠的修复工作量，决定做田人需支付的粮食数量。此过程需要田主与山官、寨头或立博等证人进行协商并做出裁决。这些规定为村寨内部的财产流转提供了明确的指导和约束，确保了土地的合理利用。通过规定租佃土地的程序和义务，人们在进行土地交易时有了明确的依据，减少了潜在的争议和纠纷。这有助于维护社会秩序和稳定。此外，这些规定还为财产保护提供了一定的机制。通过规定做田人对土地的维护义务和田主在租佃期间的权利，确保了土地不被滥用、破坏或侵占。

对寨民财产的保护规则反映了村寨内部的权力分配和经济秩序。寨民通过先占原则对蜜蜂和土地进行占有，并制定了相应的保护规则。这些规定既保护了个体寨民的财产权益，又维护了整个村寨的稳定和发展。对于偷盗行为的惩罚体现了对财产权利的重视。

（三）共同规则的内化

马林诺夫斯基通过对原住民的田野调查得出如下结论："在原始状态中，传统对于社会有无上的价值，所以再也没有比社会分子遵守传统更为重要的了，必须严格地遵守前代遗留的民俗与知识，才能维持秩序和文明。倘于此稍有松懈，便使团体团结不固，以致文化根本动摇。"① 共同规则产生以后需要寨民严格遵守才能维持村寨秩序。要使寨民严格遵守则需要将村寨共同规则内化于寨民心中。下文对共同规则内化的方式进行重点阐释。

1. 共同规则的口头传承

要想让寨民遵循村寨政策，首先需要让寨民对村寨政策有所认知。对于没有文字的传统时期的木爱寨寨民而言，口头规训是比较好的方式。同时，村寨政策具有价值导向，它是规范寨民行为的道德准则，是调解村寨、寨民纠纷的重要依据，需要对村寨政策进行口头规训。

第一，寨民大会强调寨规。每年在全寨开耕以前，山官都会召集全寨寨民召开寨民大会，当地寨民称之为"拾瓦灰"。"拾瓦灰"是对村寨政策（规则）进行口头规训的一个好时机。木爱寨一年一度的"拾瓦灰"在每年的农历正月或者二月召开，会议内容主要包括对未来一年中集体活动的安排，强调村寨规则以及违反村寨政策、破坏村寨利益应该受到的惩罚。比如，风景林的树木不能随便砍，不能去风景林砍柴。不能先于山官建窝棚，否则寨子不统一。"堆禾"不结束，寨民不能搞生产。寨民如果违反规则，比如发生偷盗、抢劫、强奸、偷水等行为，由山官惩罚。寨民家庭内部纠纷，如分家纠纷等，由寨民请山官到家中调解。

第二，家庭教育补充。除了山官、寨头强调以外，家长也要向子女讲述村寨规矩。民主改革前，景颇族没有文字，每户寨民家中也不会制定成文的家规家训。家庭教育主要靠说服教育和惩罚教育，以传承祖辈流传的规矩。在民主改革前，爷爷在世的话，爷爷可以进行家庭教育。据来马腊便老人回忆道："阿公会在一家子人都在的时候给大家讲家庭的规矩。过年的时候，阿公也会给大家讲规矩。阿公说，'那天我做梦，今年要注意……'。过年进好了，一年都顺利。"在分家的小家庭，一般是父母进行说服教育。"我因为老爹娶一个死一个，父亲日常教育我比较多，我也更听我老爹的话。"父亲能力弱的家庭，以母亲教育为主。何叶朋老人回忆自己家的家庭教育时说："大部分时候是母亲教育我们。晚上围着火塘，母亲就教育我和家里的姐妹。"家庭教育内容涉

① 马林诺夫斯基. 巫术科学宗教与神话 [M]. 李安宅，译. 中国民间文艺出版社，1986：23.

及村寨整体利益，如偷盗、抢别人老婆等让全寨丢脸的事情绝不能做，砍伐风景林违背村寨利益的事情也不能做，村寨祖辈传下来的禁忌要遵守。平时父母的教育以说服教育为主。说服教育以后，如果调皮的孩子还是会犯错，就会打孩子。"阿奶织筒帕，我老在下面跑，被打了。"如果在体罚中伤及孩子性命，其父母要"洗寨子"，因为"寨子不干净了，以后可能还会出这样的人"，并由山官、寨头出面进行干预。

2. 共同规则的浸润式濡化

"濡化"一词由美国人类学家赫斯科维茨首次提出。除了通过耳提面命式的口头规训的方式进行村寨政策的教化外，村寨还通过耳濡目染的方式对村寨政策进行浸润式濡化。

第一，集体活动传习。"落地伊始，社群的习俗便开始塑造他的经验和行为。到咿呀学语时，他已是所属文化的造物，而到他长大成人并能参加该文化的活动时，社群的习惯已是他的习惯，社群的信仰便已是他的信仰，社群的戒律亦是他的戒律。"[①] 村寨政策强调村寨的整体性，村寨的集体活动强化寨民对村寨政策的认识与内化。在每年的村寨祭祀等集体活动中，山官、寨头也要强调村寨纪律。以"拾瓦纵"为例。"拾瓦纵"的启动仪式由山官委托寨头主持。木爱寨的四个寨头商量谁去"拾瓦纵"的启动仪式上发言。寨头发言总会先强调活动期间的安全和纪律。"三天不要闹什么事，不能偷盗。注意防火，出门跳目瑙，家里火要熄火。"

第二，场景式惩罚教育。"场域是指位置之间客观关系的网络或图式。这些位置的存在，它们加诸于其占据者、行动者以及机构之上的决定作用都是通过其在各种权力（或资本）的分布结构中的现在的与潜在的情境客观地界定的，也是通过其与其他位置之间的客观关系（统治、从属、同一等）而得到界定的。"[②] 村寨政策也需要在一定场域中进行内化。村寨纠纷调解是村寨政策内化的现实场域之一。通过惩罚违反村寨寨规的行为，强化寨民对寨规的记忆。濡化主要通过部分有意识、部分无意识的学习过程，以老一代人掌握奖惩手段

① 本尼迪克特. 文化模式 [M]. 王炜，等译. 北京：生活·读书·新知三联书店，1988：5.

② BOURDIEU, WACQUANT. An Invitation to Reflexive Sociology [M]. Chicago：University of Chicago Press, 1992：97.

为基础，"教育每一代人不仅重复前一代的行为，而且奖励与自身濡化过程相适应的行为，并惩罚至少是不奖励与自身濡化过程不相适应的行为"①。纠纷调解过程其实是对寨民进行再教育的过程，也是将村寨共同规则内化的复杂过程。"在稳定的社会系统中，很多实践非常持久和稳固，因为这些实践被人们视若当然而接受，得到了规范的许可与权威化权力的支持，这些制度基础要素结合在一起所产生的强大力量是十分惊人的。"②

（四）共同规则对村寨秩序的维护

不同的人和组织构成的社会根据相应的规则进行自我治理③。村寨的共同规则适应村寨底色，符合寨民行为逻辑和价值观念。村寨权威运用村寨治理规则产生了较好的治理效果。

1. 共同规则对寨民行为的约束

（1）共同规则对寨民生产行为的约束。

传统时期的木爱寨土地属于村寨所有，寨民享有占有权和使用权，寨民没有完全独立自主的经营权。寨民的一部分生产行为受到村寨权威的约束。寨民在生产过程中要遵循村寨权威山官的领导。"什么都是官家先做，其他家才能做。就算想种谷子，也必须是官家先种，其他家才种。"④ 山官家的窝棚，景颇语称之为"拾瓦藏"。不搭建山官家的窝棚，寨子里谁也不能私自搭建自家的窝棚。每年山官家的窝棚没有修建以前，寨子的其他村民不能在田里建窝棚。山官家建窝棚时，全寨每一家去一个人帮忙。山官家的窝棚建好后，其他农户才能在田边建窝棚⑤。

待山官家的窝棚建好后，要在山官家的窝棚前举行播种仪式。寨民将开耕播种仪式称为"堆禾"。根据木爱寨的习惯，在举行播种仪式之前，寨中任何

① 哈里斯. 人·文化·生境 [M]. 许苏明，译. 太原：山西人民出版社，1989：7.
② 斯科特. 制度与组织：思想观念与物质利益 [M]. 姚伟，王黎芳，译. 北京：中国人民大学出版社，2010：5.
③ 徐勇. 用中国事实定义中国政治：基于"横向竞争与纵向整合"的分析框架 [J]. 河南社会科学，2018，26（3）：21-27.
④ 来自何勒都老人口述材料。
⑤ 来自何勒都老人口述材料。

人不得进行农业生产，否则将会受到惩罚。此外，为了保护村寨水源，寨民不能在水源处通过刀耕火种开垦土地。因此，在传统时期的木爱寨，寨民建窝棚、开荒、播种等生产行为受到一定限制。此外共同规则对寨民的劳动行为也有所限制，村寨祭祀农尚期间不允许寨民进行田间劳作。

村寨权威山官长期对寨民生产行为的引导和限制，让寨民习惯了带头人的引导，产生了依赖带头人的心理。村寨权威对寨民生产行为的限制有利于村寨权威保持自身的领导地位以及在村寨中的影响力。同时，保持生产的统一也在一定程度上保证了村寨的统一性。

（2）寨民对山官的服从与支持。

除了对寨民生产行为进行约束外，共同规则还影响着寨民对村寨权威山官的态度。在山官制下，景颇族社会中的人群被划分为官种、百姓和奴隶三种等级，而等级划分基于血统而非财产。这种等级制度源于景颇族的传统观念与文化体系。根据寨民的观点，寨内的百姓永远只能担任百姓的角色，即使是那些拥有一定影响力的人，也只能担任寨头，无法成为山官。这种官种和百姓的等级制度被寨民所接受，并且他们认为只有官种才具备担任山官的资格。因此，百姓开山立寨后，如果没有官种出身的人担任山官，就需要从其他寨子请来官种担任山官。根据山官制，在木爱寨只有排姓才能成为山官，也就是说只有官种出生才有可能担任这一重要职位。"服从权威的理由根植于权威得以确立的基础之中。"① 寨民对山官的服从和支持是山官治理得以有效实现的重要前提。这种服从与支持的动因来源于多个方面。首先，寨民之所以愿意服从山官的治理，主要是基于血统观念和家族制度、传统习俗和文化价值观、村寨权力和约束机制、经济利益和资源分配的相互作用。作为官种姓氏的成员，山官代表着村寨的尊严和权威，寨民出于对山官的尊重和忠诚，往往更容易接受和服从山官的权威。此外，村寨的权力和约束机制也是寨民服从山官治理的重要原因。作为村寨内部的权威人士，山官拥有一定的权力，可以行使权力进行管理和约束。例如，山官可以制定规则、统领监督村寨生产活动、解决纠纷等。寨民往往认识到山官权力的存在与约束作用，因而更愿意服从其治理，以维护社会秩

---

① 奥罗姆. 政治社会学导论［M］. 4版. 张华青，何俊志，孙嘉明，等译. 上海：上海人民出版社，2014：48.

序和稳定。从寨民对山官的服从和支持的角度来看，还有一些其他的因素需要考虑。首先，在村寨内部，山官通常代表着一种相对固定的秩序和权威，相对于社会动荡和无序状态，他们所提供的治理规则可以给寨民带来更多稳定和保障。其次，由于村寨规模相对较小，山官在处理问题和回应寨民的过程中更具效率和灵活性，能够满足寨民的实际需求和利益。最后，寨民通常会遵循景颇族的传统习惯的执行行为，即使没有经济利益和权力约束等因素存在，寨民也可能出于对村寨共同规则的认同而服从山官治理。

寨民视山官为村寨对外的代表和内部的统领者。作为引领村寨生产活动和组织集体活动的重要角色，山官在木爱寨的社会中具有重要影响力。在传统时期的木爱寨，山官的存在与重要性被寨民高度认可。寨民普遍认为村寨中不能没有山官，正如他们说的，"母猪没有，母儿（猪仔）不会长大，山官没有，一个寨子做不成"。这种观念体现出山官在村寨中的不可或缺性。寨民心中百姓永远为百姓，即使最初"踩寨子"的百姓也不能担任山官，最多只能担任寨头。百姓开山立寨后如果没有山官统筹，寨民要去别的寨子请来官种担任山官。山官家世世代代都可以当山官。

在传统时期的木爱寨，山官既是村寨对外的代表，又是村寨内部的统领者。山官既是村寨生产活动的引领者，又是村寨集体活动的组织者之一。在传统时期，山官是村寨纠纷调解的权威主体之一。景颇传统社会中有这样一种说法，山官在解决纠纷中是"山官办错的事找不着，竹子酒筒的裂缝看不见"[①]。对山官的调解，寨民比较信服。没有山官，纠纷很难得到有效解决。寨民认为没有山官，村寨社会中就像没有能"压平房头的竹竿"。山官通过共同规则治理村寨，在维护村寨利益和秩序的同时又获得寨民的服从与支持。

2. 对违反村寨利益行为的惩罚

第一，对直接破坏村寨公共财产行为的惩罚。村寨不允许砍伐风景林。风景林范围以内，无论谁都不能乱砍树木，也不能开荒。寨民认为树越多，尤其大树越多、竹子越多，村寨的寨风就越好，村民会少病。如果本寨寨民违反规定，砍伐风景林或在风景林内开荒，会受到山官、寨头的惩罚。主要有以下几

---

① 杨清明. 中国景颇族山官［M］. 潞西：德宏民族出版社，2001：93.

种情况：一是砍风景林的树 5~6 棵或者开荒 3 亩，情节严重，罚 1 头牛；二是砍风景林的树 3~4 棵或者开荒 1 亩，罚 1 头猪；三是砍风景林的树 1~2 棵或者开荒 0.5 亩，罚 3~4 只鸡。如果是外寨的寨民违反上述情况，山官、寨头会加倍处罚他们，因为要维护寨子，别人来乱砍风景林的树，寨子的威信就没有了。

第二，对参加集体活动不积极者的惩罚。集体活动不积极出力者会受到惩罚。以集体出工修路为例，不允许家庭有劳动力而不参加集体出工。寨头根据修路的难易程度进行人员分配。难修的路多分配人手，不难修的路少分配人手。如果家里有劳动力，但不想参加，会被罚钱。村寨集体消费"逃不得"。民主改革前，在木爱寨，由山官、寨头举行的集体消费活动，如果需要寨民平均承担，那么寨民必须平均承担。例如，在村寨集体祭祀消费中，每年固定要出鸡、米、鱼以及酒，按户平均出。"如果家里没有或者拿不出，就出钱，逃不得。一样都不出的人就不算寨子的人了，撵出去了。这种哪个也不敢搞，以前没有出现过这种情况。"村寨组织的集体消费，外寨的人不能参与。

第三，精神层面损害的惩罚。如前文所述，木爱寨寨民每年两次祭祀农尚期间，不允许外人进入，也不许本寨的人出去，否则他们认为会对全寨住民不好，因此会对违反者进行严惩。从惩罚对象来看，对外寨人的惩罚与对本寨人的惩罚不同，对外寨人的惩罚更重。具体而言，如果祭祀当天有外人进来，就不让他出寨子，关两天，举行祭祀农尚活动当天不能出去，祭祀农尚第二天也不许出去，直至第三天才开寨子。如果外寨的人进入后又跑出去，则会被罚款，并且根据情节严重与否来定。一种情节较轻的情况是外寨人不懂规矩，进错了，一般情况下山官、寨头就会说："不消讲了（罚款），给他宽大处理。"吃住上，先问他是哪个寨的，然后再看寨子上谁是他的亲戚，让亲戚管吃住，这样他就不会跑了。如果在寨子里没有亲戚，就去寨头家吃住。不去山官家，山官家关着的一般是拉事、有纠纷等大事的人。情节严重的情况是有人故意反抗、发火，"短路"的人就拷着他、拴着他去山官家，由寨头、官家处理。山官、寨头会问这个人："你为什么这样搞？我们寨子你小看了。你自己说应该赔多少。"罚款用于集体活动。

如果在祭祀农尚期间，寨民离开寨子，仍然会受到处罚。情节较轻的，不会罚款，山官和寨头会口头批评他们。如能在半夜前返回村寨，则不会被罚款。情节严重的，将受到罚款的处罚，因为这种行为违反了寨风。在祭祀农尚期间，寨头会明确告知违规者罚款的具体金额。对于不听劝告坚持要出村寨的人，会被视为严重违反寨风，由山官和寨头来处理，严重时将被驱逐出村寨。

罚款多用实物抵偿。村寨权威制定的惩罚规则具有一定的普惠性，如严重违反村寨公共利益的行为会被罚"洗寨子"。"惩罚可以抚平集体感情的创伤，满足共同意识，具有保护社会的功能。""惩罚之所以能够具有一种保护社会的功能，是因为它具有一种抵偿性。"① 寨民在举行集体活动时，无论是本寨还是外寨寨民违反寨规，视情节严重程度，都会给予惩罚。惩罚的物品用于集体消费。在祭祀农尚时，如果有寨民违背寨规，被罚牛和猪，那么惩罚得来的猪、牛可用于祭祀农尚，全体寨民也会少出祭祀品。如果祭祀农尚的时间未到就有寨民被罚猪或者牛，寨头就安排某户农户帮忙放养猪和牛。这个农户由寨头指定，全寨给他钱，不给钱的话也要给点粮食。如果在举行目瑙纵歌期间，有人打架闹事，会被罚款，或者被罚猪和牛。山官举办的目瑙纵歌，打架闹事者就赔给山官牛或者猪。山官可以请大家吃一顿，但是剩下的东西全部归山官家。

惩罚以实物为主，这为尽快恢复被破坏的村寨社会关系奠定了基础。"景颇族习惯规范之所以历经数百年而不衰，关键就是其处罚结果能够得到顺利执行。"② 那么村寨政策为什么能够得到有效执行呢？因为村寨共同规则得到了寨民的深刻认同。那么寨民为什么会如此认同呢？从内容来看，村寨政策是基于对寨民生产生活的提炼和总结，并经过数次的摩擦与调试而发展起来的，符合寨民的价值观念及行为逻辑。景颇族原始宗教信仰既是产生景颇族习惯规范的一个重要的渊源，也是景颇族习惯规范得以执行的一个内在权威③。村寨共同规则源于寨民生产生活，符合寨民生产生活实际、符合寨民行为逻辑，从而与寨民的价值取向一致。也就是说村寨共同规则适应村寨底色，因而有较好的治理效果。从传承方式来看，寨民首先要将规则烂熟于心，然后内化为行为。当遇到违反村寨政策的情况时，寨民便知道应该如何处理此类事件，同时这类事

① DURKHEM，EMILE. The Division of Labour in Society［M］. London：Mac millian，1984：64，70，转引自周怡. 共同体整合的制度环境：惯习与村规民约：H 村个案研究［J］. 社会学研究，2005（6）：40－72. 243.

② 赵天宝. 景颇族习惯规范研究［M］. 北京：民族出版社，2014：241.

③ 赵天宝. 景颇族习惯规范的宗教维度［J］. 东北师大学报（哲学社会科学版），2013（6）：41-45.

件的处理结果不会太超出寨民的心理预期。

二、村寨意识与规范

共同规则让寨民明确地知道应该怎样行动，村寨意识则让寨民明白为什么要行动。"村寨意识是集体意识之一种，它是村寨成员为了维持村寨永续发展经过长期潜移默化的结果。"[1] 一切行动都是为了村寨整体的维持与延续。村寨制系统在运行过程中从意识方面对寨民思维、寨民态度、寨民行为进行塑造和规范。

（一）对寨民思维的塑造

1. 平均思维

在物质生活贫乏的情况下，原始平均主义观念对解决生产、日常生活急需和增强村寨整体性起了一定的作用。

（1）生产："见者有份"与男女同劳。

第一，狩猎中的平均分配——"见者有份"。如前文提到，寨民狩猎有两种方式，即几个人组成的"拾火"和全寨参与的集体撵山。无论是几个人组成的"拾火"，还是全寨参与的集体撵山，寨民都遵循"见者有份"的原则进行猎物分配。也就是说在分肉之前在现场见到猎物者，无论是陌生人还是熟人，无论是本寨的寨民还是外寨的寨民，都可以分得一份肉。在具体分肉过程中，按照村寨狩猎的共同规则进行分配，也特别讲究平均分配。寨民打到猎物后，将肉分成两类，第一类用于现场做菜，由参与狩猎的大伙在山上吃，另一类用于平均分配。将狩猎到的猎物根据在场人数平均分成几份，然后平均分给参与狩猎的人。大肠、小肠、肝和肺等内脏以及肉都平均分成相同份数。这样的分配方式符合平均分配的原则。

第二，男女劳动的平均观念。传统时期，木爱寨无论男女均要参与劳动。

① 谭志满，杜鹏. 侗族民间信仰中的"村寨意识"探究 [J]. 贵州民族研究，2015，36 (11)：117-120.

从劳动时间上来看，男女劳动时间大致平均。男女虽然有分工，男性负责重体力的农活，女性主要负责家庭内部事务，但女性仍然要下地，从事干拔草、割谷等农活。女性忙不过来时，男性也会帮忙带孩子。小孩能干活时，也要帮家里干活。何木图老人回忆说："我5岁的时候就开始学春谷、背水、找柴、找野菜、找猪草。那会儿背水用的是两个竹子做的竹筒背水。做饭的时候，我还没有那么高，找东西来垫着。"

（2）生活：饭包均分与男女均等消费。

寨民在家庭生活中的平均观念主要体现在家庭消费上。叶子包饭，平均分配。传统时期的木爱寨寨民吃饭不用碗，而是采集叶子包饭，图4-1为祭祀中用叶子包好的饭包。有的家庭会专门让老人在"瓦普朵"吃饭，以表示尊敬，但吃的饭菜都是相同的。在粮食不够吃的情况下，能够平均分配尽力平均分配找到的食物。寨民采集回来的食物也平均分配。传统时期，在木爱寨，对于家庭经营成果的消费，寨民秉持平均原则，主要体现为男女消费上的平均。寨民在家庭消费方面不"重男轻女"，儿子、女儿同等分配。何木图老人回忆自己小时候的家庭消费情况时说："我在娘家的时候，家里的男孩、女孩在穿衣、吃饭等方面都是一样对待的。衣服老爹自己缝。老大穿了给老二穿。那会儿的衣服都是破破烂烂的。"

图4-1　用叶子包好的饭包（祭祀中）①

---

① 笔者调研期间拍摄。

（3）注重集体消费中的平均分配。

第一，村寨集体分肉中的平均。寨民集体分肉有以下几种情况：一是集体祭祀中的分肉，如祭祀农尚结束后，全寨会集体分肉；二是以家户为单位祭祀的分肉。图4-2为正在平均分配中的祭祀品。

图4-2　正在平均分配中的祭祀品①

第二，共同消费中的平均：有肉大家吃，有酒大家喝。传统时期，在木爱寨，对于集体消费物品，村寨成员享有均等的消费资格。在集体消费期间，只要是木爱寨的寨民，均有资格参与。集体祭祀等集体消费对外寨人员具有排他性，不允许外寨人参与。在集体消费过程中，山官、寨头也与寨民同等消费，不会单独给山官、寨头做特别的饭菜。当全寨寨民帮山官家建窝棚时，山官准备干巴给寨民吃，如果干巴吃不完的话，山官会让官娘平均分给每户，让寨民拿着回家去吃。如果有特殊情况，如家人生病或者没有劳动力的家庭没有来人帮山官家修建窝棚，山官也会平均分给一包干巴。全寨祭祀农尚时所需的猪、牛是由全寨寨民按照户数均摊的。全寨举行目瑙纵歌时，也是每户平均出米、鸡等。献全寨水井的祭品也是由每户寨民均摊的。"献拾瓦朗，每户出一只鸡、一升米。拿来的东西，不能一个人多吃了。在献鬼没有结束时，任何一种食物都吃不得。"来马腊便老人对此说道。在献水井仪式中，由煮饭组用芭蕉叶或大酸粑叶将饭菜分别包好，然后平均分配给参与者。稀饭一个一包，有几道菜

① 笔者调研期间拍摄。

就包几包。同时，也会送去给山官。山官家与寨民享用相同的饭菜和分量。在献水井当天，如果有寨民因故未能参加，也会为他们留下相应分量的饭包、菜包。无论是以全寨为单位还是以家户为单位祭祀，参与者都会平均分配食物。无论是在献水井仪式中还是其他的祭祀活动中，这样的分配方式确保了参与者公平地分享食物。

村寨的共同规则对寨民的平均思维产生了影响。无论以全寨为单位还是以家户为单位祭祀，参与者都能获得相同分量的食物，并留下一部分给未能参加的寨民。这种平均分配方式对寨民的平等意识、社会凝聚力、公共利益追求和义务履行形成了积极影响。首先，平均分配的规则培养了寨民对平等的认知。每个人都有平等的权利和机会，不论其在村寨中的社会地位或个人能力如何。这种平等意识使寨民们更加尊重彼此，建立起平等相待的互动关系。其次，平均分配的规则增强了村寨社会的凝聚力。通过强调集体意识和团结精神，寨民们认识到他们是一个相互依赖的集体。每个人承担自己的责任，并以平等的方式分享集体资源，从而共同营造出团结和谐的氛围。再次，平均分配的规则凸显了对村寨公共利益的追求。确保每个人平等获得食物的原则，保证了每个寨民的基本需求得到满足。最后，平均分配的规则还培养了寨民们对义务履行责任的认同。在献水井仪式中，未能参加的寨民也能获得留饭包和菜包，这体现了对他人的关怀和尊重。寨民们通过这种规则，认识到自己应当关心他人的权益，从而形成了积极的道德观念。总而言之，平均分配食物对寨民的平均思维产生了积极影响。它不仅培养了寨民的平等意识，增强了村寨凝聚力，使寨民追求公共利益并履行自身的义务，也有助于维系寨民之间的和谐关系，并推动了村寨社会的稳定发展。

（4）对不平均的反应。

如果在生产生活、家庭内部、村寨整体等方面出现不平均的情况，根据具体事项，寨民有不同的反应。在家庭生产中，寨民认为"男的不会做活，女的不会织，在不得"，无论男女，不会干活，则不会生存。寨民在狩猎中遵循"见者有份"的平均原则。根据寨民的信仰，寨民认为如果不遵循此项原则，会给村寨带来灾害。出于对自然力量的敬畏和村寨整体利益的维护，共同规则塑造了寨民在生产中的平均思维。

如果在集体祭祀中，大家都出祭祀所需的东西但有农户不出，则不出的农户"不算寨子的人，在这个寨子待着也没有脸"，会被驱逐出村寨。寨民婚丧喜事、建新房等需要帮忙时，如果家里有劳动力却不去帮忙，寨民以后也不会帮他。问及为什么给生病不能来修建窝棚的寨民分干巴时，寨中老人说："同等对待，不给不好，不给，代表不喜欢，人不到礼要到。连着两年不去的没有。"

2. 务实思维

(1) "不会做活、不会织，在不得。"

景颇族是一个勤劳的民族，面对生存环境的威胁，寨民只有尽力劳动才能存活。勤劳一词，被景颇载瓦语称为"界定"。在景颇社会流传着许多关于勤劳的俗语。例如："别人挖地的时候，他不挖；别人撒秧的时候，他不撒，这种人是穷人命。""不会做活、不会织，在不得。"选媳妇选勤快的，母亲在教育女儿时，常常对女儿说："女人要勤劳，家里的火塘才会旺。"

(2) "当天找，当天吃。"

传统时期，寨民在长远利益和眼前利益的选择上，受自然条件以及生产力水平的限制，更倾向于眼前利益，无法顾及长远利益。木爱寨气候条件优越，适宜多种野生植物生长、多类野生动物生存。寨民生存方式还比较原始。食物的取得可以当天找当天吃。优越的自然条件让寨民可以不用去思考长远生存问题。在生产能力有限的情况下，寨民首先保证当下生活。民主改革前夕寨民吃饭时，仍然有"当天春当天吃"的习惯。寨民找山野菜、野生菌等到市场交换，交换后转而用于消费，积累观念比较淡薄。

3. 村寨思维

在村寨政治过程中，寨民形成了将村寨利益放在首位，注重村寨整体性的村寨思维。"整体一个人"的社会组织是以血缘为基础集结起来的社会系统的特征。在木爱寨，寨民不出米等祭祀品时，会被认为不是寨子的人，而正因为这种行为会被认为不是寨子里的人，寨民就不会不出。寨民对村寨的依附关系使得寨民非常害怕被赶出村寨。"如果家里没有或者拿不出，就出钱，逃不得。

一样都不出的人就不算寨子人了，撵出去了。这种哪个也不敢搞，以前没有出现过这种情况。"不是寨子里的人对寨民意味着没有脸面，无法在景颇社会生存。而寨民一旦被村寨赶出去，则会面临死亡风险。

对于寨民而言，破坏村寨寨风属于犯了最为严重的错误，会受到严惩。严重违反本寨寨规的外寨人，会受到比本寨寨民更为严重的处罚，以维护村寨威信。木爱寨在生产上保留山官权威，山官对村寨中特别困难的寨民也采取生产救济措施，提供一些生产帮助。

此外，在孤寡救济、纠纷调解等方面也体现了村寨的整体性。比如传统时期，没有子女的孤寡老人，有兄弟的由兄弟轮流照顾，没有兄弟的，则由全寨共同养老，由山官统筹，寨头执行。具体操作如下，由寨头组织全寨每户出 5 邦谷子（相当于 15 斤谷子）以及一小捆柴。家庭困难的寨民也可以不出谷子，但可以给孤寡老人送盐、豆豉等。当孤寡老人去世时，有亲兄弟的就由自家兄弟负责丧葬开销，没有兄弟就由全寨子负责孤寡老人的丧葬开销。不固定每户寨民出多少，每户寨民根据自家实际情况，有多少出多少。如果寨民私自先建窝棚，违反村寨规则，会被罚东西。问及为什么会被惩罚时，来马腊便老人答道："因为他这样做，整个寨子就不统一了嘛，破坏寨子的寨风，其他人跟着做就乱了，所以不能违反。"

村寨在举办目瑙纵歌等集体活动时，需要维持秩序和保证寨民的安全。为此，村寨组织了有 10 个人的保卫组，称为"赞子亚不给"。在活动开始时，这个保卫组的成员会分散在目瑙纵歌场地的四周。当遇到吵架、打架或闹事的情况时，他们首先会进行劝说。如果劝说无效，他们会将闹事的人关押到山官家的谷仓里。通常情况下，关押时间为三天，并要求罚款一头牛或一头猪。这样的处罚旨在通过经济惩罚和社会舆论的压力，来防止和制止寨民之间的冲突和违规行为。从促进寨民村寨思维形成的角度来看，这种集体活动的组织和治理方式具有一定的作用。首先，通过设立保卫组，村寨能够确保活动顺利进行，维护了活动的秩序和安全。其次，对于违规行为的严肃处理，有助于形成一种共同价值观和道德规范，增强了村寨的凝聚力和寨民的归属感。最后，罚款措施让寨民意识到违规行为的影响和后果，从而更加谨慎和自律。总体来说，这种村寨集体活动中的治理方式，可以促进寨民形成团结协作、遵守规则和共同维护村寨稳定的村寨思维。这种思维对于村寨制的良好运行具有重要意义。

（二）对寨民态度观念的影响

从村寨意识方面来看，村寨政治系统的输出不仅影响寨民的思维，也影响寨民的态度观念，包括寨民的生活态度、生产态度、财富观念、政治态度以及社会态度。

1. 生活态度

（1）"官家是一个寨子的代表，要脸。"

传统时期，在景颇族村寨，山官是对内对外的最高代表。在木爱寨，山官家的家庭经济条件实际上没有来马寨都家的经济条件好，但山官家的房屋比寨民来马寨都的房屋修建得更好，比寨民家的房子要大。问其缘由，老人回答："官家是一个寨子的代表，要脸。"山官家进新房庆祝时，庆祝规模也高于普通寨民。同时山官家进新房时，寨头率领年轻姑娘小伙割草完毕后，要盛装打扮，然后排成队敲锣打鼓地给山官背草去，因为其他寨子也以寨为单位敲锣打鼓地来，本寨的寨民不能给山官家丢脸。在日常生活中，山官及官娘一般不赶街子。寨民到寨外交换物品主要是去老街子、遮放街，俗称"赶街子"。民主改革以前，寨民交换意识比较薄弱，认为赶街子是一件不光彩的事情，只有穷人才会经常去赶街子。山官作为景颇族村寨的对外代表，一般不去赶街子，官娘也不去赶街子。如果本寨的山官、官娘去街上赶街子，别的寨子的寨民就会笑话本寨的人，认为寨子的山官家很穷，丢寨子的脸。木爱寨的排姓山官家一般都能自给自足，如果需要买铁质生产工具等自家不能制作的物品时，则请村寨亲戚帮忙买即可。

（2）自我节俭与集体中的舍得。

民主改革前，寨民日常生活非常简单。吃饭时，用辣椒蘸着盐就可以吃一顿饭。在地里干活时，在山上找点野菜加点盐就可以拌饭吃。吃饭也不用碗，而是用芭蕉叶包饭，称为"饭包"。而在集体活动中，寨民却很舍得。集体活动让寨民出鸡、米、酒等物品时，个个都愿意。特别困难的家庭，可以少交，但不能不交。集体祭祀要杀牛时，也是寨民出钱。

2. 生产态度

（1）多种生产方式寻求生存。

传统时期，木爱寨的手工业还没有完全分离出来形成独立的产业。寨中女性虽然编织筒帕、筒裙等，但这些编织品多用于自己消费或者作为礼物赠送亲友，不会进行销售。总体而言，寨民生产能力有限，只通过农耕无法满足寨民的日常需求，因此，寨民除了耕种水田、旱地外，还会狩猎和采摘。狩猎是寨民补充肉类的途径之一。采摘不仅用于自我消费，还可以用于交换，换取生活必需品如盐等。

（2）自在的干活态度。

妇女早上负责舂米、背水。舂一次米够吃 2~3 天，早上六点起床后就开始舂米，一上午才舂一箩谷子，大约花费 2 个小时。男子一般早上不干活，十点吃过早饭，稍微休息一下才出门。如果要吃嚼烟，还得再多耽搁一点时间。由于水田、旱地距离居住地比较远，去田地要花费半个小时至两个小时的时间，到达水田、旱地时，因为天气太热，所以需要到阴凉的窝棚休息一下，然后才开始干活。寨民干活会自带饭包，在坡上吃午饭后，再休息一下，大约花费一个小时才开始干活。待"皮又一"鸟发出叫声时，就可以收工回家。整个劳动时间最多不超过 6 个小时。

（3）生产的独立与限制。

传统时期，木爱寨寨民在生产上具有一定的独立性。寨民对于自家水田或者旱地种植什么、种多少以及怎么种都可以独立做主。开垦旱地时怎么砍山、烧山等由男女当家人一起商量；在水田里种植稻谷时，怎么犁田、做田、铲埂子、上埂子等，由家里的男性当家人做主，妇女一般不干涉做田。其他家庭成员即使是丈人种、姑爷种，也不会干涉别人的生产经营以及劳动成果分配。如果儿子已经分家成为新的当家人，对新家庭的经营，年老的父母不会干涉。对于一起生活的儿子的生产经营，年老的父母会提意见；然而，何时耕种并不是自家说了算，而是由山官和寨头共同商议决定。寨民要在修建山官家窝棚并举行"堆禾"仪式后，才能开展农业生产。如果谁家提前耕种，则会受到惩罚。

3. 财富观念

(1) 重消费，轻积累。

第一，生活目标简单。在刀耕火种的生产方式下农产品有限，大部分寨民处于入不敷出的状态。寨民认为能常年"有饭吃，有酒喝"，这样的生活就非常好了。如果"有饭吃，有酒喝"，同时人丁兴旺还能住九格房屋，则被认为是让人羡慕的生活。每当风调雨顺，田里庄稼丰收，棚里禽畜兴旺，物质生活稍有改善时，寨民就自得其乐，不愿扩大生产规模以积累财富。

第二，积累观念薄弱。寨民生活在山地，物产丰富，野兽众多，植被茂盛，可食用的野生动植物比较多，食物获取比较容易。与西北少数民族面临的贫瘠、恶劣的环境相比，木爱寨的寨民存储食物没有那么重要。寨民不习惯储蓄。

受原始平均观念的制约，加上村寨长期处于较为封闭的状态，寨民养成了自给自足的原始农耕生活习惯，商品交换意识和聚财观念都比较淡薄，多采取以物易物的方式进行交换以互通有无。寨民认为财富主要用于消费。牲畜饲养管理的方式原始，没有积肥观念。不少人对农产品不做精确计量，不进行积累。农产品不够吃的时候就上山打猎或采集野生植物。

第三，村寨财富主要用于消费。木爱寨每年集体祭祀或者寨民家中祭祀时，如果需要杀牛、杀猪都会给山官送一条腿。山官不会吃掉，而是用一排竹子或者两排竹子把兽腿挂起来做成干巴，专门用于修建山官家窝棚时给寨子的寨民吃。此外，村寨所有的"拾瓦谷"也主要用于集体消费。在木爱寨，违背"通德拉"的寨民会被罚以财物，所罚财物主要用于集体祭祀或者由被罚者直接请寨民吃饭。

(2) 财富不等同于等级地位。

村寨允许寨民有自己的财富。每户寨民允许拥有生产工具，饲养牲畜，寨民自己开垦的水田、园子地可以继承。自己修建的房屋也可以传给下一代。寨民离开村寨便失去对土地的占有权和使用权。如前文所述，村寨内部分为官种、百姓以及奴隶三个等级。等级的划分主要依靠血统，无法通过积累财富改变自己的等级地位。百姓即使比山官家富裕，也不能担任山官。

4. 政治态度

（1）不畏惧山官。

寨民帮山官干活，不是因为畏惧山官，而是认为山官因处理村寨事务而没有时间耕种庄稼，所以自愿帮山官出工干活。山官通过"通德拉"治理和维持村寨秩序。当寨民违反寨规时，山官根据习惯法对寨民进行惩罚；而当山官违反寨规时，山官同样会受到惩罚，甚至加倍惩罚。

（2）国家观念淡薄。

传统时期，根据木爱寨老人的回忆，村寨基本处于王权不在的状态。国家不会出面修建和维护村寨公共基础设施，在发生自然灾害时，国家也不会救济。国家不会干涉村寨治理。山官和寨头的选任，国家也不会干涉。山官对傣族土司的态度为"服管不服调"。傣族土司除了每年派人向村寨收取公麻烟以外，基本不会干涉其他村寨事务。村寨之间的纠纷也不通过土司解决，由双方村寨的山官和寨头协商解决。

5. 社会态度

（1）以村寨为主要活动单位。

民主改革前，木爱寨寨民的社会活动主要以村寨为单位进行，村寨社会活动的整体性较为明显。寨民家中若有婚丧嫁娶，则全寨参与。村寨集体祭祀活动，由山官统筹，寨头具体执行。寨民根据自身爱好参与集体娱乐活动。集体活动中相伴而生的是集体消费。在集体消费中形成临时性的棚龙组、做饭组、做菜组。为了保持村寨的整体性，寨民在吃新米方面也形成了一定习惯。他们会选出一个代表寨子吃新米的农户，只有在这个农户吃了新米后，其他寨民才能享用新米。这样做在一定程度上保持了以寨为单位的统一性。

（2）村寨公共事务："各个愿意"。

正所谓寨子人关心寨子的事，传统时期，木爱寨寨民对于涉及村寨公共利益的事情都积极参加。无论是村寨修路修水井还是祭祀农尚，无论是村寨内部婚丧嫁娶还是村寨之间纠纷拉事，寨民都积极参与，不仅出物品，还出劳力。

（三）对寨民行为的塑造

村寨制除了影响寨民思维、态度观念外，也对寨民行为产生了影响。村寨政治系统的输出有一定目标性，围绕村寨整体性这一核心目标规范寨民行为，提升村寨凝聚力。村寨政治系统的目的是维持村寨秩序，维护村寨整体性。村寨政治系统输出的政治产品不仅对寨民意识进行形塑，还对寨民行为产生影响。村寨政治系统通过引导、规范、约束寨民行为，从而更好地实现自身的有效运行。

1. 对寨民日常生活中行为的规约

第一，对寨民个人修养方面的约束。一是不能抢人家的老婆，因为这种行为是丢寨子脸的行为。二是不能偷牛、偷马、偷庄稼和蔬菜。三是不能打架闹事。比如其他寨民在家中举办仪式活动，如结婚、进新房、老人去世时，不能去闹事。村寨集体活动中也不能打架闹事。寨民若是在村寨集体活动目瑙纵歌上打架闹事，则会被保卫组"赞子亚不给"抓住处理。四是寨民外出打猎、去江上钓鱼，不能两个人去，至少三个人一同前往，因为万一出什么事情才有证人。五是对寨民借钱借粮行为的约束。欠债不能赖账，要尽早归还。"欠别人的债早还"，"借多少，洗不掉，丢不得"。

第二，对寨民交往的约束。村寨对本寨人与外寨人之间的交往有一定的约束。在村寨发生冲突期间，木爱寨寨民不去赶街子，以防被对方抓走。在拉事期间，本寨寨民与有冲突的外寨寨民即使有亲戚关系，也不会来往。即使是去走亲戚也不行，会被对方寨子的人抓起来当人质。两个村寨如果存在纠纷，在纠纷还没有得到解决前，不能再建立婚姻关系。木爱寨对外寨人来本寨的行为有一定的约束。在本寨有亲戚朋友才能进寨卖东西，"不熟的不能来"。进寨先找亲戚朋友，并告知山官。村寨祭祀农尚期间，不允许外人进入，也不许本寨的人出去，否则会对全寨寨民产生不好的影响。

第三，影响寨民消费行为。传统时期，木爱寨寨民消费内容主要包括日常生活、祭祀、看病、节日礼俗开销、宾客宴请、人情往来、生产投入等。寨民出生、结婚、进新房、老人去世、生病、出行等都离不开祭祀活动，祭祀就需要祭品。一年之中，因各种原因，一半以上的寨民都会杀一头牛进行祭祀。

2. 寨民对山官表示尊敬

第一，百姓给山官送"宁贯"。根据景颇族社会的传统，在木爱寨每户百姓杀牛祭祀或者打猎获得野兽时，必须给山官送上一条后腿。给山官送"宁贯"表示百姓认同山官领导，承认百姓与山官之间的隶属关系，肯定百姓依附于山官。新搬迁来的住户，也要履行给山官送"宁贯"的义务。新迁户在杀牛祭祀或者打猎获得野兽时，也必须给山官一条后腿，以表明自己已经正式成为山官辖区内的成员。在木爱寨，山官收到后腿后，吩咐官娘制作成干巴，用于每年祭祀和修建"拾瓦郎"时消费。

第二，百姓到山官家出"官工"。在传统时期的木爱寨，山官没有脱离生产，也没有剥削百姓。成年的百姓每年都要去山官的土地上无偿劳动几天，一般是三天，称为"官工"。山官不用去帮忙农户干活。因为寨民认为山官是村寨领袖，平时为大家管理寨子花费了很多时间和精力，所以山官家栽秧、割谷、堆谷时，为了表示对山官的感谢，全寨都要去帮忙。具体由寨头组织，每户至少要去一个人，多去几个人也不限制。

三、集体行动与绩效

村寨政治的过程除了输出共同规则、村寨意识外，还输出村寨集体行动。村寨政治过程输出共同规则、村寨意识，让寨民知道应该做什么以及让寨民明白为什么要这么做。在此之后，则需要村寨开展集体行动。"在传统乡村社会，农民的流动性很小，超出家庭的公共事务，大都与地缘有关，村庄因此成了一个重要的集体行动单位。"[①] 传统时期的村寨，受外部传统国家治理的影响及村寨自然条件的限制，寨民的流动性比较小。寨民聚寨而居也为村寨开展集体行动提供了便利。从群体规模与利益关联度来看，村寨群体规模较小，利益关联度较高，集体行动能力较强[②]。传统时期村寨集体行动的产生大多与村寨利益

---

① 贺雪峰. 农民行动逻辑与乡村治理的区域差异 [J]. 开放时代，2007 (1)：105-121.
② 侣传振，李华胤. 集体行动：探索村民自治基本单元的主体因素 [J]. 内蒙古社会科学（汉文版），2016，37 (6)：7-13.

有关。以下通过村寨集体行动考察村寨制运行输出政治产品的效果：

（一）村寨对生产的统一

1. 集体建山官家窝棚

受丘陵地形影响，木爱寨的田块大多距离寨民家较远。因此，为了方便耕种和休息，寨民需要在田边建窝棚。

山官家的窝棚是寨中每年最先修建的窝棚。因为在山官家的窝棚没有修建之前，禁止其他寨民在田边建窝棚。村寨权威通过统一安排窝棚修建顺序，进一步统一了寨民的生产活动。根据村寨共同规则，对于寨民而言，修建山官家的窝棚是一项集体行动。顺利完成这样的集体活动需要全体村民共同参与和配合。每年祭祀农尚的前一天为修建山官家窝棚的日期。这一天每户派一个代表前去修建山官家窝棚。对参与者的性别和年龄都没有限制，只要是寨民就可以参加。山官带领全体寨民修建山官家的窝棚，而具体修建活动由寨头组织和安排。修建山官家的窝棚需要木材和竹子。寨民每家每户都会去山上砍一些木材或者竹子，然后在修建山官家窝棚的当天带去。所有寨民都需要参与修建山官家窝棚的集体活动，不论男女老少。这种集体行动可以增强寨民的团结与合作精神，促进村寨内部团结。通过遵守村寨共同规则，每个人都能够在村寨集体行动、合作共建的氛围中感受到归属感和责任感。寨民共同参与修建山官家窝棚可以形成集体行动的氛围和共同意识。

2. 举行"堆禾"播种仪式

窝棚建好后，在山官家的窝棚前要举行播种仪式种"堆禾"，每户可派代表参加。堆禾位于山官家窝棚前，堆禾横竖宽2米，周围用石头围起来。种"堆禾"只是名义上种，不管种子今后是死是活。水稻、玉米、高粱等一年中所有要种的庄稼都会种在堆禾中。每户从家里带来今年要种的庄稼的种子，每一类种一点点在堆禾里。也可以把大家的种子聚集在一起，然后由寨头安排几个人去种在堆禾里。虽然是几个人去种的，但是也代表家家户户去种了。

"在窝棚边，几个人一起围坐着。几个人一起去找野菜，马蹄菜、豆豉根。你们那伙整野菜，我们这伙整窝棚、整石头。苏温在就由苏温安排，苏温不在的话，也可以由有能力的村民安排。各个都自觉，自觉找活儿干。"

由寨头领着，安排种"堆禾"。种"堆禾"时，并不是山官家第一个去种。每家每户把家里所有庄稼的种子，每个品种拿几粒，然后包好带到"堆禾"。由寨头随便安排几个人去撒种子。在开耕仪式没有举行之前，寨民不得下地进行生产活动。

3. 互助伙干

景颇族历史表明，景颇族自产生之日起便习惯于居住在山区。由于实行刀耕火种，寨民迁徙无常。最初由于缺乏铁质农具，而砍山开地又需要大量劳动力，寨民便全寨男女老少一起开垦旱地，形成公有共耕模式。在一百多年前，随着铁质农具的使用，个体家庭生产成为可能。虽然家户经营，但寨民的生产过程也离不开村寨集体。砍山开地是一项体力活，需要很多劳动力的配合，同时农忙时节家户生产也缺乏劳动力。砍山、栽秧、割谷、堆谷时需要集体伙干，犁田、播种、拔草等又可以单家独户单独完成。"吾戈拢"是一种集体伙干的形式。

伙干可以是全寨子的人一起，也可以是几个人约工，土地少的农户几户约工就可以完成耕种。约工对劳动力强弱没有要求，也不计较天数和人数均等。今年没有还上工，明年还都可以。还工时，只要家里出了人，都算数，不在乎别人做的质量。伙干优先请周围邻居，然后是自然聚落，最后是寨子中的其他自然聚落。割稻谷头一天晚上挨家挨户叫，请的时候对寨民说"来帮忙吃酒"，不用给礼物。如果某户生病或是有其他事情就不去叫了，但是这户农户割稻谷忙不过来的时候来叫帮忙的话，大家也去帮忙，不计较。

在伙干过程中，大家相互照顾。抽烟时，互相递烟。各人自带晌午包，即用叶子把饭包好。主家也会带，以备不时之需。在田间吃饭，也是互助。做菜的人也从帮忙的人中产生，也负责传水酒给大家喝。

4. 集体撵山

寨民通过长期的实践和经验总结，发展出了一套适合自己的狩猎规则。这些约定的规则旨在保证狩猎活动的秩序和公平，保障集体狩猎活动顺利进行。集体狩猎活动中，分工明确，集体协作。参与者分为撵山和"短"猎物两拨人员，各自承担不同的任务。撵山的人负责惊动猎物，将其赶向山口；"短"猎物的人负责使用猎枪进行捕猎。在人员分配上，根据洼子的大小，确定撵山和"短"猎物的人员数量分配。如果洼子较大，撵山人数相应增加，而"短"猎物人数可以适当减少。这种分配方式考虑了洼子的特性，以便更好地完成狩猎任务。在村寨集体狩猎活动中，共同规则的约束减少了寨民之间不必要的冲突和竞争，使寨民更容易达成共识，从而有效地组织、分工和协作，更好地狩猎。此外，共同规则还有助于避免狩猎活动中出现人员伤亡、偷猎等事情，保护村寨利益不受损害。共同规则为村寨集体狩猎活动的顺利进行和村寨的持续发展奠定了基础。

（二）举办村寨集体仪式

上文以村寨对寨民生产的统一为主线进行梳理，旨在说明村寨在生产方面的集体行动及其内在逻辑，本节则主要就村寨集体活动中的村寨集体仪式的举办进行梳理，以期对寨民信仰有所认识。

按维克多·特纳的定义，仪式指的是"人们在不运用技术程序，求助于对神秘物质或神秘力量的信仰的场合时的规定性正式行为"[①]。涂尔干认为："仪式是人们赖以与神圣事物发生联系的一组实践，仪式是在集合群体之中产生的行为方式，它们必定要激发、维持或重塑群体中的某些心理状态。"[②] 布朗认为："仪式习俗是社会借以影响其个人成员，将某种情感体系在他们思想中保持活跃的手段。没有仪式，那些情感就不会存在；没有那些情感，社会组织就不能以其目前的形式存在。"[③] 马林诺夫斯基指出，提升个人安全感与社会群体是仪式具有的功能[④]。这些研究证明了仪式在团结群体、增强凝聚力方面的作用，那么村寨仪式是如何对寨民村寨意识、村寨认同发生作用的呢？本书以木爱寨村寨集体仪式作为切入点，分析村寨仪式如何促进寨民村寨认同、增强寨民村寨整体意识。

---

① 特纳. 象征之林 [M] 赵玉燕，等译. 北京：商务印书馆，2012：23.

② 涂尔干. 宗教生活的基本形式 [M]. 渠东，汲喆，译. 上海：上海人民出版社，1999：11.

③ 拉德克利夫-布朗. 安达曼岛人 [M]. 梁粤，译. 桂林：广西师范大学出版社，2005：240.

④ 马凌诺斯基. 文化论 [M]. 费孝通，译. 北京：华夏出版社，2002：53-81.

1. 祈福：对村寨精神层面的保护

景颇语"农尚"，当地汉族称其为景颇族的官庙。有学者认为农尚是景颇族原始宗教的图腾，产生于西汉汉武帝年间，距今已有 2 000 多年的历史①。祭祀农尚被认为是景颇族原始宗教信仰的表现之一。在木爱寨，无论春季还是秋季祭祀农尚，均以寨子的名义祭祀。祭祀农尚的时间为每年农历的二月和十一月。每年木爱寨寨民开耕播种前，要祭祀农尚。从祭品上来看第二次祭祀农尚更为隆重。第二次祭祀农尚结束后，寨民不建窝棚，不举行开耕仪式"堆禾"，不祭祀水井，也不修路。

春季祭祀农尚祈祷寨子风调雨顺，六畜兴旺。秋季祭祀农尚除了祈祷保佑村寨外，有庆祝丰收的寓意。"每年两次献农尚，如果不祭祀，就认为天会不顺。以寨子的名义祭祀。祈求保佑寨子的人平安，不要生病。寨子的村民不要出现吊死、摔死等非正常死亡的情况。祭品由每家每户平均出。"

2. 内聚：集体记忆塑造

木爱寨以寨为单位进行祭祀农尚活动，除了在宗教意义上对村寨保护神进行祭祀外，还具有通过平摊费用和分肉活动体现个体家庭和村寨集体之间相互认同的社会含义②。集体记忆（collective memory）由法国社会学家莫里斯·哈布瓦赫在 20 世纪 20 年代首次明确提出。"一个民族如果缺乏共同记忆，必然无法建立深层次的认同和团结。这是每个民族都必然珍惜自己的共同历史传说或祖先故事的文化原因。"③村寨祭祀农尚活动作为一个周期性的仪式活动，不断强化寨民的村寨意识。活动中彰显的村寨整体性，也在活动的开展中得到传承和发展。原始民族在既无文字又无正式教育的情况下，仪式与象征便可使当地人民生存所必需的知识永远传承下去，"没有文字的民族有各种动机来经济地使用他们贮存的信息，一切知识都必须贮存在活着的一代人所知的故事和仪式之中"④。

村寨每年春天开耕之前、秋天秋收之前分别举行一次祭祀农尚活动。祭祀

① 金学文. 农尚文化研究 [M]. 芒市：德宏民族出版社，2007：2.
② 金黎燕. 景颇族 [M]. 沈阳：辽宁民族出版社，2014：66.
③ 燕海鸣. 集体记忆与文化记忆 [J]. 中国图书评论，2009（3）：10-14
④ 郭于华. 仪式与社会变迁 [M]. 北京：社会科学文献出版社，2000：340.

农尚时全寨寨民均需要参加。祭祀农尚吸引木爱寨不同聚落的人聚集在同一时空场域，是寨民相互交流沟通的平台，也为寨民增进情感提供了机会。"个体家户之间的公共文化仪式也维系着一个完整的村落，在此基础上形成了共同的内部联结机制。"① 木爱寨的村寨集体活动，比如寨民举办纵歌，由瑙双和瑙八领舞，带领寨民一起跳集体舞蹈。整个庆祝活动强化了寨民集体狂欢的氛围，使寨民在集体舞蹈中愉悦了身心，加强了彼此的情感交流，增强了村寨内部寨民之间的团结，传承了村寨文化，保证了村寨的延续和发展，增强了村寨共同体的凝聚力。

在木爱寨，村寨集体活动一般伴随有村寨集体聚餐。"集体聚餐这种特别的组织方式，是对展示社会态度和合作精神的一种激励，因为参与聚餐的群体成员在某种程度上正是贡献谷物或劳动的那些人，群体内部的团结由此得到加强。"② 在木爱寨，祭祀农尚和祭祀寨门是同一天，在官庙吃饭。吃饭时不像汉族那样摆着吃，而是分好后各自吃。每个寨民自带米，然后煮饭的人把所有米都煮成稀饭，再按一个人的分量分开包好，菜是有几种菜就包几包。可以看出，村寨的集体聚餐方式与汉族的传统聚餐方式有很大不同。不同于汉族的圆桌宴席，这里的集体祭祀后的聚餐更加简单朴素。每个人自带米，却又有统一的烹饪方式和分配方式，使得集体聚餐既保持了个人之间的自主性，又体现了团结协作。寨民在共同参与祭祀和烹饪的过程中，互相交流、一起用餐。这种体验有助于增进彼此的理解和信任。在烹饪、分配和用餐的过程中，寨民之间也可以通过沟通协调促进村寨思维的形成和维护。

3. 排他：寨民资格认证

村寨是在政治上排他的共同体。《非洲的政治制度》写道："部落作为一个政治单位，部落内部通过通婚和共同实践与信仰相互联系，他们以这种方式认为自己是一个单位，以区别于与之没有这些纽带的相邻群体。"③ 村寨集体活动仪式是村寨之间区分"我者"与"他者"的重要标识。从村寨集体仪式活动举办时间来看，每个村寨自主决定本寨的仪式举办时间。从祭祀寨神来看，表

---

① 周山. 村野文化 [M]. 沈阳：辽宁教育出版社，1996：13.
② 福蒂斯，普里查德. 非洲的政治制度 [M]. 刘真，译. 北京：商务印书馆，2018：241.
③ 福蒂斯，普里查德. 非洲的政治制度 [M]. 刘真，译. 北京：商务印书馆，2018：233.

面上看祭祀寨神保护的范围为村寨内的寨民，实际上也通过村寨边界向"他者"强调本村土地、水、山林等资源的"合法"范围。外寨的景颇族人不能参加，每个寨子都有自己的农尚。从参与村寨集体仪式的资格来看，向村寨"我者"的社会成员强化村寨共同体意识，增强认同感和凝聚力，并在年复一年的仪式举办中达到传承目的，使得社群文化代代相传，生生不息。对于外寨迁入本寨的寨民而言，"迁入后，就可以参与当年的祭祀农尚"，"参与祭祀农尚，代表是这个寨子的人"。在木爱寨，成为本寨寨民后才有资格参与村寨的祭祀农尚仪式活动。祭祀农尚是木爱寨每年的重大祭祀活动，祭祀农尚是否顺利，关系到整个村寨是否能风调雨顺、五谷丰登、六畜兴旺。在祭祀农尚活动期间，不允许外寨人进入本寨，同时不允许本寨人外出；否则会对全寨寨民产生不好的影响。因此，在村寨祭祀农尚期间，需要派人看守寨子头和寨子脚的寨门，便产生了"短路人"这一特殊群体，以保护祭祀寨神活动的顺利进行。寨子头和寨子脚分别派4人去"短着"。8个"短路人"由寨头安排，不固定，每年临时指定产生，没有报酬。寨头主要选敢讲、敢挡的人，即当看到有人乱进的时候，敢于向外寨的人说"不要进了"，在整个过程中能够坚持原则，不能进了就不能进了。"短路人"从祭祀农尚当天下午大约两三点开始守寨门，一直守到第二天天亮。

寨民举行集体祭祀农尚期间，会进行寨民资格认证。祭祀农尚期间，用是否进寨这一规则实现对本寨人与外寨人的资格认证。祭祀农尚期间即使是外寨人到本寨走亲戚也不允许。如果在祭祀农尚期间，发现有外人进入，外人会被罚款。山官、寨头可以直接依据历史惯例来处罚。

案例：广林寨子的村民何寨宝门，他在木爱寨有家门兄弟，他来找家门兄弟借钱。但是来的时候，恰逢木爱寨祭祀农尚。短路人就拦着他，不让他进，让他改天再来。好言好语给他说了三遍，但此人就是不听，于是短路人就把何寨宝门拴起来，押着去山官家，请山官定夺。到山官家后，山官让何寨宝门赔偿一头黄牛，何寨宝门同意并认错。于是通知他家人牵着牛过来，山官才放人。

在调查中笔者发现每个村寨都以村寨为单位祭祀村寨鬼神。官庙位于村寨中心，成为村寨的象征之一。村寨集体祭祀不仅是对寨民进行的精神安慰，而且是寨民建立村寨认同、区分"我们寨子"与"外寨子"的重要象征。

在梳理和分析了村寨集体活动中的集体生产活动、集体祭祀活动之后，笔者就村寨集体活动中的以寨为单位的对外交往活动进行梳理。村寨制作为相对独立的社会系统，即使是在对外交往中也保持村寨的整体性。进新房是景颇族人人生三大事之一，此部分将以山官家进新房为例进行说明。

1. 通知上的整体性：以寨为单位通知

在民主改革前，山官家进新房时，会邀请附近村寨的山官和寨民参加。以木爱寨山官进新房为例，木爱山官进新房会邀请木爱寨周围的谷东寨、板栽寨、芒东寨、很滚寨、帕河寨等寨的山官和寨民参加。因为这是传下来的习惯，村寨以前也有来往，山官跟这些寨子的山官也是家门弟兄。除了邀请这些景颇族寨子参加以外，木爱山官收保头税的12个汉族寨子也会被邀请。木爱寨寨头提前3~4天安排2个人前往各寨通知。寨民认为2个人一起去通知才安全，因为寨民1个人不敢走，怕老虎，怕强盗。如果通知的人去的寨子有木爱山官的姑爷种或者丈人种，那么负责通知消息的2个人会提着1斤酒去木爱山官的姑爷种或者丈人种家，然后请木爱山官的姑爷种或者丈人种代为通知其所在寨子的山官。如果去的寨子没有木爱山官的姑爷种或者丈人种，那么通知的人直接提着1斤酒去这个寨子的山官家，由山官通知全寨的人。此外，上缴保头税的12个汉族寨子，也是通知寨头即可。

2. 礼物准备中的整体性：全寨男女参与准备

山官进新房，其他寨子的寨民需要准备的礼物有：盖房用的草、装好酒的酒笭。每个寨子大约要准备20~30捆草作为礼物送给木爱寨的山官。此外还需要准备1个酒笭。1个酒笭里面装有大约10斤水酒、6斤清酒。盖房用的草需要去山上割。接到通知后，谷东寨、广林寨、板栽寨、芒东寨、很滚寨、帕河寨等各寨的山官安排寨民割草，主要选择寨中年轻好看的男女去割草。作为贺礼的酒由各寨根据本寨具体情况准备，由山官全部提供或者山官与寨头各提供一半。割草结束后，寨中的青年男女先在山官家中集合，做好出发的准备。

木爱寨的寨民庆祝本寨山官家进新房，也是以木爱寨为单位为山官家进新房准备礼物。五六十位年轻人、壮年人负责去割草。男女皆可去。去时，背着3~4桶水酒，由4个寨头中的1个寨头负责即可。木爱寨寨民组队去割草时敲锣打鼓地去。队伍中，敲锣的人走在前面，寨中谁最会敲锣就谁敲，接着是敲铜片的人，后面是敲小铩的人。奏乐队伍后面是寨头，寨头后面是背草的姑娘，姑娘后面是背草的男子。割完草，四五点的时候回到寨子边。

3. 参加时的整体性：以寨为单位参加

在传统时期，其他村寨除了以寨为单位准备山官家进新房的礼物外，还会以寨为单位参加山官家进新房的活动。首先在自己村寨的山官家准备好礼物、盛装打扮并集合，然后敲锣打鼓来到木爱寨山官家。奏乐队伍后面是山官、寨头，寨头后面是会唱歌的老人，最多去6个老人。老人后面是背酒的姑娘，酒箩里装着水酒和清酒。然后是背草的姑娘，姑娘后面是寨中背草的男子。年轻人每人背一捆草，一般寨子能背大约二三十捆草。作为本寨寨民，木爱寨割草队伍结束割草后回到寨子边的年轻男女也要盛装打扮，然后敲锣打鼓回到寨子。别的寨子都是敲锣打鼓来，自己寨子的人不敲锣打鼓显得冷清。外寨的寨民在山官家吃完晚饭后，会以寨为单位举行敲锣打鼓比赛，比赛哪个寨子奏的乐更好听。年轻人负责跳舞，可以一直跳到天亮。老人坐在堂屋里唱歌。

4. 留客：以寨为单位招呼

山官进新房，全寨帮忙待客。当山官家庭进入新房时，由指定的"照管"负责安排寨民的饮食和住宿。当外寨的寨民来参加山官家进新房时，也由"照管"以寨为单位来安排住宿。每户寨民负责接待一个来自外寨的客人，本寨的所有人都会服从这样的安排。负责接待的寨民还会准备一罐水酒来热情款待客人。这种以寨为单位的共同留客的方式，让本寨寨民也参与到山官家建新房的活动中，营造了村寨之间融洽的交往氛围。

（四）保护村寨安全

为了维护村寨利益而做出的行为，可能会引发村寨之间的大规模冲突。当规模较大的冲突不得不发生时，村寨权威会为了保护村寨进行一些准备。在规模较大的冲突发生前，由山官、寨头等村寨权威组成的团队会商讨并决定应对冲突的准备工作。商讨确定后，他们会请董萨卜卦，以确保决策的合理性。一切确定后，他们会召集全寨的寨民，告知他们具体安排，例如直接抓人或采用其他手段。在正式出发之前，大董萨会主持献牛祭祀仪式。祭祀过程中，由董萨祈求本寨在冲突能够胜利。

为激励大家共同保护村寨，董萨会对参与村寨保护人员卜卦，选择先锋。董萨会要求山官、寨头、拉事头和其他擅长战斗的人喝下鸡血，这意味着不能逃跑；逃跑回到村寨意味着无法再留在寨子里。因此，参与保护村寨的寨民不存在"如果你不去，将来被攻击了，我们不会管你"这种情况。根据老人们的讲述，木爱寨历史上从未发生过有人在冲突中逃跑并成功回到寨子的情况。保护村寨拉事时，由拉事头指挥，所有适龄男性参加。拉事头由能干且口才好的人担任。在保护村寨的拉事中，使用海螺号进行指挥。根据景颇族规矩，贯彻"不打不行，要打；不杀不行，要杀"原则。女性、老人和孩子不参与拉事，男性参加，而女性负责后勤工作。无论是山官勒排氏族、来马氏族、还是何姓氏族，无论血统高贵与否，都会参与保护村寨的行动。

除了村寨权威对村寨的保护之外，寨民也对村寨权威进行保护。寨民对山官的保护首先体现在居住格局安排上。在居住上，山官喜欢和百姓住在一起，山官的房屋既不高高在上，也不位于村寨中心。山官家周围分布寨民房屋，因为如果有偷杀山官的人，山官和寨民居住在一起，寨民可以保护山官。景颇男子刀不离身，也有部分原因是因为要保护村寨，保护村寨权威。

此外，寨民之间也会相互保护。在面对自然威胁时，寨民采取集体行动来保护自己。以前，寨民常常受到野兽袭击，野兽袭击寨民住处，咬伤牛、猪等牲畜的情况时有发生。通常这类袭击发生在晚上，当寨民遇到袭击时，并不会单独报告给山官，而是立即组织聚落的寨民一起驱赶野兽。被攻击的住户会请求其他寨民提供保护，将野兽击毙。如果晚上未能成功击毙野兽，第二天主人家会请寨中熟练的猎人前来捕捉野兽。捕获的野兽会被烹煮并分享给所有寨民。在民主改革前，当野兽偷食庄稼时，几户家庭会合作驱赶它们。在暴雨天气下，因枪械容易受水，寨民不会上山驱赶野兽，但会合作赶走猴子。每年的8、9月份，猴子和野猪会偷食庄稼。这时，寨民会联合起来赶走猴子。每家派出一个男性成员参与，有特殊情况无法参与的农户不会受责备。

四、小结

本章从政治系统视角分析了村寨制运行的结果。首先，村寨政治系统输出了适应村寨底色的共同规则。村寨的共同规则的输出路径不同于其他的组织形式，因此它的治理效果也不一样。共同规则是通过村寨政治系统的职能执行过程形成并积累下来的结果。从共同规则的形成过程可以看出，共同规则是村寨成员自我约定而成的，村寨成员拥有规则的初始创制权。而初始创制权基于个体成员地位平等原则，并在均衡博弈中最大限度保障个体权益。同时拥有共同规则初始创制权的寨民还可根据具体情况对共同规则进行调整，降低共同规则的实施成本，"一旦有人罔顾集体利益，违反规则破坏这种均衡时，其他成员又可以根据特定情境修正、调整规则，形成新的均衡"①。共同规则基于寨民利益一致性，对寨民利益进行最大限度保障；并且符合寨民行为逻辑和价值观念的共同规则具有可理解性，提升了寨民对共同规则的接受程度，降低了共同规则内化的成本，所以能得到寨民的认可和自觉执行。"他们都相信必须这样做，因为大家都这么做，而且父辈们也曾这样做，相信这是正确的，因为历史都总是如此。"② 村寨权威运用村寨共同规则进行治理产生了较好的治理效果。共同规则带来的较好的治理效果有利于村寨政治系统的维持与运行。其次，村寨政治的过程输出了村寨意识。村寨政治系统对寨民村寨意识的塑造不同于其他组织形式的输出。村寨制运行过程对寨民村寨意识的塑造有利于村寨集体行动的开展，也有利于村寨政治体系的维持。最后，村寨政治系统的职能执行过程带来集体行动。通过这个系统，能够统筹村寨的资源并做出决策，为村寨的集体活动做好准备。同时，通过集体行动的能力，也可以对村寨制输出的产品进行考察和评价。

① 白雪娇. 规则自觉：探索村民自治基本单元的制度基础 [J]. 山东社会科学，2016（7）：41-47.

② 滕尼斯. 共同体与社会：纯粹社会学的基本概念 [M]. 林荣远，译. 北京：商务印书馆，1999：304.

第五章

结论与讨论

本书以传统时期边疆村寨制度体系为研究对象，对木爱寨的历史、村寨政治系统的结构、村寨政治系统的运行以及村寨政治系统的治理效果进行了梳理阐释，全面呈现了传统时期村寨政治系统的治理活动、治理过程及治理形态。本书研究并非止于此，因为"如果你试图通过抽象经验主义来逃避这种处境，你最后会停留在微观的或亚历史的层次，并慢慢积累你所处理的抽象的细节资料……如果让材料吞没了思想，我们会步入抽象经验主义的圈套"①。本书通过对"关键事实"的分析，试图在调查个案的基础上对研究主题进行普遍性提升，在研究层面贡献一点学术增量。

一、研究发现

"从历史延续性的角度看，人类文明是长期历史积累的，在长期积累中形成一个国家成长变化的基础。这一基础构成社会变迁的起点和底色，任何社会变迁都无法摆脱这一基础条件的制约。"② 要探讨中国农村发展道路，需要深入认

---

① 米尔斯. 社会学的想象力 [M]. 陈强，等译. 北京：生活·读书·新知三联书店，2001：132 -133.

② 徐勇. 历史延续性视角下中国农村调查回眸与走向：再论站在新的历史高点上的中国农村研究 [J]. 吉林大学社会科学学报，2018，58（3）：108-116，206.

识其基础。"只有准确认识和把握传统，才能为现代社会寻找前进的根基和着力点。"① 民主改革前，在西南区域的村寨中存在一种特殊的社会形态。这种特殊的社会形态形成的制度形态既不同于原始形态的氏族制度，也不同于村社制。我们将其定义为村寨制。综合前文分析，我们将村寨制界定为：村寨制既不是氏族制度，也不是村社制，是人类社会演变过程之中存在于传统时期王化之外边疆地区的，通过组织与权威体系以寨民需求为核心，动员聚集村寨人员资源，以内生权威决策进行整体性治理的政治过程，输出适应村寨底色的共同规则、规范寨民行为的村寨意识、村寨集体行动等以保持村寨整体性的相对独立的社会单元。

（一）村寨制：一种特殊的社会形态制度

徐勇曾指出，处于崇山峻岭之中的西南边缘区域远离政治中心，自然条件恶劣、文明发育较缓，有自己独特的自然、社会、文化与政治形态②。从对传统村寨社会形态的性质分析可以看出，村寨制与氏族制度、村社制均不同。首先，村寨制与氏族制度不同。氏族是依靠血缘联结的"自然形成的共同体"，氏族内部禁止通婚是氏族制度的根本原则。而村寨制是在血缘和地缘叠加之上产生的。氏族制度以"氏族"为基本单位，村寨制以"寨"为基本单位。氏族制度建立在公有制基础之上，土地共同拥有、共同耕种，劳动产品共同消费。村寨制既存在村寨公有的情况，又存在寨民个体占有的情况，劳动产品大部分归个体所有。因此，村寨制不是原始社会的产物。从人类社会演变历程来看，村寨制下的社会形态不处于原始社会时期，而是原始社会之后的社会形态，是过渡形态。

村寨制与村社制相比，村寨制的"寨"更突出群体特征，村社制的"社"更强调经济特征。从制度形成来看，村寨制是自然属性和群体特征的融合体，村社制则是封建制度中包税制的产物。村寨制的形成是为了满足寨民的生产生活需求，是为了抵御自然环境的威胁以及应对与其他村寨的冲突。木爱寨寨民

① 徐勇. 历史延续性与中国农村社会形态的认识：一论站在新的历史高点上的中国农村研究 [J]. 南国学术，2017（4）：543-552.

② 徐勇. "分"与"合"：质性研究视角下农村区域性村庄分类 [J]. 山东社会科学，2016（7）：30-40.

先祖最初为了满足生存需要定居此地，因为听说"德宏地带有一片肥沃的土地，只要播下种子，便能获取丰收，只要一把刀就可以生存，成群结队的野生动物，让人们唾手可得"。村寨的形成是寨民基于生存需要而人为选择的结果。村社制的产生与封建制度有关。俄国村社制度是中世纪后自发形成的，并在19世纪中叶前的俄国农村长期占据主体地位①。村社制的形成与阶级社会税收制度有关。古代奴隶制社会保存的农村公社与原始社会后期的农村公社在本质上是不同的，前者是原始农村公社在集体形式上的残存。公社用连环保来组织村社成员，保持国王的统治秩序，完成收税任务②。也就是说村寨制的载体——村寨是寨民基于生存需要的选择结果。村寨是多个姓氏的寨民出于自愿原则一同开山立寨。而村社的形成主要是因为税收制度，是为了便于收税。对于国家来说，与挨家挨户征税相比，以村社为单位征税要方便许多。在俄国的村社，"征税对社不对户，贫户所欠富户补"③。"村社的土地重分职能最为重要，它最大限度地满足了农民提出的在村社土地面前人人平等，在纳税和承担义务面前人人平等的迫切要求。其实质在于，保留农民按户占有土地，且使农户的占有规模与其劳动及纳税能力相符。"④村社由此成为拥有世袭领地、兼具同时遵循国家法和村社习惯法的综合性团体组织的性质。村社制度纳入国家体制、正式合法化后，国家强化了村社的警察职能⑤。村社制的社会对社员的控制更加强有力。村社内部的社会控制主要包括正式控制和非正式控制两种。村社制的村落既存在罚款、鞭笞、财产没收充公或减价拍卖、拘捕开除出村社、送去当兵、流放或关监狱等正式控制方式；也有挖苦、起绰号、蔑视、嘲讽、评头品足等非正式控制，除此之外还有私刑⑥。村寨制的社会控制基于寨民对村寨权威的自愿服从，而不像村社那样基于强制性权力的控制。村寨制的社会控制

---

① 苑鹏，陆雷. 俄国村社制度变迁及其对我国农村集体产权制度改革的启示 [J]. 东岳论丛，2018，39（7）：125-131.

② 吴泽. 吴泽文集：第3卷 [M]. 上海：华东师范大学出版社，2002：57.

③ 金雁，卞悟. 农村公社、改革与革命：村社传统与俄国现代化之路 [M]. 北京：中央编译出版社，1996：76.

④ 张广翔. 十九世纪俄国村社制度下的农民生活世界：兼论近三十年来俄国村社研究的转向 [J]. 历史研究，2004（2）：160-173，192.

⑤ 苑鹏，陆雷. 俄国村社制度变迁及其对我国农村集体产权制度改革的启示 [J]. 东岳论丛，2018，39（7）：125-131.

⑥ 张广翔. 俄国村社制度述论 [J]. 吉林大学社会科学学报，1997（4）：62-68.

方式主要为赔偿，村寨内部没有监狱等司法机构。俄国的村社"有两个基本要素：米尔自治，村社占有土地或土地的使用和土地的重新分配"①。村寨制下的村寨虽然仍旧自治，但村寨制下的土地属于村寨公有，寨民占有，土地已不再定期重分。因此，村寨制不是村社制，所以村寨制不是封建制度的直接产物。但村寨制又不是现代社会的产物。村寨制形成于传统国家能力不及的地区，这时国家已经产生。因此，村寨制处于传统时期。综上可知，村寨制属于原始社会以后现代国家之前的传统时期的社会形态，属于一种过渡社会形态。

（二）村寨制是封闭性、自足性与自治性的社会单元

其一，村寨制是对外封闭的社会单元。受自然条件的限制，寨民对外交往少。山路崎岖，道路交通条件不便利使寨民减少了出行的需求。寨民对外交往少反过来又人为地加强了村寨的封闭性。除了交通闭塞外，语言障碍也进一步加强了村寨的封闭性。"交通阻塞与语言障碍，使得大多数民族乡村处于封闭状态。"②此外，村寨不允许土地买卖，寨民对村寨的依附性较强，降低了寨民的流动性，也进一步加强了村寨的封闭性。

其二，村寨制是具有一定自足功能的社会单元。寨民刀耕火种兼营水田，辅之以采集狩猎，多种生存方式的叠加使寨民获得了低水平的自给自足。低水平的自给自足降低了寨民对外部世界的依赖程度，减少了他们的对外交往需求。

其三，村寨制是自治性的社会单元。从治理主体来看，村寨权威主要属于内生性权威，而不是外部嵌入的行政权威。内生性权威能更好地与寨民互动、更好地获得寨民信任和认可，进而更好地实现村寨的自我治理。从村寨治理内容来看，村寨公共事务主要是村寨作为相对独立的社会单元而产生的村寨内部事务，很少与国家政权连接。村寨政治系统的公共事务中也有村寨防卫、公共设施维护以及纠纷处理等村寨自治事务，但是村寨政治系统的公共事务不包括兵役、摊派等政权治理事务。村寨政治系统的治理内容比其他区域的村庄包含

---

① 巴甫洛夫. 西利万斯基. 俄国封建主义 [M]. 吕和声，等译. 北京：商务印书馆，1998：60-61.

② 王猛，李世祥. 民族乡村治理的秩序逻辑：基于历史与现实的分析 [J]. 云南民族大学学报（哲学社会科学版），2020，37（3）：109-115.

更多的共同生产事务。村寨公有私占的所有制形式使得村寨集体性生产事务比较多，比如每年定期举行的寨民集体建山官家窝棚和集体性的开耕仪式，需要集体伙干的砍山、栽秧、割谷、堆谷。村寨政治系统的治理内容比其他区域的村庄包含更多的跨村性公共治理事务。传统时期的木爱寨，村寨内部整体性比较强，村寨内部的冲突比较少，更多的是村寨之间的冲突。即使是本寨与外寨寨民之间的个人冲突，也容易演化为村寨之间的冲突。村寨政治系统的治理内容比其他区域的村庄包含更多的集体性活动。寨民不仅在结婚、办丧事以及进新房时会邀请全寨人参与，形成村寨的集体活动，而且在节日、集体祭祀时也会形成村寨的集体活动。此外，寨民在医疗中也会形成集体性活动。

（三）地处王化之外的边疆地区是村寨制形成的前提条件

其一，村寨制的形成与传统国家对边疆治理薄弱有关。边疆是一个与内地相对应的概念，指王朝统治较为薄弱的地区或地带，属于自治或半自治的特定区域，是国家政权的统治力量尚不能完全渗透或达到的地区[①]。云南是历代中央王朝统治力量的末梢，中央直接治理边疆的成本高，治理效果不佳。云南在政治、经济、文化等方面与中原地区存在较大的差异，且这些地区"诸夷杂处，威则易以怨，宽则易以纵"。传统时期，国家主要以"因俗而治""以夷制夷"、羁縻政策等边疆政策治理边疆。这为边疆地区自治或半自治创造了较好的外部环境，也为地处边疆地区的村寨的制度体系的形成创造了条件。"在国家能力不及的边疆少数民族地区，国家力量长期悬浮于民族乡村社会之外，无法深入民族乡村内部。"[②] 对于村寨公共事务，国家采取"无为而治"的方式，这为村寨的组织与权威体系进行村寨治理留下了独立空间。村寨不受传统国家治理的影响，成为相对独立的社会系统。国家治理薄弱的外部环境是村寨制得以产生的前提。

其二，边疆地区独特的自然环境使传统村寨的"寨"的特点突出。寨与寨之间由天然边界自然隔离。地形地貌条件使得寨民聚寨而居，呈现"大散居小

① 沙勇. 传统边疆治理理论相关问题的思考：基于明朝治理北部边疆及其与蒙古关系的反思 [J]. 求索，2014（8）：158-162.

② 王猛，李世祥. 民族乡村治理的秩序逻辑：基于历史与现实的分析 [J]. 云南民族大学学报（哲学社会科学版），2020，37（3）：109-115.

聚居"的寨居状态。木爱寨地处中缅边境地带，位于中切割中山区，属于丘陵地形，交通较为闭塞。寨民选择适应村寨自然环境的生计方式即刀耕火种兼营水田，再配合采集狩猎。"山民依靠采集狩猎包括采食野菜也能维生，只是更须经常流动迁徙，刀耕火种配合采集狩猎稳定了定居聚落的生计并使之更趋成熟巩固。"① 生计方式使寨民聚寨而居更稳定，同时也形成了相对独立的生产空间。正如斯科特所认为的那样选择刀耕火种或采集等生计方式"就是选择了停留在国家空间之外"②。寨民依靠单个个体无法有效面对自然，也无法有效进行生产生活，恰如亚里士多德所说："家庭为获得多于日常必需品的东西而结合形成的共同体就是村落。"③ 因此，寨民要聚寨而居。面对自然威胁和生存压力，寨民团结起来共同抵御风险，形成血缘加地缘的互助社会。全寨出力共同防卫村寨。在村寨的对外交往中存在以寨为单位的交往。以寨为单位的集体祭祀，塑造村寨共同记忆，区分了本寨民和外寨民，强化村寨认同。

二、村寨制的运行机制

（一）村寨内部体系之间层层递进形成内部整体性

在村寨社会中，政治关系建立在社会关系之上，社会关系建立在自然环境基础之上。就环境与生计系统、人口与社会体系、组织与权威体系三者的关系而言，环境与生计系统是人口与社会系统的基础，而人口与社会体系又是组织与权威体系建立的基础。环境与生计系统主要体现人与自然的关系。人口与社会体系主要体现村寨的人口、家庭及村寨之间的关系，体现村寨的社会关系。组织与权威体系主要体现村寨的政治关系。自然环境是村寨社会形成和发展的基础。同时，寨民通过生产劳动与自然界进行物质交换，这个过程也是村寨社会关系形成和发展的起点。人口与社会体系中的社会关系是建立在生产关系之上的。寨民在加工自然物质的劳动中结成了生产关系，并由此形成村寨社会中

① 马丹丹. "生态艺术"与"逃避艺术"：尹绍亭、斯科特关于刀耕火种的"对话" [J]. 中央民族大学学报（哲学社会科学版），2017，44（6）：36-49.
② 斯科特. 逃避统治的艺术 [M]. 王晓毅，译. 北京：生活·读书·新知三联书店，2016：233.
③ 亚里士多德. 政治学 [M]. 高书文，译. 北京：中国社会科学出版社，2009：5.

的其他社会关系。也就是说寨民在环境与生计系统中形成的生产关系是以生产劳动为基础建立起来的，而生产劳动是人与自然界进行物质交换的纽带。因此，村寨的社会关系是建立在自然环境基础之上的。就传统时期的村寨而言，生计方式的选择主要基于对自然环境的适应。山地的耕种具有时间效应，山地不同于平原地区的耕地，可以无限制地季节性连续耕种。山地连续耕种时间的长短与土壤自然肥力的高低成反比。连续耕种次数的多少与休耕以恢复土壤自然肥力的期限成正比。而农耕水平越低，这种状况就越严重。即使自然肥力很高的黑钙质土，在原始农耕水平下连续耕作三年，也需要八年以上的时间才能恢复自然肥力①。土壤、气候等自然环境及村寨的资源禀赋决定了寨民的土地耕种方式不能是原始集约农业，而是原始粗放农业。寨民只能采取刀耕火种、轮作开荒的方式耕种旱地。由于土地开发程度比较低、生产工具较为落后，寨民生产力水平比较低。生产力水平影响了村寨人口数量。为了生存，寨民倾向于多生和小家庭经营。为了生存，寨民需要加强内部联结共同抵御风险。生产力水平低使得村寨社会成为"等级分化不明显"的社会。村寨社会结构进一步影响村寨政治关系。

而人的政治性不是任何单个人与生俱来的天性。"人对政治生活的基本需求，由人的劳动生存利益内在要求所决定。"② 人的政治性是在参与劳动的生存活动过程中形成的。根据已知的史实我们知道，人类社会政治事实的发生是同人在劳动生存中必然形成的社会关系相关联的③。村寨社会的政治关系是建立在社会关系之上的。受自然环境影响形成的村寨是寨民生产生活的地域空间。聚寨而居的寨民产生了公共需求，而在传统时期生产力水平低下的情况下，寨民仅仅依靠自己无法满足其公共需求，村寨公共事务由此产生。在社会的运行中，政治就是维系社会生存与发展的最基本的机制，其本质是公共权力的运作以及人们围绕一定的公共权力而形成的各种社会关系。

（二）权威主导下的尊重寨民主体性的运行过程

"完全仰仗某一个人的政治体制是最简单的政治体制。同时，这种体制也

---

① 吴泽. 吴泽文集：第3卷 [M]. 上海：华东师范大学出版社，2002：109.
② 刘德厚. 广义政治论：政治关系社会化分析原理 [M]. 武汉：武汉大学出版社，2004：10.
③ 刘德厚. 广义政治论：政治关系社会化分析原理 [M]. 武汉：武汉大学出版社，2004：3-4.

是最不稳定的。"① 村寨制具有一定的复杂性，维持着村寨秩序。村寨的组织与权威体系由多元权威组成，具有一定的复杂性。这种复杂性使得村寨在面对环境变化时得以顺利进行调整。村寨制拥有使自身更新和适应新环境的手段。具有多元权威的组织与权威体系，使得即使其中某个权威因环境变化而衰弱时，其他权威仍可继续维持村寨秩序。统领权威虽然由具有血统优势的氏族成员担任，但是村寨执行权威是凭借能力担任的。故而当村寨统领权威山官能力不足时，村寨执行权威寨头仍可继续维持村寨社会的秩序和村寨整体性。所以在村寨社会中，寨民认为即使世袭的山官憨傻，只要执行权威寨头能力强，村寨仍可有序运转。

组织与权威体系内生，拥有很强的合法性。村寨权威对寨民影响比较大，在组织寨民、动员村寨资源方面的能力比较强。村寨制在运行过程中，形成了以村寨权威山官决策为主的多元决策方式，减少了决策成本，提高了决策效率。通过寨民利益与村寨利益的连带机制，实现资源的有效聚合。村寨政治系统输出适应村寨底色的共同规则，符合寨民行为习惯与逻辑，符合寨民价值观念，产生了较好的治理效果。村寨制的内部运作机制，使村寨的整体性加强，对外封闭，对内统一。村寨制的运行过程如图 5-1 所示。

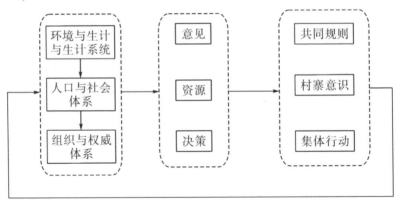

图 5-1　村寨制运行过程

治理的基本含义是"在一个既定的范围内运用权威维持秩序，满足公众的

---

① 亨廷顿. 变化社会中的政治秩序 [M]. 王冠华，刘伟，等译. 上海：上海人民出版社，2008：15.

需要"①。要满足公众需要，首先需要了解公众的偏好。意见表达是了解公众偏好的重要途径。传统时期寨民在环境与生计系统、人口与社会体系中会遇到各种各样的问题，而此时村寨生产力水平低下，寨民依靠单个个体无法有效应对自然威胁，也无法有效进行生产生活，因此需要向组织与权威体系进行意见表达，寻求解决问题的办法。"如果当局要在满足任何可能失去的支持中明智地行动，那么，它们就需要有关这些领域的许多信息。"② 组织与权威体系中的村寨权威也需要了解寨民意见。组织与权威体系中的村寨权威主要是统领权威和执行权威，他们对寨民的意见进行整合。人口与社会体系为村寨制的运行提供人力资源，环境与生计系统为村寨制的运行提供物质资源。受生产力水平限制，在资源有限的情况下，想要维持村寨运行，需要聚集村寨的人员、资源。因此，需要组织与权威体系在村寨制运行过程中对村寨的人力资源和物质资源进行聚合。同时通过人员、物质资源的聚集，组织与权威体系更加了解村寨的公共事项。组织与权威体系中的村寨权威对寨民意见进行整合，统筹村寨资源。组织与权威体系的实际运作过程是对资源的配置过程。

村寨社会内生的公共需求促进组织与权威体系中的村寨权威形成较强的治理能力。一是动员能力，无论是村寨的集体生产活动、集体祭祀活动、集体娱乐活动，还是村寨防卫、村寨之间冲突的解决，都需要一定的人力、物力资源支持，需要组织与权威体系中的村寨权威对村寨资源进行有效动员。二是提取资源能力。村寨权威从维护村寨利益角度出发提取村寨资源。这种共享式的提取资源方式需要获得寨民的认可和支持。村寨作为自治单元有为抵御外部力量汲取资源的功能。对村寨内部而言，村寨权威由于经常与寨民有良好互动，具有较高的嵌入性和较强的调动村寨资源的能力。三是组织协调能力。村寨权威依靠血统或自身能力获得寨民的认可，也可以说寨民基于生存的需要依附村寨、服从村寨权威，"原始社会的权威的服从者不可能对自身的服从行为进行理性的思考，他之所以不会去思考是否需要服从，为什么服从等，原因正在于服从是由传统习惯及氏族集团生存的本能需要决定的"③。

① 俞可平. 治理与善治 [M]. 北京：社会科学文献出版社，2000：5.
② 伊斯顿. 政治生活的系统分析 [M]. 王浦劬，等译. 北京：华夏出版社，1989：399.
③ 薛广洲. 权威类型的哲学论证 [J]. 中国人民大学学报，2001 (1)：34-39.

（三）产出适应村寨底色的治理规则

从村寨政治系统输出的结果来看，通过村寨政治系统的运行，输出了共同规则、村寨意识和集体行动等政治产品。村寨政治系统输出了符合村寨底色的共同规则。村庄社会规则即村庄内生的规范，是由乡土社会的基本性质决定的[①]。内生的共同规则符合寨民行为逻辑，使得共同规则能更好地内化于寨民行为中；内生的共同规则较具体，能更好地指引寨民行为，从而产生较好的治理效果。规则的内生性影响规则落地程度，规则落地程度越高，那么以规则落地单元为自治基本单元的单元有效性就越高[②]。因此，村寨制运行输出的共同规则的内生性和具体性比较高，那么以村寨为落地单元的共同规则的有效性也比较高。那些有着不同视角和利益的人们一起来解决某个问题，这是一个必须以对问题的一致理解为起点的过程[③]。寨民认可的共同规则既是村寨政治系统运行输出的结果，也是村寨权威治理的起点。村寨政治系统过程也对寨民的村寨意识产生影响。共同规则让寨民知道做什么及如何行动，村寨意识让寨民明白行动背后的缘由。在分化不明显的传统村寨社会，寨民遵循共同规则，有着相似的村寨意识，寨民个体之间的同质性比较高，相互之间的信任度比较高，村寨的组织与权威体系更容易引导寨民开展集体行动。

三、村寨制的理论贡献和现实意义

人类社会有不同的起点，也会有不同的行进路径。"中国是一个地域辽阔、人口众多、文明进程极不相同的巨大国家，各个区域的特性和发展极不平

---

① 李祖佩. 乡村治理领域中的"内卷化"问题省思 [J]. 中国农村观察，2017 (6)：116-129.

② 吴昊，郑永君. 规则落地与村民自治基本单元的选择 [J]. 南京农业大学学报（社会科学版），2018，18 (2)：66-76，159.

③ 詹姆斯·博曼. 公共协商：多元主义、复杂性与民主 [M]. 黄相怀，译. 北京：中央编译出版社，2006：50.

衡。"① 传统中国农村社会形态②具有多样性，学界对内地农村社会形态比较了解，产生了大量成果，但是对处于王化之外的边疆地区的村寨社会形态的了解和认识还存在不足。相比于内地农村，边疆农村社会形态具有独特性。边疆地区独特的地理环境和历史条件决定边疆农村社会形态具有多样性，如西藏农区的庄园农奴制、海南黎族合亩制、内蒙古蒙古族部落制等。除了这些边疆农村社会形态外，笔者在调研中发现在传统时期的边疆村寨中还存在一种特殊的社会形态，并把它总结提炼为村寨制，贡献了"村寨制"这一个概念。村寨制既不同于原始公社的氏族制度，也不同于封建时期的村社制，是一种处于过渡时期的社会形态。本书对传统时期村寨社会形态的研究，对中国农村社会形态多样性的探讨，丰富了中国农村社会形态相关研究。

已有研究对内地传统农村社会形态进行多角度分析，基于导论部分笔者关于村寨相关研究的文献梳理不难看出，当前学界虽然对传统村寨治理有所研究，但几乎没有研究村寨制的成果。那么王化之外的边疆地区是如何实现治理的？如何在村寨制下有序运行的？研究村寨制对丰富边疆治理有着重要意义。政治系统研究的作用主要体现在两个方面：一是可用于分析说明政治系统的运行，解释政治系统为何能长期保留；二是弥补均衡分析的不足，重视分析系统应对环境的能力。为了清晰呈现边疆村寨政治系统的运作过程，并对村寨制进行理论上的探索，笔者需要借助政治系统论这一分析和正确理解政治系统运行方式的工具建立分析框架。村寨制能长期有效运转，其主要原因在于通过村寨政治体系的系统性政治过程，村寨实现了由内向外的整体性治理。环境与生态系统、人口与社会体系、组织与权威体系三者相互交织、层层影响。村寨体系依靠自身内部的体系运转，在多元的组织与权威体系支撑下，了解寨民需求，实现资源、人员的整合，输出共同规则、村寨意识和集体行动。综上所述，村寨制的理论贡献主要有两点：其一，对中国农村社会形态多样性进行探讨；其二，寻求边疆农村社会的持续机制。

---

① 徐勇. 历史延续性视角下中国农村调查回眸与走向：再论站在新的历史高点上的中国农村研究 [J]. 吉林大学社会科学学报，2018，58（3）：108-116，206.

② "社会形态"概念的提出，重要价值在于根据不同标准将人类社会分为不同的形态，关注其质的规定性和差异性。出自徐勇. 历史延续性与中国农村社会形态的认识：一论站在新的历史高点上的中国农村研究 [J]. 南国学术，2017（4）：543-552.

从系统分析的角度研究村寨有效治理与乡村治理、国家治理间的关系可以发现，村寨社会有效持续的机制能够对乡村治理、国家治理产生一定影响。"那些能够对现代社会产生长远影响的本源型传统是现代社会的历史起点和给定条件。"① 当下是历史的延续，虽然传统村寨社会形态已经不复存在，但村寨传统底色仍然深刻影响和制约着国家建构和乡村治理。村寨制是一种特殊的社会形态，有其自身特点。传统边疆村寨社会的制度体系中蕴含了社会治理的基本要素、符合寨民行为的逻辑规范以及由村寨制运行带来的凝聚力。这些治理基因对于推进国家治理体系和治理能力现代化有重要的借鉴意义，对推进现代乡村治理的体制机制创新有重要参考价值。研究边疆村寨传统、内生和多元的治理因素，剖析其运行机理，了解传统村寨持续存在的机制，深化对边疆地区传统社会治理机制的认识，有助于对边疆基层社会的治理方式进行反思，在推动边疆社会治理有效方面具有重要的实践意义。

当前，国家在提供村庄公共产品的过程中面临低效困境，而传统边疆村寨通过村寨制的运行，使寨民具有较高的村寨认同感，进而形成村寨的整体性，使得村寨内部容易达成一致，减少权力运行成本，实现有效治理。现代国家的建构过程，同时也是政治制度化的过程，在这个过程中自上而下的标准化体制很难直接满足民众的多样化需要。农业税费改革后，村庄公共产品供给主要由政府付费并决定村庄公共产品的内容，这导致村民在村庄公共产品供给方面无法有效地表达自己的需求和偏好。村寨作为相对独立的单元对村寨进行整体性治理的过程中，以寨民需求为核心，注重问题导向，较好地满足了寨民多样化需要。

党的十九大报告提出实施乡村振兴战略。乡村振兴战略的实施是一项系统工程。在落实乡村振兴战略的过程中，可借助传统村寨政治系统的运行逻辑。乡村振兴的实现关键是要激活农村内生资源。传统村寨政治系统之所以能有效运行，其中一点在于村寨政治系统的治理规则是村寨内生的。村寨政治系统的治理规则来源于寨民的生产生活。《乡村振兴战略规划（2018—2022 年）》也明确提出"尊重原住居民生活形态和传统习惯"。在乡村振兴过程中要注重正

---

① 徐勇. 中国家户制传统与农村发展道路：以俄国、印度的村社传统为参照 [J]. 中国社会科学，2013（8）：102-123，206-207.

式制度规则与村寨内生的符合寨民行为逻辑的共同规则之间的融合。村寨政治系统的运行离不开村寨权威，在乡村振兴过程中注重人才振兴，注重发掘村寨内生的权威，发挥嵌入性强的优势，实现村寨治理有效。

四、研究的局限和不足

本书基于对云南省德宏州芒市下辖的一个边疆民族村寨开展的个案调查，以政治系统为分析视角，分析了处于特殊历史形态之下的村寨的政治系统的结构是什么样的，如何通过村寨政治系统维系村寨的有效运行，以及村寨政治系统输出了怎样的政治产品。通过分析，本书总结出一般性的规律，但还存在诸多不足：

其一，本书为个案研究，虽然笔者在研究过程中坚持从调查中发现问题，通过对个案进行深剖和抽象提炼，希冀提升本书的解释力，且所选的个案村落是边疆村寨，在边疆地区具有一定的代表性，但是相对于内地村庄而言，边疆村寨有一定的地域特殊性，其代表性也受到一定影响。

其二，就资料来源而言，资料中口述资料所占比重较大，为了最大限度地保证资料的真实性、客观性，笔者通过多人访谈、文献资料验证等方式进行资料搜集与甄别。但由于时间较为久远、访谈对象可能存在对事实的主观再建构和回忆偏差，这在一定程度上阻碍了对个案的深挖，也导致本书对某些细节的描述不深入或有些部分缺乏比较生动的细节。

其三，新尝试的局限。本书尝试从政治系统视角对村寨制进行系统分析，但是受限于笔者的学术视野和理论水平，对许多问题的分析还不够深入，对其中丰富的理论还缺乏深入阐述。因此，本研究还存在许多可以探索的理论空间。

►► 参考文献

奥罗姆，2014. 政治社会学导论 ［M］. 张华青，何俊志，孙嘉明，等译. 上海：上海人民出版社.

奥斯特罗姆，2011. 规则、博弈与公共池塘资源 ［M］. 王巧玲，任睿，译. 西安：陕西人民出版社.

巴甫洛夫，1998. 俄国封建主义 ［M］. 吕和声，译. 北京：商务印书馆.

白雪娇，2016. 规则自觉：探索村民自治基本单元的制度基础 ［J］. 山东社会科学 （7）：41-47.

柏拉图，1986. 理想国 ［M］. 郭斌和，张竹明，译. 北京：商务印书馆.

本尼迪克特，1988. 文化模式 ［M］. 王炜，译. 北京：生活·读书·新知三联书店.

博曼，2006. 公共协商：多元主义、复杂性与民主 ［M］. 黄相怀，译. 北京：中央编译出版社.

蔡家麒，1986. 当代"刀耕火种"试析 ［J］. 民族研究 （5）：39-43.

曹锦清，张乐天，陈中亚，2014. 当代浙北乡村的社会文化变迁 ［M］. 上海：上海人民出版社.

陈敬胜，彭新竹，陈欢欢，2020. 瑶老组织社会治理智慧对乡村治理的启示 ［J］. 湖南科技大学学报（社会科学版），23 （1）：179-184.

陈军亚，2019. 因税而治：区域性国家治理的机理：以区域村庄形态调查为依据［J］．云南社会科学（4）：51-59，186.

陈于，2016．基于产权治理的集体生存性策略研究：以云南彝族依村为对象［D］．武汉：华中师范大学.

陈振明，2004．政治学［M］．北京：中国社会科学出版社.

程同顺，赵银红，2000．乡村管理模式的回顾与前瞻［J］．上海社会科学院学术季刊（1）：128-135.

褚建芳，2005．人神之间：云南芒市一个傣族村寨的仪式生活、经济伦理与等级秩序［M］．北京：社会科学文献出版社.

褚建芳，2014．"懂人话"：芒市傣族村寨的生活伦理、传统教化与社会控制［J］．开放时代（6）：192-202.

达尔，1987．现代政治分析［M］．王沪宁，陈峰，译．上海：上海译文出版社.

德芒戎，1993．人文地理学问题［M］．葛以德，译．北京：商务印书馆.

迪韦尔热，1987．政治社会学：政治学要素［M］．杨祖功，王大东，译．北京：华夏出版社.

董帅兵，2018．嵌入性视角下传统村寨社会公共权力形态及其运作：以云南省景洪市基诺族乡巴亚寨为例［J］．中国农村研究（1）：37-48.

杜赞奇，1996．文化、权力与国家：1900—1942 年的华北农村［M］．王福明，译．南京：江苏人民出版社.

段红云，2015．明清时期云南边疆土司的区域政治与国家认同［J］．广西民族大学学报（哲学社会科学版），37（5）：25-30.

恩格斯，1973．论权威［M］．中共中央马克思恩格斯列宁斯大林编译局，译．北京：人民出版社.

方铁，2011．论羁縻治策向土官土司制度的演变［J］．中国边疆史地研究，21（2）：68-80.

费孝通，1997．简述我的民族研究经历和思考［J］．北京大学学报（哲学社会科学版）（2）：5-13.

费孝通，2013．乡土中国［M］．上海：上海人民出版社.

费孝通，1998．乡土中国．生育制度［M］．北京：商务印书馆.

福蒂斯，普里查德，2018．非洲的政治制度［M］．刘真，译．北京：商务

参考文献

印书馆.

高发元，2001. 云南民族村寨调查 [M]. 昆明：云南大学出版社.

龚丽兰，郑永君，2019. 培育"新乡贤"：乡村振兴内生主体基础的构建机制 [J]. 中国农村观察（6）：59-76.

龚佩华，1988. 景颇族山官制社会研究 [M]. 广州：中山大学出版社.

郭于华，2000. 仪式与社会变迁 [M]. 北京：社会科学文献出版社.

国家民委经济发展司，2014. 中国少数民族特色村寨建筑特色研究：村寨与自然生态和谐研究卷 [M]. 北京：民族出版社.

哈里斯，1989. 人·文化·生境 [M]. 许苏明，译. 太原：山西人民出版社.

韩中元，管毅平，2014. 利益分歧、有成本交流与内生权威 [J]. 经济学（季刊），13（2）：583-600.

郝翔，2001. 周城文化 [M]. 北京：中央民族大学出版社.

何星亮，2010. 中华文明中国少数民族文明：上 [M]. 福州：福建教育出版社.

贺雪峰，2003. 乡村治理的社会基础 [M]. 北京：中国社会科学出版社.

贺雪峰，2007. 农民行动逻辑与乡村治理的区域差异 [J]. 开放时代（1）：105-121.

亨廷顿，2008. 变化社会中的政治秩序 [M]. 王冠华，刘伟，译. 上海：上海人民出版社.

胡起望，范宏贵，1983. 盘村瑶族 [M]. 北京：民族出版社.

胡绍华，1995. 傣族风俗志 [M]. 北京：中央民族大学出版社.

黄宗智，1986. 华北的小农经济与社会变迁 [M]. 北京：中华书局.

吉登斯，1998. 民族—国家与暴力 [M]. 胡宗泽，赵力涛，译. 北京：生活·读书·新知三联书店.

吉登斯，1998. 社会的构成 [M]. 李康，李猛，译. 北京：生活·读书·新知三联书店.

加布里埃尔，2007. 比较政治学 [M]. 曹沛林，译. 北京：东方出版社.

金黎燕，2014. 景颇族 [M]. 沈阳：辽宁民族出版社.

金学文，2007. 农尚文化研究 [M]. 德宏：德宏民族出版社.

金雁，卞悟，1996. 农村公社、改革与革命：村社传统与俄国现代化之路 [M]. 北京：中央编译出版社.

景颇族简史编写组，2008. 景颇族简史 [M]. 北京：民族出版社.

拉德克利夫-布朗，2005. 安达曼岛人 [M]. 梁粤，译. 桂林：广西师范大学出版社.

李根，2000. "直过民族"社会历史演变的变异性特点探析 [J]. 贵州民族研究（1）：48-52.

李根蟠，卢勋，1982. 从景颇族看原始农业的起源与发展 [J]. 农业考古（1）：13，106-113.

李劼，2012. 崎岖的高原 [M]. 北京：中央民族大学出版社.

李凌，1985. 草坝寨刀耕火种型经济剖析：云南省景颇族一个村寨的经济情况调查 [J]. 民族研究（1）：64-69.

李鸣，2008. 中国近代民族自治法制研究 [M]. 北京：中央民族大学出版社.

李祖佩，2017. 乡村治理领域中的"内卷化"问题省思 [J]. 中国农村观察（6）：116-129.

利奇，2012. 缅甸高地诸政治体系 [M]. 杨春宇，周歆红，译. 北京：商务印书馆.

列宁，1995. 列宁选集：第4卷 [M]. 中共中央马克思恩格斯列宁斯大林著作编译局，译. 北京：人民出版社.

林尚立，2009. 国家的责任：现代化过程中的乡村建设 [J]. 中共浙江省委党校学报，29（6）：5-8.

刘德厚，2004. 广义政治论：政治关系社会化分析原理 [M]. 武汉：武汉大学出版社.

刘华，2012. 少数民族地区乡村治理法则研究 [M]. 北京：民族出版社.

刘思，2016. 横向治理：小农社会中的关系联结与秩序建构：以四川省曲水村为基点的个案研究 [D]. 武汉：华中师范大学.

龙立，2012. 民族村社政治体系与国家政治体系之间的互动：以云南边疆为例 [J]. 中央民族大学学报（哲学社会科学版），39（3）：8-11.

龙佑铭，2016. 贵州传统村落与文化遗产保护文论集 [M]. 重庆：重庆出版社.

卢晓, 2019. 大苗山"耶脊"组织与多民族区域共同体生成的制度机制 [J]. 广西民族研究 (3): 80-87.

鲁西奇, 2013. 散村与集村: 传统中国的乡村聚落形态及其演变 [J]. 华中师范大学学报 (人文社会科学版), 52 (4): 113-130.

鲁西奇, 2016. 长江中游的人地关系与地域社会 [M]. 厦门: 厦门大学出版社.

陆云, 2004. 论近代景颇族政治制度文化的三元性质 [J]. 思想战线 (6): 62-65.

侣传振, 李华胤, 2016. 集体行动: 探索村民自治基本单元的主体因素 [J]. 内蒙古社会科学 (汉文版), 37 (6): 7-13.

罗承松, 2012. 拉祜族直过区村寨内生秩序的变迁: 以澜沧县竹塘乡老缅大寨为研究个案 [J]. 中央民族大学学报 (哲学社会科学版), 39 (1): 90-94.

罗康隆, 2004. 论民族生计方式与生存环境的关系 [J]. 中央民族大学学报 (5): 44-51.

洛克, 2016. 政府论 下 [M]. 叶启芳, 瞿菊农, 译. 北京: 商务印书馆.

马翀炜, 2016. 村寨主义的实证及意义: 哈尼族的个案研究 [J]. 开放时代 (1): 206-221.

马丹丹, 2017. "生态艺术"与"逃避艺术": 尹绍亭、斯科特关于刀耕火种的"对话" [J]. 中央民族大学学报 (哲学社会科学版), 44 (6): 36-49.

马克思, 恩格斯, 1979. 马克思恩格斯全集: 第 46 卷上册 [M]. 中共中央马克思恩格斯列宁斯大林著作编译局, 译. 北京: 人民出版社.

马克思, 恩格斯, 2012. 马克思恩格斯选集: 第 2 卷 [M]. 中共中央马克思恩格斯列宁斯大林著作编译局, 译. 北京: 人民出版社.

马克思, 恩格斯, 2012. 马克思恩格斯选集: 第 1 卷 [M]. 中共中央马克思恩格斯列宁斯大林著作编译局, 译. 北京: 人民出版社.

马林诺夫斯基, 1986. 巫术科学宗教与神话 [M]. 李安宅, 译. 北京: 中国民间文艺出版社.

马凌诺斯基, 2002. 文化论 [M]. 费孝通, 译. 北京: 华夏出版社.

马玉华, 2013. 滇缅北段界务调查报告 [M]. 哈尔滨: 黑龙江教育出版社.

米尔斯,2001. 社会学的想象力 [M]. 陈强,译. 北京:生活·读书·新知三联书店.

明恩溥,2006. 中国乡村生活 [M]. 陈午晴,唐军,译. 北京:中华书局.

摩尔根,1971. 古代社会 [M]. 杨东莼,张粟原,冯汉骥,译. 北京:商务印书馆.

摩尔根,2005. 古代社会 [M]. 杨东莼,马雍,马巨,译. 南京:江苏教育出版社.

内山雅生,2001. 二十世纪华北农村社会经济研究 [M]. 李恩民,刑丽荃,译. 北京:中国社会科学出版社.

彭时代,2007. 宗教信仰与民族信仰的政治价值研究 [M]. 北京:民族出版社.

普拉诺,1986. 政治学分析辞典 [M]. 胡杰,译. 北京:中国社会科学出版社.

普里查德,2017. 努尔人 [M]. 褚建芳,译. 北京:商务印书馆.

祁德川,2012. 景颇族原始宗教文化研究 [M]. 德宏:德宏民族出版社.

阮智富,郭忠新,1992. 现代汉语大词典:下册 [M]. 上海:上海辞书出版社.

森斯塔得,1992. 帝国的政治体系 [M]. 阎步克,译. 贵阳:贵州人民出版社.

沙勇,2014. 传统边疆治理理论相关问题的思考:基于明朝治理北部边疆及其与蒙古关系的反思 [J]. 求索(8):158-162.

史继中,1997. 西南民族社会形态与经济文化类型 [M]. 昆明:云南教育出版社.

思慕,1937. 中国边疆问题讲话 [M]. 上海:生活书店.

斯科特,2010. 制度与组织 [M]. 姚伟,王黎芳,译. 北京:中国人民大学出版社.

斯科特,2016. 逃避统治的艺术 [M]. 王晓毅,译. 北京:生活·读书·新知三联书店.

宋恩常,1983. 景颇族原始习惯规范的蜕变 [J]. 思想战线(6):82-87.

宋蜀华，2001. 中国民族概论 [M]. 北京：中央民族大学出版社.

苏静，2018. 黔东南苗族传统村寨选址、主体及历史空间生产：以从江县岜沙苗寨为例 [J]. 中国农史，37（5）：132-139.

孙中山，1966. 孙中山选集：下卷 [M]. 北京：人民出版社.

谭志满，杜鹏，2015. 侗族民间信仰中的"村寨意识"探究 [J]. 贵州民族研究，36（11）：117-120.

特纳，2012. 象征之林 [M]. 赵玉燕，译. 商务印书馆.

滕尼斯，1999. 共同体与社会 [M]. 林荣远，译. 北京：商务印书馆.

田汝康，2008. 芒市边民的摆 [M]. 昆明：云南人民出版社.

涂尔干，1999. 宗教生活的基本形式 [M]. 渠东，汲喆，译. 上海：上海人民出版社.

王彬姜，世波，2012. 习惯法规则的形成机制及其查明问题研究 [M]. 北京：中国政法大学出版社.

王富伟，2012. 个案研究的意义和限度：基于知识的增长 [J]. 社会学研究，27（5）：161- 183，244-245.

王海明，2010. 国家是什么："国家即阶级压迫工具"探本 [J]. 晋阳学刊（3）：40-48.

王建民，1998. 中国民族学史：下卷 [M]. 昆明：云南教育出版社.

王丽华，2011. 沧源佤族乡村政治体系的变迁与发展 [D]. 昆明：云南大学.

王猛，李世祥，2020. 民族乡村治理的秩序逻辑：基于历史与现实的分析 [J]. 云南民族大学学报（哲学社会科学版），37（3）：109-115.

王明珂，2014. 建"民族"易，造"国民"难：如何观看与了解边疆 [J]. 文化纵横（3）：20-30.

王希恩，1998. 民族过程与国家 [M]. 兰州：甘肃人民出版社.

王晓毅，1993. 血缘与地缘 [M]. 杭州：浙江人民出版社.

韦伯，2010. 经济与历史：支配的类型 [M]. 康乐，等译. 桂林：广西师范大学出版社.

韦伯，2010. 经济与社会：第1卷 [M]. 闫克文，译. 上海：上海人民出版社.

吴承德，1993. 南方山居少数民族现代化探索［M］. 桂林：广西民族出版社.

吴承富，2008. 当代中国少数民族村社政治体系变迁［D］. 长春：吉林大学.

吴昊，郑永君，2018. 规则落地与村民自治基本单元的选择［J］. 南京农业大学学报（社会科学版），18（2）：66-76，159.

吴晓琳，2014. 翁丁佤族交换体系研究［M］. 昆明：云南大学出版社.

吴泽，2002. 吴泽文集：东方社会经济形态史论［M］. 上海：华东师范大学出版社.

伍琼华，闫永军，2012. 傣族村落中的传统权威组织：曼安村的"细梢老曼"与乡村秩序［J］. 云南民族大学学报（哲学社会科学版），29（3）：34-39.

肖青，2009. 民族村寨文化的现代建构：一个彝族村寨的个案研究［M］. 昆明：云南大学出版社.

谢立中，2015. "社会建设"的含义与内容辨析［J］. 北京大学学报（哲学社会科学版），52（2）：98-105.

辛钟灵，1937. 方舆纪要辑要［M］. 南京：正中书局.

徐勇，1990. 城市与乡村二元政治结构分析［J］. 华中师范大学学报（哲学社会科学版）（1）：13-20.

徐勇，1997. Governance：治理的阐释［J］. 政治学研究（1）：63-67.

徐勇，2003. 内核-边层：可控的放权式改革：对中国改革的政治学解读［J］. 开放时代（1）：98-112.

徐勇，2013. 中国家户制传统与农村发展道路：以俄国、印度的村社传统为参照［J］. 中国社会科学（8）：102-123.

徐勇，2016. "分"与"合"：质性研究视角下农村区域性村庄分类［J］. 山东社会科学（7）：30-40.

徐勇，2012. 东方自由主义传统的发掘：兼评西方话语体系中的"东方专制主义"［J］. 学术月刊，44（4）：5-18.

徐勇，2017. 历史延续性与中国农村社会形态的认识：一论站在新的历史高点上的中国农村研究［J］. 南国学术（4）：543-552.

徐勇，2018. 历史延续性视角下中国农村调查回眸与走向：再论站在新的历史高点上的中国农村研究 [J]. 吉林大学社会科学学报，58（3）：108-116，206.

徐勇，2018. 用中国事实定义中国政治：基于"横向竞争与纵向整合"的分析框架 [J]. 河南社会科学，26（3）：21-27.

许道夫，1983. 中国近代农业生产及贸易统计资料 [M]. 上海：上海人民出版社.

薛广洲，2001. 权威类型的哲学论证 [J]. 中国人民大学学报（1）：34-39.

亚里士多德，2009. 政治学 [M]. 高书文，译. 北京：中国社会科学出版社.

燕海鸣，2009. 集体记忆与文化记忆 [J]. 中国图书评论（3）：10-14.

杨清明，2001. 中国景颇族山官 [M]. 德宏：德宏民族出版社.

杨宗亮，2012. 云南少数民族村落发展研究 [M]. 北京：民族出版社.

叶本乾，2006. 现代国家构建中的均衡性分析：三维视角 [J]. 东南学术（4）：28-34.

伊斯顿，1989. 政治生活的系统分析 [M]. 王浦劬，译. 北京：华夏出版社.

伊斯顿，1993. 政治体系 [M]. 马清槐，译. 北京：商务印书馆.

尹绍亭，1991. 一个充满争议的文化生态体系：云南刀耕火种研究 [M]. 昆明：云南人民出版社.

于建嵘，2001. 岳村政治 [M]. 北京：商务印书馆.

余压芳，刘建浩，2011. 论西南少数民族村寨中的"文化空间" [J]. 贵州民族研究，32（2）：32-35.

俞可平，2000. 权利政治与公益政治 [M]. 北京：社会科学文献出版社.

俞可平，2016. 走向善治 [M]. 北京：中国文史出版社.

俞可平，2000. 治理与善治 [M]. 北京：社会科学文献出版社.

苑鹏，陆雷，2018. 俄国村社制度变迁及其对我国农村集体产权制度改革的启示 [J]. 东岳论丛，39（7）：125-131.

云南省潞西县志编纂委员会，1993. 潞西县志 [M]. 昆明：云南教育出版社.

张福, 1996. 云南少数民族的原始道德观及习惯法 [J]. 云南师范大学学报 (哲学社会科学版) (1): 44-51.

张广翔, 2004. 十九世纪俄国村社制度下的农民生活世界: 兼论近三十年来俄国村社研究的转向 [J]. 历史研究 (2): 160-173.

张广翔, 1997. 俄国村社制度述论 [J]. 吉林大学社会科学学报 (4): 62-68.

张和清, 2010. 主族控制下的族群杂居村落权力的文化网络视角 [J]. 社会, 30 (2): 20-44.

张瑾, 2017. 侗族旅游村寨协同治理研究 [M]. 上海: 复旦大学出版社.

张晋藩, 2017. 中国少数民族法史通览: 第六卷 [M]. 西安: 陕西人民出版社.

张佩国, 2002. 近代江南乡村地权的历史人类学研究 [M]. 上海: 上海人民出版社.

张跃, 2004. 中国民族村寨研究 [M]. 昆明: 云南大学出版社.

张振江, 杨槐, 代世萤, 2012. 水族村落的民族传统空间结构: 以贵州三洞乡为主要对象的调查与研究 [J]. 文化遗产 (1): 126-133.

张振伟, 2014. 信仰与政治: 西双版纳傣族二元宗教系统的形成与发展 [J]. 思想战线, 40 (1): 23-27.

张之毅, 费孝通, 1990. 云南三村 [M]. 天津: 天津人民出版社.

赵天宝, 2011. 探寻景颇族的源与流 [J]. 学术探索 (3): 95-100.

赵天宝, 2013. 景颇族习惯规范的宗教维度 [J]. 东北师大学报 (哲学社会科学版) (6): 41-45.

赵天宝. 景颇族习惯规范研究 [M]. 北京: 民族出版社, 2014.

马克思, 恩格斯, 2012. 马克思恩格斯选集: 第4卷 [M]. 中共中央马克思恩格斯列宁斯大林著作编译局, 译. 北京: 人民出版社.

《中国少数民族社会历史调查资料丛刊》修订编辑委员会, 2009. 景颇族社会历史调查 (2) [M]. 北京: 民族出版社.

中国社会科学院语言研究所词典编辑室, 2005. 现代汉语词典 [M]. 5版. 北京: 商务印书馆.

周平, 1999. 政治文化与政治发展 [M]. 北京: 中央民族大学出版社.

周平, 2000. 中国少数民族政治分析 [M]. 昆明：云南大学出版社.

周平, 2001. 民族政治学导论 [M]. 北京：中国社会科学出版社.

周平, 2011. 民族政治学 [M]. 昆明：云南大学出版社.

周山, 1993. 村野文化 [M]. 沈阳：辽宁教育出版社.

周怡, 2005. 共同体整合的制度环境：惯习与村规民约：H 村个案研究 [J]. 社会学研究 (6)：40-72, 243.

朱映占, 2012. 村社组织变迁中的基诺族长老 [J]. 思想战线, 38 (1)：133-134.

BOURDIEU, WACQUANT, 1992. An invitation to reflexive sociology [M]. Chicago：University of Chicago Press.

OXFORD UNIVERSITY PRESS. Our global neighborhood：the report of the commission on global governance [J]. George Washington journal of international law & economics, 1995 (3)：754-756.